图书在版编目（CIP）数据

"感觉主义"的谱系：新史学十年的反思之旅/杨念群著．—北京：北京大学出版社，2012.7
ISBN 978-7-301-20663-8

Ⅰ.①感…　Ⅱ.①杨…　Ⅲ.①史学－研究　Ⅳ.①K03

中国版本图书馆 CIP 数据核字（2012）第 102045 号

书　　　名："感觉主义"的谱系：新史学十年的反思之旅
著作责任者：杨念群　著
责 任 编 辑：周　彬
装 帧 设 计：蔡立国
内 文 制 作：赵　茗
标 准 书 号：ISBN 978-7-301-20663-8/K·0864
出 版 发 行：北京大学出版社
地　　　址：北京市海淀区成府路 205 号　100871
网　　　址：http://www.pup.cn　电子信箱：pw@pup.pku.edu.cn
电　　　话：邮购部 62752015　发行部 62750672
　　　　　　编辑部 62750112　出版部 62754962
印 刷 者：三河市欣欣印刷有限公司
经 销 者：新华书店
　　　　　650 毫米×980 毫米　16 开本　20.5 印张　280 千字
　　　　　2012 年 7 月第 1 版　2012 年 7 月第 1 次印刷
定　　　价：42.00 元

未经许可，不得以任何方式复制或抄袭本书之部分或全部内容。
版权所有，侵权必究　举报电话：010-62752024　电子邮箱：fd@pup.pku.edu.cn

用会导致模糊"现代中国"与"革命中国"之间所存在的差异，或者遮蔽中国革命在西方冲击下所拥有的独特品格。

最后我想简略谈一谈历史研究与文学研究之间的关系问题。蔡翔曾希望文学研究更多地与政治史、思想史形成对话格局，此意甚佳，但也须认识到，"革命想象"与"革命历史"的自身演进过程之间仍充满着差异性，需仔细加以甄别。应该承认，"文学文本"与"历史文本"之间存在着巨大的张力。尽管后现代史学已完全不承认两者之间应该保持距离和界限，或者干脆有意模糊之，但我仍以为，"文学文本"不能作为历史材料的主体加以分析，只能作为历史的辅助资料加以看待。事实也证明，有关中国革命的文学作品往往更多地与政治意识形态发生着复杂的纠葛支配关系，文学描写也常常代表作家相对单纯的政治立场，由此立场引申出的历史描写也会呈现出某种相对单一的特征，即使偶尔透露出所谓"日常生活的焦虑"，其丰富性也是相当有限的，不能借此窥见革命更为复杂的一面。

参与热情，同时通过新的"颠倒想象"建立起民族尊严感。革命启蒙所面对的敌人有的真实存在，有的只是假想敌。建国初期，国内外的真实敌人相互勾结希图颠覆新生政权的现象确实存在，可是在此之后的阶级斗争思维树立的则大多是假想敌人。我认为，抵抗真实敌人的逻辑如何转换成对"假想敌"的斗争哲学仍是理解群众动员机制的一个重要切入口，在确立革命正当性方面同样扮演着重要的角色。

在朝鲜战争中，美帝国主义曾经作为真实的敌人被成功地进行了一次"颠倒的想象"，原来中国人背负"东亚病夫"的恶名，但自美国被指控发动"细菌战"后，经过复杂的宣传攻势，"病夫"产生的根源终于得以澄清，即并非出自内部而是外部干预的结果，其思路是美国输入细菌导致国人体质衰弱，而并非中国人的身体和文化基因自发产生的弊端，或者是国家体制不如敌方所造成的。由此一来，近代一直盘踞知识界的那种国人顽劣不堪而必须彻底改造的"国民性"启蒙论调一度消歇，为抗争外敌带来的尊严感所取代。战争结束后，真实的美帝国主义形象暂时远离了群众生活，但却迅速演化为一种假想敌模式，在日常政治生活中持续发生着作用，各种各样阶级敌人的破坏活动都隐约由这些假想敌操控着。至今我还记得，儿时报纸中经常会出现控诉帝国主义迫害儿童的罪行之类的文章，其中所说育婴室里美帝残害儿童的故事几不亚于惊悚片的情节。在此语境下，帝国主义的威胁是否具有真实性已不显重要，关键在于民族主义的抗争政治得以借此延续下来，变成一种动员群众的可靠资源。

当然，我强调围绕战争所构造出的"颠倒想象"对西式"国民性话语"之反拨的意义，并非是有意忽略"革命"对传统曾经加以摧毁性打击这一面相，特别是"文革"时期对传统文化的破坏似乎违背了早期"颠倒想象"的构造路径，我之所以回避这个话题，是因为革命与传统文化之间所发生的一系列冲突一直是困扰思想界的一个尴尬问题，它也是中国革命之谜最难以破解的部分。由此出发，应该反对过度依赖或随意宽泛地使用"现代性"这个术语，因为对这个术语不加界定地频繁使概念为当年狂热群众运动导致的表面民主化所造成的伤害做出辩护，因为"群众"作为运动主体的出现有时并非是自由意志的选择，尤其是在"文革"时期可能只具民主的躯壳，其参与政治的成败得失至少需要我们慎重加以反思。

"抗争性政治"与"颠倒的想象"

中国革命不仅是体制内部寻求调整的过程，对西方冲击所做出的"民族主义"回应也是"革命"的重要组成部分，由此形成了独特的"抗争性政治"。然而，社会主义式的民族主义表达与发生于近代的诸多反抗外来势力的抗争方式颇多不同。李泽厚当年曾提出"救亡"与"启蒙"的双重变奏这个命题，意思是"民族主义"的救亡任务压倒了寻求个性自由的需求，导致了"启蒙"进程的中断。这个观点已经遭到了不少批评，对此截然对立的二分法我不敢苟同，在此我不拟展开驳论。我所关注的是，"救亡"作为近代民族自立和国家建设的重要任务，不仅与"启蒙"密不可分，也并不一定采取李泽厚所虚拟的那种仅限于唤醒个人自由的单一西式"启蒙"方式，而是具有独特的含义。

"启蒙"在近代以来似乎一直是知识分子的专利，"启蒙"犹如一把钥匙，开启了近代历史观变革的序幕，我称这场变动为对历史的"颠倒的想象"。以"启蒙"为动力的近代历史观其实颠倒了许多传统对历史的叙述逻辑。简言之就有从"帝王"转换到"国民"，从"精英"沉降到"民众"等几套叙事。不过我已说过，近代中国的"启蒙"路径均走的是精英路线，自以为有教化民众之责任，"民众"不过是民主宣传的受众而已，这与社会主义革命对"启蒙"的理解大相径庭。社会主义启蒙的目标是想使人民成为参与政治的主体而非仅限于扮演被唤醒的角色。

为了维护革命的正当性，革命对"启蒙"意义的阐释有别于近代"启蒙"话语的地方在于，必须不断在与各类敌人的对抗中唤起群众的者,尽管他们可以暂时依靠信仰和道德约束自身的言行。可利益的驱使和道德的持守之间时刻存在着紧张,于是在文学作品中会出现一些像郭振山(《创业史》)、范登禹(《三里湾》)和马之悦(《艳阳天》)这样临近腐化边缘的干部,他们是党员中"官僚化"的典型,很快成为"群众运动"的冲击对象。

尤可注意者,建国以后的"群众运动"并不是自发生成的现象,而具有"被动员"的性质,是政党政治控制的结果,中国的政党政治与西方民主政体有所不同,选举政治中的个人选择在"群众运动"中是不允许存在的,个人意愿只能通过公众意志的集体决定表现出来,公众意志中的自发性因素也须通过规训的渠道才能确认自己的正当性,比如敌/我、先进/落后这样的分析框架往往决定着群众运动的分层与走向。"干部"在群众运动的结构中不是一般的科层管理人员,而是意识形态的灌输者和政治形象的示范者,这个群体和专门化管理者是有冲突的,"文革"期间"白专道路"变成了新型"干部"体制下对标准科层制管理的一种蔑称。然而,当"专家"靠边站后,谁来监控"干部"以防止腐败立刻就变成了问题。

毛泽东对"继续革命"的思考是独特的,他一方面对现代科层体制内形成的专家制度以及"干部"的官僚化危险保持高度警惕,另一方面又号召民众"组织起来",通过社会动员的手段纠正现代体制带来的弊端,在专家和干部队伍内部培养新的抗争性力量。这类思考由于强调了"群众"的核心作用,反对等级压迫,表面上和集权制度是不相容的,但同时,其以阶级成分划分革命阵营,以"出身论"为依据点燃阶级斗争怒火的方式,又生产出了另外一种阶级压迫的形式,在动员群众打破专业垄断的同时又在体制内部创造出了新的阶级区隔,而对"出身论"的反思与批判也恰好成为八十年代思想解放和"新启蒙"的起点。这一连串的变化并非"表达-实践"的脱节这类描述所能解释,其中的曲折与复杂实在是一言难尽。因此,我虽然同意用"去政治化"的解释框架理解上个世纪八十年代以后的改革发展走向,却不同意借"去政治化"

投票方式，而是大众主动介入政治、社会制度的各个层面参与谋划，提出自身意见，以"主人翁"的姿态议政参政。特别是作为劳动者的"群众"广泛参与科层制的管理体制，"民主"随即与"科学"的专门化管理构成了对立关系。专家靠边站，拥有政治觉悟却不懂技术的工人群众取代"专家"成为生产主角，这样的转变并非精英研究中的"反智主义"观点所能解释。"反智主义"往往只能说明思想史内部的一些变化，如"理学"如何向"心学"转变等，却无法理解"群众"运动对科层体制的冲击。"群众"反专门主义不是单纯地反对科学技术，而是反对某个阶层对科学与知识的垄断，从这个意义上说，它也是"群众式"民主的一种表现。在乡村中，"赤脚医生"就昭显了反专门主义的有效性，"赤脚医生"杂糅中西医技术治疗疾病，在广大乡村形成了"不中不西、亦中亦西"的医疗格局，其扮演的角色就不是一个单纯的反西医问题，而是反对城市对医疗资源的垄断。

然而，如果我们把"群众"式民主真正当成每个个人意志的完美选择，则会犯过度乐观的错误。因为依靠政治运动形成的主人身份都不是"自发性"的，而是政治"动员"结构下的组成部分，动员的目的、组织形式和表达渠道都是中国式政党政治的设计结果，甚至多少表达了领袖的个人意志。比如人民公社时期是否"入社"的选择就变成了评判是否接受社会主义"改造"态度，甚至是划分先进与落后的一个界标。从最初仅有轻微道德压力感的"自愿"入社，到半强制地以此衡量阶级觉悟的高低，到最后成为区分"自私"与"公心"的尺度，使得各类乡村人群在民主具体的运作过程中拥有了截然不同的身份等级和差异感。那些文学作品中描写的"新人"、"青年"个个单纯、阳光和无私，如梁生宝、萧长春；而"旧人"、"老人"个个工于心计、损人利己、心理阴暗，如郭世富、孙水嘴和弯弯绕。

另一方面，"干部"与"群众"的矛盾也是"不断革命"的另一个主题。在阶级被消灭之后，党内是否会产生新的官僚资产阶级一直是个大是大非问题。因为革命初期，党员干部有可能是革命利益的最大获得与"劳动"相关的知识分类习惯,受到湖湘文化的深远影响,湖湘文化中潜藏着鄙视形而上知识和精神价值的倾向。然而,从总体态势而言,"劳动"概念的肢体化仍然是对传统德性社会的一个反动,在传统社会中,虽然存在着等级分工的差异,但"知识"的获取和精神的修炼仍然被作为某种"劳动"形态加以认可,尽管比体力劳动的地位要高出许多。"士绅"承担的是知识劳动者的角色,社会主义革命把"士绅"视为不劳而获的阶层,成为农民阶级清算的对象,实际上就否认了传统知识体系的传授也是一种劳动形态,从而彻底消解了其在乡村的合法性身份。一旦这种"劳动"肢体化的舆论被推向极端,如上山下乡运动确立了"劳动"内涵只具备体力活动的单一正当性之后,就会引发社会主义革命的危机。上个世纪八十年代舆论界的拨乱反正就是要推翻"劳动"肢体化论述对文化界的不良影响,恢复知识分子作为"劳动者"的地位。

"群众动员"与"民主"

除了"阶级"之外,"群众"也是个关键词。在有关革命的叙述中,"群众"不但是主体,是"主人翁",同时也是"动员"的对象。因此,"群众"一词的使用时常处于悖论状态。一方面,"群众"意义的凸显与"新社会"的形成有关,"群众"是新社会的主体,这是以往历史所没有过的全新发现。即使在"五四"后"劳动"价值重新被确认的语境下,"群众"或"人民"仍然是知识分子"启蒙"的对象,或者是政治上被"解放"的对象。新中国建立后,倡导"走群众路线","群众"的含义彻底从知识分子的定义中脱离了出来,他们不是被解放的"他者",而是政治参与的主体,可以广泛介入政治动员的浪潮中表明自己的"主人"身份。

"群众"的地位被重新安置后,对"民主"的认知也会发生改变。中国式的民主在革命整体目标的规定下,决定了其不可能采取简单的西式花淀》虽以战争为背景,却呈现出的仍是一种悠闲的田园景色,革命氛围仿佛只是若即若离地处于缥缈般的介入状态。可到了《风云初记》和《红旗谱》的描写,纯然静态的乡村风景,则已被政治标签界分过的人群熙熙攘攘地占据着,自然风景被撕扯成了人为扰攘的碎片。在乡民眼中本不存在的对人群的分类习惯慢慢变得不证自明。不仅如此,生活在风景下的人群也要在"民族主义"的标签下被重新标识、划分和站队。在阶级标签的识别机制下,某类人似乎天然具有变成"好人"和"坏人"的能力。在抗日的格局下,身份是"地主"的那群人似乎比常人更加天然地具备成为汉奸的可能性。当然不容否认,对风景中人群分类的重新发现,也不乏对平等社会理想的追求动机。

"风景的发现"与"劳动"被确立为核心意识形态有关。早在"五四"时期,知识分子就已喊出了"劳工神圣"的口号,有些人还有意间歇性地造访工厂与农村,摆出支持劳动者的姿态。当然,这个时期对"劳动"的倡导与真正的身体践履基本无关,"劳动"价值仍是知识领域内被讨论的对象。但是,建国以后,"劳动"作为中心话语几乎无所不在地渗透进了社会生活的各个角落,甚至泛化为一种"劳动中心主义"。对"劳动"价值的认同发展到极端形式就是消弭"精神"与"体力"之间的界线,否认形而上的精神活动作为一种劳动形式能够产生价值,甚至贬斥经由精神活动生产出的知识同样具有"劳动"的含义。进而"劳动"概念被简化为肢体运动。或者说"劳动"价值被严重肢体化了,当然从更复杂的分类角度看,传统人文知识被否定的程度要远远高于现代科技知识,这也是一个极其有趣的现代性现象,不可简单地归结为"民粹主义"。从某种意义上说,解放区改造二流子运动转移到城市后,就会对知识分子拥有精神价值的正当性提出尖锐挑战,实际上昭示出"劳动"概念肢体化的无止境扩散。

蔡翔认为,"劳动"概念成为核心论题是中国传统德性在现代中国的表现。不可否认的是,"劳动"概念的肢体化与某种区域性的文化传统有着密切的联系。我曾多次提出,毛泽东对"劳动"的理解特别是对国军队，朝鲜战争的成败得失固然存在争论，有人认为死伤甚众成本过高，但仅就巩固新生政权的合法性而言，其意义之大是不言而喻的；二是"阶级斗争"策略的使用，我更把它看成战争时期唤醒民众方式的延续，也是一种巩固政权合法性的尝试。

有人在反思前三十年革命实践时，批评国家建设时期不应该继续使用"阶级斗争"手段。换言之，过度依恃战争动员的惯性以换取民众认同政权合法性的思路曾引发了上个世纪八十年代的变革，最终导致狭义民族主义和阶级斗争话语的最终失效。也标志着党从单独重视政治合法性问题向加强政治治理能力的思考方向转变。尽管如此，对"阶级斗争"话语的摒弃并不意味着此份遗产不值得反思，有人发现，"阶级斗争"话语在"新传统"的实践中也许是民众参与政治运动的一种特殊形式，特别是在八十年代以后的"去政治化"风气中应该重新甄别其历史含义。以上是对"革命发生学"既有研究的一个简单梳理，下面我想以蔡翔的新书为例，讨论"革命发生学"还有那些面相值得我们继续思考和拓展。

"风景"的再发现与"劳动"的再定义

蔡翔在《革命/叙述：中国社会主义文学－文化想象（1949—1966）》一书中曾借用柄谷行人"风景的发现"这一概念。柄谷试图借助此概念观察现代日本文学的形成，他的意思是，所谓"风景"并非传统意义上的名胜古迹，而是以往人们忽略而不敢正视的东西。把曾经不存在的东西使之成为不证自明的、仿佛从前就有了的东西这样一种颠倒，称为"风景的发现"。（《日本现代文学的起源》英文版序）如果挪用于解释中国革命的发生这个话题，我们会发现，传统静谧的田园风光被"阶级"和"民族主义"的色彩重新涂抹后，变成了一幅有待发现的"风景"。此"风景"是通过文学形式被重新认知的，但其背后潜藏着国家建设、革命动员对"地方"秩序的干预与重构。比如孙犁的《荷就是由一个个具有高度灵活性的"个案"所构成，必须仔细加以辨析，故社会学家概括为是一种"共产主义新传统"。

"革命"不仅表现为夺取政权的军事暴力行动，而且也体现在政治治理技术的成功运用，故对这种"新传统"技术层面的分析就显得同样重要。比如孙立平、郭于华对"诉苦"机制与社会动员作用的研究，彰显出了新传统在重新安排社会秩序方面的努力。裴宜理则发现"情感动员"在"新传统"中所处的核心位置。共产党正是因为更有效地调动了各类激发情感的手段，故总是能比国民党抢先一步地落实自身的计划，虽然蒋介石一直标榜"三分军事，七分政治"，却难以在情感动员的周全规划方面与共产党相抗衡，这也是他晚年悔之莫及的心病之一。黄宗智则注意到了"新传统"中"阶级分析"方法的广泛运用及其潜藏着的内在冲突，他发现在建国以后基本消灭了剥削阶级的情况下，"阶级斗争"话语仍在变本加厉地被反复使用，甚至成为常态，表示对此很不理解，称此现象为"表达"与"实践"的脱节。

不过，在我看来，"阶级斗争话语"中"表达"与"实践"的分离本身到底是一种有意设计的政治策略还是干脆就是政治选择的失误，仍然有讨论的余地。理由是共产党是在抗日战争结束后不久从国民党手里夺取了政权的，而抗战刚刚胜利时，蒋介石还尊享着抗日英雄的荣誉与民国至高领袖的地位，1949年共产党虽然赢得了战争，表示要与旧政权实施决裂，但国民政府的威权遗产仍在社会的各个角落持续发挥着影响力，所以在建立"新传统"时，新兴政权仍不得不首要考虑的是如何更加有效地确立和巩固自身的合法性。

确立合法性须借助两个方面的力量，一是通过"民族主义"动员，让人民确认新政权具有独立对抗西方入侵的能力，因此要辨析建国初期实施抗美援朝的必要性，其焦点并不在于军事争夺，而是给当时尚处于十分脆弱状态的新生政权一个表现机会，证明自己不依赖于民国政府，具备单独对抗西方势力的资格，从某种意义上说，这是接续了国民党抗日的传统，且意义更加非凡，因为这次对抗的是以美国为首的西方联合命被视为个人戏剧角色的多重展演，不仅不具"必然性"，恰恰相反，那种此消彼长地争夺领导权的"革命"党派史，恰恰是对具有强烈戏剧表演风格的个体"革命"行动的强行中断，未必是革命的最佳选择。比如一本描述早期革命家沈定一生平的著作《血路》就曾铺陈出个人身份的多样和复杂对革命进程的影响。沈定一既是早期农民协会的发起人，共产主义思想的传播者，又是杭州议会中的国民党议员，上海报社里活跃的舆论鼓动家。身份的多变导致其政治立场选择的游弋难定。这与上个世纪一十到二十年代社会场域和舆论边界设置的模糊性有关，却恰恰成为革命呈现多样化态势的佐证。到了三十年代以后，国共两党分化争斗愈演愈烈，个人被迫选择"左"与"右"的立场站队，人们的自我表达空间日益被挤压到政治伦理的规训中无法自由伸缩。然而，"偶发论"者仍不得不面对如下困境，既然革命并非"必然"，可是仅仅通过无数个体碎片化的偶然选择显然无法搭建起一个革命发生学的整体框架，因为，以党派立场为中心的"革命"叙事会持续不断地摧毁基于个人偶然选择的浪漫梦想。至此，"偶然论"者只能落寞地感叹"五四"前后个体自由理念胎死腹中，却无法解释为什么人们会为了一个更具群体价值的目标而甘愿舍弃追逐自由的梦想。

其实，在"必然论"和"偶发论"的解释之外，对"中国革命之谜"的解读已出现了一些新的趋向，比如在邹谠看来，中国革命的兴起并非寻常套路所能解读，而是与晚清面临的"全面危机"有关，这场危机牵扯到政治、经济、文化的各个层面，绝非局部策略的制订所能应付。从政治学的视点观察，应对"全面危机"只能采取"全能政治"的方式，即通过国家向基层社会的全面渗透和控制，才能聚拢收束已遭崩散之王朝体系的各种资源，重新组织和建设现代国家。然而，这种"全能政治"的运作又并非传统社会学意义上的"集权政治"或"专制政治"理论所能说明，原因就在于中国革命所采取的道路既区别于传统鼎革路径，也区别于现代国家的标准构建方式，因无现成路径可寻，其采取的特殊策略具有相当独特的"个案"特征，中国式社会主义革命本身间的关联性程度,往往决定着教化资源的合理分配,比如"科举制"就是一种链接乡里和中央王朝的有效制度,操控着由中央到地方的身份分配格局,如源于乡里的层级考试可向中央王朝输送进士一级的官员,举人则任职于中层官僚机构,秀才则沉潜于底层,充当传道和维系民间组织的角色,他们拥有免税之类的各种特权。晚清科举制崩溃的最大后果是破坏了身份分配的均衡性,一方面,士绅阶层失势后,其后代改为接受新式教育,现代人才因无科举赋予的特权,纷纷向城市移动;另一方面,由于乡里组织越来越行政化,残留民间的乡绅随之无法有效运转传统教化体系。这些现象的发生倒是反向证明了所谓"乡里空间"其实需要与中央政权达成顺畅的沟通关系,如活水般地上下交互流通,才真具生存的价值,而不是依赖抗衡中央的所谓独特性而自足于世。因此,我们对"科举制"瓦解导致身份分配均衡关系遭到破坏进行反思,恰恰不是为了证明"乡里制度"自主性的成功,而是为了印证"大一统"的思想资源仍然可能以较为隐秘的形式支配着中国转变的进程。

中国革命发生学

中国革命的发生始终是个谜,揭开谜底的诱惑曾经迫使费正清发出这样的疑问:何以毛泽东这个农村出来的青年带着寥寥数人竟然用不长的时间打到紫禁城夺了天下?其合法性资源何在?是传统革命方式的延伸还是西式现代革命的模仿?对此设问,各类回答可谓层出不穷、聚讼纷纭。官史试图通过若干事件的剪裁和拼贴连缀出一个革命发生的逻辑线索,强力论证革命的胜利无可争辩,乃必然发生的结果,但其僵硬武断的叙事漠视生活细节与个人选择的作用,难免让人感觉简化了复杂的历史。

与"必然论"相对应,有研究者发现,"革命"多是在偶然的合力作用下,不经意地生发出裂变的效应。革命"偶发论"相信只有描摹出无数个人生活选择的生动图景,才能相互交集呈现出一幅革命全图。革别于笼统意义上的"普遍化儒学"。尽管如此,我们却仍然不应过度强调所谓"地方分权"(另一种表述是"皇权不下县")的自主作用,否则会导致"国家"在整体历史视野中的缺席。过度强调乡里因素的作用也可能使得我们在理解中国"革命"的过程中遭遇困局。

自十七世纪即已日趋完善的乡里运行机制,如宗族和团练的结盟,固然到晚清终于膨胀为足以摧毁王朝统治的致命因素,甚至可以说辛亥以后的军阀割据仍可视为"乡里"控制模式尾大不掉的延续,但"革命"的最终走向无疑越来越向中央集权的方向进展,否则我们就无法解释为什么一些革命党人包括孙中山本人最终都放弃了"联邦制"等西式民主的构想,而重归"大一统"的中央控制思路,更无法理解,1949年新中国建立以后,中央政府所采取的诸条国策与清王朝治国思路之间所潜藏着的某种连续性,比如新中国对一统疆域的划定与管理,以及少数民族自治区的设置,当然也包括以道德教化手段对基层进行改造等举措都暗含着对清朝统治经验的借鉴。我们固然可以批评,新政权对地方社会的治理在表面上更多采取了现代国家向下层渗透的模式,是一种所谓"现代性现象",不过如果我们采取一种逆向思维,也会发现,中国现代国家的创建,其区别于西方道路的合法性,在相当程度上恰恰是建立于清朝"大一统"治理模式的继承基础之上的,所谓"乡里空间"的存在无外乎是清朝"大一统"规划实践的一个组成部分而已。突出诠释"乡里空间"的作用也许可以多少解释"革命"的过程,却无法有说服力地验证"革命"的后果。因为如果按照强调"乡里空间"重要性的思路一直走下去,中国革命在处理统一国家中的多民族地位时,也许应该采取纯粹民族自决的形式,即允许各个民族裂变为多个小型国家,而不是采取容纳多民族共同体的大型国家构造形式。从深层意义上说,这种"多民族共同体"的框架底色汲取的仍然是清朝"大一统"的传统构想。

我的另一个感想是,过度把"乡里空间"与中央集权割裂为二元对立状态,也会面临如下困境,那就是没有看到,乡里组织与上层制度之沟口先生所极力表述的"另一个近代",其论断是建基于对中国基层制度演变的深度观察之上的,其中一个关键词是"乡里空间"。"乡里空间"包括宗族机制的完善,以及基层教化体系如"乡约"的有效运作等。"乡里空间"自十七、十八世纪成型后,逐渐与中央集权构成抗衡之格局,到清末遂成为发动革命的渊薮。清末的区域性军事割据如曾国藩等人以地方团练成功抵挡泛如潮水般的太平军进攻,似乎都证实了乡里制度具有独特意义。因此,沟口对"五四"时期批判传统"礼教"的风气提出了委婉的质疑,指出文人批评的意气用事肢解了"礼教"的神髓,特别是忽略了"礼教"在基层民众行为中的规范意义,坚持对"礼教"含义的再发现有可能转换为近代变革的社会基础。

不过我对沟口先生过度强调"乡里空间"的作用,并以之作为"革命"的基础这个观点存有一些疑义,不妨在此献疑一二。首先,自十七、十八世纪以来,乡里势力的萌动与拓展无疑慢慢汇聚成一种变革基层社会的潮流,但似乎不可过度强调其自身拥有的自主性。社会史研究有一种说法是,明末逐渐崛起的宗族势力恰恰是皇权体系有意设计的结果,至少和王朝上层的干预有着极为密切的关系。只不过明末皇权衰颓,故宗族势力多呈分散状态自谋发展,功能分布尚不够规范。可一旦进入清朝"盛世",皇权对地方乡里制度的支配显然更加强悍。乾隆初年曾有多道谕旨督令官僚强化地方教化,其中也包括对宗族的治理如何更加规范化等内容,如乾隆帝就曾谕令陈宏谋设"族正"以约束宗族豪强的势力。如果说明末以来宗族的形成乃是王朝有意"构造"的结果似乎有些过分,但如果把乡里教化机制的完善看做是清初"大一统"整体治理方式的一个组成部分,应该是较为恰当的评价。

"礼教"在基层乡村当然也有其特殊的运作模式,与有的论者只认可儒学具有普遍性意义有所不同,我承认,"礼教"曾不时呈现出其"地方性知识"的一面,所谓"地方性知识"并非如某些人类学家所言只是纯粹民间信仰的专利。儒学就曾出现过以区域性划分为依据的多种流派,某些区域士人多以此作为思想与行为依据,故"地域化儒学"有

"启蒙"倾向的研究范式无疑是一个重要修正，至少起着警醒的作用。因为国内有关早期中国"启蒙"运动的研究预设了西方"个人主义"思潮可以无障碍地与明清提倡"私欲"的思想接轨并置，寻求两者的相似性成为中国知识界合法倡行自由主义理念的最佳路径。沟口则提醒我们，表面的肤浅比附与激情论证不能替代严肃的历史分析。与此类似，上个世纪八十年代流行一时的"启蒙"与"救亡"的双重变奏之类观点，也同样预设了"个体解放"作为一种启蒙话语好像在中国并无水土不服的症状，之所以引进屡遭失败，恰恰是"救亡"的实际需要遮蔽了此任务的完成，而没有人质疑所谓西式"启蒙"是否能够移植于中国也许根本就是个"假问题"。更不用说，"市民社会"与"公共领域"等概念的输入与不当使用同样具有相当大的谬误性，因为中国根本不存在基于个人觉醒基础的公共舆论空间。当然，就我的观察而言，这并非说明沟口先生对"个人主义"和"民主主义"启蒙价值持否定态度，毋宁说是他对中国近代历史演变艰难而又复杂的独特性具有更为深刻的同情性理解。

中日两国在公私理念上的差异，还可能造成政治参与状况的不同。日本人"公"、"私"界线分明可能会使其对政治事务的参与表现出冷漠感，个体自由与全体事务之间容易产生疏离，但个人领域由于与公共事务始终保持距离，比较有利于保全其相对独立的地位。与之相比，中国以群体之私积聚为"万民之公"的思想较易动员民众参与政治，"私"具有强烈的"公"领域的社会性和道德性，但也压抑了"个人"自由意志的抒发。悖论由此产生，比如"文革"式的社会动员的确构成了民众广泛参与政治的假象，但这种缺乏个人主体自觉的政治煽动无疑最终会导致对个性的压抑。不过现今社会所表现出的过度"去政治化"态势，又可能诱发广泛的"政治冷漠症"，特别是在民众舆论表达渠道不畅、参与政治热情匮乏的境况下，"公私"之间的原有关系链条脱序，同样会引发道德与社会责任体系的空洞化，这是当代中国社会转型面临的最大挑战。

指在满足民众"公意"基础上拥有"私人"领域,实际上是倡导由"个人"单子组成的总体之"公"的价值,而不是认可个体"私域"的存在,在这一点上,日本观念似乎与欧洲的"个人主义"有比较接近的地方。在中国,个人利益、个人欲望被认为是产生专制、专横的"大私"受到责难。"公"、"私"之分具有道义性,表现在"公"内含着"均分"、"平分"的意思,与之相反的排他性独占会作为"奸邪"受到排斥,如此的分配原则很容易演化为严厉的道德规训。沟口对"公私"差异性的细致比较与我们的政治经验和政治感觉大致吻合,从社会主义运动建立公平公正理想过程中对个人私欲的遏制,到"文革"时期"斗私批修"的自残行为,均可印证沟口的判断,也说明在中国推行欧式个人主义启蒙有可能遭遇多么大的困境。

在沟口看来,中国从未出现过真正寻求个人解放的思潮,哪怕是黄宗羲和戴震等思想家严厉抨击皇权独断的时期也是如此,他们开始把民众的欲望和利益纳入关注和保护的范围,但这种舆论绝非近代西方意义上的思想启蒙,而是基于国人传统意义上的平等观念,即要求人人都能均等地获取相应的利益和权利,而并非个体的解放。直到晚清反专制思想盛行,多数论者也是集中反对皇权一人之"私",而提倡国民全体之"公",并没有真正为"个人主义"、"个人自由"等西式理念的伸张留下多少空间。所以"公私观"的讨论就会出现一些不同于西欧思想界的悖论情况,例如对于"私"的价值评估,就几乎没有人关注个体化的"私利"或个人权利的获取,而只是一味寻找适当的权利分配方案,那就是大家在"公"的范围下都能享受到一种"私"的内容,反对的是皇室霸占的"一己之私"。这种对"私"的追求恰恰违背了西方以"个体"私利为优先考虑对象的自由主义理念,这个思路延伸至近代就变异为孙中山的"民生主义"论述。由此看来,那些革命先行者从明清以来承袭的思想内容,实际上更易趋于向社会主义平等原则的方向发展,而日益疏离西式民主主义的轨道,这也为中国革命以后的发展实践所证实。

我个人以为,沟口的这套论述对以往国内有关明清思想具有西式同体即宗族的出现为中国向近代转型提供了契机和准备，他所说的这种"乡里空间"使得社会转型具有一个自下而上的基础。这个判断与中国区域社会史研究的一些结论颇为吻合，其与西方中国学的区别乃是在于，沟口眼中的"地方自治"是一种传统内部自发形成的现象，而不是从西方输导而入的"近代"因素。沟口并非仅仅空谈此理，而是从相当缜密的概念史比较研究入手，实证般地考察中国"另一个近代"的具体形态。沟口研究最精彩的部分是他对"公"、"私"观念在中国、日本语境下的差异感所做的比较研究，其探索意义确高于那些强行搬用西方"市民社会"和"公共领域"理论所进行的中国历史与社会演变的分析。

据说有一次沟口坐公交车，在沉思中突然灵光一现，悟出了"公"、"私"差异在中日两国思想与行为比较方面的重要性。在他看来，日本人对"公"、"私"界线的划分十分明晰。"公事"是指朝廷、政府及各种社会上公开的事务，"私事"则与之相反，基本关涉的是家庭内部的隐私。而在中国人的观念中，"私"则是与公平、公正相对立的偏私、奸邪，在历史上屡屡遭到否定。对于明清之际"私"要求的产生，沟口先生做出了颇有历史感的分析，他梳理了明末以来李卓吾，清初顾炎武、黄宗羲以及清中叶戴震有关"私"之正当性的言论脉络，得出结论说，明末乡村秩序的崩溃使得东林党人等思想家要求保护基层社会中坚地主和富民阶层利益的主张逐渐炽烈起来，导致对皇权垄断"大私"的质疑与君民一元化统治的解体，自私自利主张的流行即与这个阶层的觉醒有关。因此，"民权"思想的产生不应被简单视为抽象的平民思想，而是与特定历史境况相关联，"民权"不是"个体式"的，而是"均分式"的。

与日本的私领域价值得到充分肯定十分不同，中国即使有些思想家如黄宗羲提出了"私"的正当性问题，批判君主独占"大私"，却并不意味着承认作为个体的私人领域具有独立价值而理应得到维护，而是对基于"公"的意识的"万民之私"予以肯定。所谓"万民之私"是的迹象和能力时，却又莫名其妙地被某些不明病菌扼杀掉了彻底康复的机会，只得把自己完全交付给西人诊治，而交付的理由却至今未明。人们不禁要问，这些所谓专杀"近代"基因的不良病菌为什么不在明清以前发生病变，而非要等到那些貌似西方"启蒙"的良性因子开始活跃以后才大开杀戒呢？在沟口雄三先生看来，所谓中国式"近代"的自我展开脉络其实从未真正中断，而是如绵绵细流般漫流到了现代中国的建立阶段，甚至那些看似阻碍中国发生转变的不明"病菌"，也许同样能转换成一种新的"近代"动力，这个"近代"肯定与西方为中国设计的那个"早期近代"完全不同。

在沟口看来，近代中国的演变应该被置于"横断面"和"纵断面"两个维度加以解析。以往的一些论述，无论是"革命史"、"冲击—回应说"，还是"早期近代"、"资本主义萌芽论"，乃至近期的"大分流说"，都是强调"横断面"即西方因素对中国历史的模塑作用，而没有看到明清以来社会内部的转型对整体历史格局的演变所造成的影响。从"纵断面"的角度观察，明清以后南方宗族与北方秘密宗教等基层组织聚合而成的社会伦理和生活价值观，以"仁"、"均"为基础理念构成的儒家官僚士大夫的经世观、大同思想，以及有无政府主义倾向的天下"生民"观念等，都在作为"纵断面"要素积极发挥着作用，西方社会主义思想的传入，只不过作为一种触媒诱发了它们的活力。由此可推知，毛泽东对"大公无私"行为的彰扬，与刘少奇在《论共产党员的修养》里面对儒家教化思想的传承都非"横断面"的影响所能解释。扩而言之，古代大同思想中对"公"的认同，均分财富的企望与否定"私"之独立意义的道德理念等一些属于"礼教"范畴的内容，也并非都会天然成为革命铲除的对象，相反却以隐性的形式为社会主义革命继承了下来。

沟口雄三学术世界里的"地方"及其修正

沟口架构其"另一个中国近代"的特点是强调明清以来地方自治共

这些论调在清末的一个变种，被戏称为"古已有之论"，比较典型的说法是，"光学"这点货色没啥了不起，咱们先秦的伟大墨子早已有过类似发明，西人不过拾我牙慧而已。癫狂的自恋背后是学术青春的无谓消耗，如与"早期启蒙"的思想史研究相对应，经济史研究中关于"资本主义萌芽"问题的持久讨论，甚至连"早期商品化"与工业化时代商品化之间的区别都没搞清，就皓首穷经般地寻究中国文献中"资本主义"存在的蛛丝马迹，其偏执和倔强的态度倒是的确让人起敬。有人辩护说，这个举动虽追逐的是个"假问题"，但具体研究中发掘出了新史料，做出了"真学术"。我却着实怀疑，在"假问题"指导下的学术研究，到底有多少价值。以上种种表现奉持的均是在中国历史中努力发现西式近代因素的思维逻辑。

近年出现的"大分流"观点进一步对此热潮推波助澜。"大分流"史观认为，在西方全面实现工业化之前，中国在经济发展速度方面几乎与之处于同一起跑线上，只不过后来西方抓住了一个偶然机会，寻求到一种新的转变模式，才最终拉开了和中国的距离。"大分流"的观点极易造成一种错觉，即我们失去与西方齐头并进步入近代的原因，纯粹是一种偶然论的结果，要改变这种局面迎头赶上，仍然只有模仿西方这一条出路。这个观点其实与当年中国史界流行的"失去机会说"没有什么本质上的不同，有人认为，乾隆时期英国马戛尔尼使团访华，仅仅由于拒绝叩头就被驱逐出境，清朝由此遗憾地错失了一次打开大门面向世界的机会。"大分流"说则以历史的偶然性为依据，仍然想要确认西方近代化道路具有无可比拟的唯一性，自觉或不自觉地效法乃是非西方世界的必然出路，中国近代历史也只能在与旧的社会结构实施决裂的情况下才能真正完成转型。

无奈的是，这样貌似新颖的评断极易得出自相矛盾的结论，比如说，既然中国很久以前就产生了类似西方的"近代"因素，那么为什么后来却出现了"分流"的趋势呢？似乎是某种神秘力量腰斩了中国"近代"胚胎的发育，中国就像个病入膏肓的巨人，每当刚刚萌现自我复苏

十二　中国的"另一个近代"

无法步入"西方式近代"的焦虑

无论是对中国抱有好感还是有意回避刻板政治史观束缚的人，都容易产生某种焦虑，那就是如何独立发现中国自有的"近代"形态。在他们看来，过去的解释模式似乎总难摆脱西方历史观控制的魔咒，例如，如果要规避"革命史"把西方入侵统统视为帝国主义侵略的负面解释，似乎就必须以颂扬西方传播现代化福祉为旨归，双方立场尽管截然对立，讨论的圈子还是逃不出西方对中国历史如何发生作用，以及如何衡量此作用之程度这个核心话题。这就如同赌博时掷出的银币，在地上旋转出的图案仍是同一个东西的不同侧面。

如此焦虑导致的一个极端后果是，人们执著地相信，在中国历史发展的某个阶段中，一定能够发现类似西方的近代因素，比如美国史界就一度流行中国存在着所谓"早期近代"的说法。"早期近代说"试图证明，明清之际隐约彰显出的若干反皇权思想，其中就包含着类似西方的"近代"因素，如对个人自由的关注，朦胧初现的法律契约意识，以及对平等和私有财产权的自觉维护等。与之相呼应，国内史界换了个说法，称此阶段为"早期启蒙时代"。一些学者坚称明清之际出现了一股"人的觉醒"思潮，颇类似于西方启蒙运动。日本学者如岛田虔次也认为，明季以阳明思想对下层民众的浸染为契机，唤醒了某种"市民意识"，但进入清代却惨遭挫败而趋于沉寂。这类论说很容易予国人以莫名其妙的自我安慰，好像未庄的阿Q挨过打之后还硬说，老子也曾经火过。

的解读上,也不宜仅限于从社会史的视角诠释其在某个地方脉络中发挥作用,而应该从细微的身体感觉出发,通过对身体在空间位置变化的观察,仔细解读其制度化的过程,既注意"个体"感受的精微,又顾及诸如社会动员的规划过程这样的宏大景观,并力求在衔接两者的关系上重建政治史的叙事。

要摘掉这顶帽子。正如有的论者所表述的,这样一种想象方式其实是西方传教士加以规训的结果,充满了"东方主义"式的臆测和联想。[1]

但是后来在反细菌战时期,这种自我的想象却被颠倒了过来,其表述的意思是:"细菌"不是我们自身身体产生出来的,而是美国人通过朝鲜战争丢给我们的,使我们变成了"病人",通过这个颠倒的想象,疾病的来源被转移到了外界,从而变成了激发民族主义情绪的很有力的工具。效果是双面的,一方面经过反美帝国主义的宣传,普通中国人开始对细菌以及传播渠道等卫生常识有了基本的认知;另一方面,对卫生进行普及宣传的更深层含义是:普通的中国人都会意识到,强身健体已经不再是什么个人行为,而是使我们的民族国家在世界面前树立起强大的自我形象的一个很重要的步骤。因此,又为社会动员式的政治参与提供了行动的合法性。

最后我想强调的是,我们突出了在社会动员中意识形态的形成过程,并不意味着我们应该过高估计这种过程所起的作用。过去在评价解放初这段历史时,总是强调政治动员干预力量的强大及其对民间日常生活无所不在的渗透作用。实际上即使是最意识形态化的时代,"地方传统"仍有可能以变通的形式发挥其活力,尽管其作用可能是极其有限的,却仍有可能改变和塑造上层政治的选择,但这个过程是个反复博弈的结果,而不是单向的力量能够单独实现的。最近的社会史研究为了摆脱传统政治史对上层机制支配力量的过度关注,特别主张传统的地方性因素对政治转变的支配性作用。而我则认为,上层和下层(包括人类学关注的村庄一级)只有经过反复博弈才能达成某种有限的共识和平衡,只强调其中的一个方面似均不足以对"现代政治"有一个全面的解释。

以上我简略地阐明了如何从医疗史的角度理解"现代政治"的问题。我的基本看法是,对政治史的理解不应该仅局限在对上层制度变迁

---

[1] 参见刘禾:《语际书写:现代思想史写作批判纲要》,上海三联书店1999年版,页67—104。

会动员"的角度来动态地理解这个过程。

就我的理解而言，"社会动员"是使近代传进的新事务迅速向社会普及的重要手段，它比一般性的和风细雨式的制度改革具有更为突发性的暴烈特征，更易使制度变迁实现从"临时性"阶段向"常规化"运行的大规模转变。在中国尤其使用了多次疾风暴雨式的运动方式，各种政治动员的间歇性发作甚至成为我国政治生活的一个重要特征。如何描述这种特征亦成为理解"现代政治"品格的一大关键。

如果从医疗史的角度来谈，我想问的一个问题是：从身体到空间再到制度安排仅仅是某个局部地区试验的结果（比如在某个城市），还是它可以通过什么样的手段转化为一种全民性的生活方式？

具体而言，我选择的个案是通过分析从"反细菌战"到"爱国卫生运动"的转变，观察一个临时性的战略规划是运用什么样的动员策略成功地转化成一种常规性的全民运动的。我们知道，1952年据说美国在朝鲜和中国东北地区投放了很多细菌，对于这次细菌战的规模到底有多大目前仍存在争议，但是我觉得有一点非常有意思，即"反细菌战"在当时是中国作为现代国家抵抗帝国主义侵略的军事行动来加以实施的，所以当时在安排反细菌战时，东北被划分成了特殊的军事防御区，但是不久就发现"细菌战"威胁引起了普遍恐慌，其范围已大大超越了东北这样的局部地区，在地方上很多人认为"细菌弹"比原子弹还厉害。后来国家领导人发现如果能把反细菌战从一种临时性的行动转化为一种常规型的运动，将使人民更加增强自身的凝聚力。

值得注意的是，这种政治动员的策略是以传播现代卫生知识的行为模式渗透到广大农村去的，"医疗"由此转化成了政治动员策略的一个组成部分，我还特意分析了上层如何通过运用"颠倒的想象"这个宣传手段把细菌这样一种很可怕的东西变成了抵抗西方帝国主义的民族主义抗争话语。我们都知道近代以来，"东亚病夫"称号的流行被认为是中国人自身不卫生、不干净、跟世界的潮流不接轨造成的，中国人一直感到很自卑，老觉得自己和西方人比不正常，是"病人"，也总是叫嚷着是比"地方性知识"更能抗拒"空间"变成制度化的利器，例如延续至今的大量多元化医疗资源的复苏和普及，并影响到了民众的择医选择，说明其生命力的存在。由此我考虑到一个问题，从身体到空间再到制度安排，这背后是一个什么样的逻辑在支配着呢？这个逻辑跟中国的传统文化资源和地方性资源之间的关系是什么？我觉得肯定是需要加以重新思考的。

"社会动员"与"国家"

以上我比较多地谈了"空间"作为观念和体制如何进入中国并最终制度化的过程。现在看起来，西方的"空间"支配已经牢牢地渗透到我们日常行为的许多细节之中，甚至习以为常地变成了我们自身无意识的行为。可是也就在五六十年前，我们对"空间"的认知还处于难以确定的游移状态。对"空间"接受的程度也不能仅仅以知识人的引进、介绍和传播作为衡量标准。也就是说，尽管具备西方体制的压迫和官方的强制性干预这些条件，普通百姓往往仍然难以在常态下自觉地接受现代制度的规训，或者说，仅仅靠制度的一般性运作和知识人对医疗话语的强制灌输，尚不足以促成全体人民对这种制度化过程的支持。[1]因此，在分析"空间"如何被制度化的过程时，不能仅仅从制度本身的强制性质中想当然地得出结论说：只要具备了西式的制度和政府的一般性支持，就自然会完成其现代转型，而更应该增加一个新的认知视角，即从"社

---

[1] 目前的医疗史研究比较注重从医疗观念传播的角度理解中国人对现代医疗的接受程度，比较重要的研究有Ruth Rogaski关于中国知识人关于"卫生"概念的引进和讨论，参见氏著：*Hygienic Modernity: Meanings of Health and Disease in Treaty-Port China*, University of California Press 2004。最近的研究可参见余新忠："晚清'卫生'概念演变探略"及"防疫·卫生行政·身体控制：晚清清洁观念与行为的演变"，两文均发表于"社会文化视野下的中国疾病医疗史"国际学术研讨会（天津，2006年8月）。但我以为，近代知识圈对"卫生"的理解其实并不意味着中国人从整体上接受了"卫生"观念，中国人在普遍意义上接受此观念并转换为行动，最终尚需经过社会动员的一套复杂操作程序才得以完成。

院周围设立了四个卫生试验区,把内城和外城的大部分人口都覆盖了进来,有趣的是,有些医院内的医生开始主动出击,不是关在医院里面,而是走向百姓居住的地段,他会主动去敲普通民众的家门。我的意思是整个协和医学院从一个封闭的东西变成一个力求跟社区结合的场域之后,对中国人的影响是非常大的,协和医院由此本身变成了一个居民社区的组成部分,至少不会像以往那样界限分明,或者只是一个和北京生活区毫不相干的孤立空间,把医疗监控的区域叠合在了一个实际生活区域之上,或者说医疗空间和生活空间被迅速结合起来了。

这样做的一个直接结果是,中国人固有的生活节奏被打乱了,原来病人可以自主选择去不去医院,但是卫生区建立起来后,医生不断登门劝说,病人的选择意向实际上在慢慢缩小,监控程序越来越制度化了。卫生区建立起来以后又迅速变成了各个城市纷纷效法的模式,在上海、天津、南京、广州等地都建立了类似的卫生区组织,也就是说兰安生模式虽以医疗控制的面目出现,却最终成为城市管理的一个新型样板,空间被制度化后才逐步实现了对普通民众生活世界的殖民化过程。这个过程首先在城市实现以后,随即出现一个非常大的问题就是怎么在乡村里面推广?

我们看到,兰安生的学生陈志潜在乡村搞的实验和城市有所不同,他建立的"三级保健系统"更注重成本的计算。"空间"要想在农村实现制度化,面对的首先是如何吸纳和应对"地方性知识"的问题。"地方性知识"可能是最近中国社会史研究中出现频率最高的词汇之一,但我总觉得用"知识"来描述"地方"民众的生活资源,有点用精英化的手法去刻意比附之嫌,因为有些明看着像"知识"的东西,不过是被百姓用来糊弄精英和官方的障眼法,背后可能是某种"地方感"的支配在起作用。"地方感"应该是基层民众超出"知识"分类的某种感受和表达,一般是在学者的视野之外的。道理很简单,"地方感"既然是感受,就很少文字记载,也缺乏证据史料,故十分难以把握,不过我们仍能从一些蛛丝马迹中感觉到"地方感"的存在和意义。"地方感"可能成治疗的过程的,所以我们说西医的进入实际上改变了中国人对于空间的想象和身体在空间中位置的安排,这是一个非常重要的变化。

也正因如此,我们曾经发现很多抗拒与医院合作的故事,在相当长一段时间里,医院实际上是非常恐怖的,因为医院本身是一个拒绝病人亲属进入的陌生化场所,它是由经过专门技术训练的人在一个封闭的、不可知的状态下完成医疗的过程。我们现在觉得把个人交托给医生非常自然,但是这在前近代是难以想象的,因为一旦把病人托付出去,就意味着你无条件接受了一种制度的安排,委托到一个陌生的场所实际上多少隔绝了他跟原来生活场所的一种基本的生活联系,在前近代的情况下,要想改变这样一个根深蒂固的空间想象的观念其实需要一个非常漫长的过程。"空间"即使在某个特定的场合和时刻开始对中国人的身体控制发生作用,也须找一个妥帖的方式使它固定化,否则不但西医的使命难以完成,整个西方的管理体制同样难以大规模地持久奏效。这就自然转入了第二个问题:即如何改变"空间"和"地方"长期呈现的两张皮式的分割状态,"空间"的制度化变成了改变这种状态的一个重要途径。

我们可以用协和医院为例来说明这个问题,很多人把"协和医院"仅仅当成一个西方医院在中国成长的个案进行研究,注意的是协和的体系建制及其内部构造。我思考的则是协和医院对一个普通中国人来说到底意味着什么?它作为一个机构设在中国最繁华地带王府井的时候,它对中国人的生活状态意味着什么?协和医院成立初期,它所培育出的"协和模式"在相当长一段时间根本无法和中国民众的生活发生实质性的关系,因为协和标准的封闭性管理和昂贵的医疗费用使它和北京民众的生活完全打成了两撅,互不相干,真正的"空间"控制由于和老百姓的生活无关,实际上无法以制度化的形式固定下来。

在上个世纪二十年代的时候,兰安生出任协和医学院公共卫生系的系主任,他有一个基本的看法,认为医院不应该是一个封闭的空间,要把协和医院周围的社区甚至整个北京城都作为医院的边界,所以他在医一个简单的例子是,当医生在农村进行外科手术时,往往会被迫在一种公开的场合下进行,以打消当地民众对手术神秘性的怀疑,结果是手术一旦公开,被民众接受的可能性就会随之加大,这也就会进一步使外科手术的程序日益脱离西方严格意义上的制度规范。这就像一场博弈的游戏,在这场游戏中,"地方"意识被霸权般的"空间"界定出来,"空间"也同时被加以改造而削弱了其原有的普遍意义。

"身体"→"空间"→"制度"

这节标题出现了三个相互关联的词汇,中间用连线隔开呈递进之状态,我想要说明的是:"身体"如何变成了"空间"的一个组成部分,与此同时,"空间"只有被制度化之后才能相对持久和广泛地发挥出普遍支配的效益。头一个应该解决的问题是,"身体"在什么场合下被支配以及被支配的程度?在西医进入中国取得支配地位之前,中医有一个很大的特点就是它的活动领域实际上是相对开放和流动的,他可以登门去看病,也可以坐堂应诊,治疗角色相对比较灵活开放,跟他的病人之间极易形成一种比较亲密的互动关系。如果某个人有中医治病的经验,就可以发现病人往往有机会参与治病的过程,病人自身都能够改变药方的名称和剂量,甚至换了药方后达到的效果可能跟医生治疗的效果都有很大的不同。这个过程只能发生在传统的医患关系的背景之下,也就是说,病人"身体"和医生之间的关系基本上是以一种熟人社会的规则和场域作为互动基础的。[1]

到了西医进入中国以后,这样的空间关系实际上完全被改变了,首先是西医必须要建立起它绝对的权威,也就是说如果西医开了一个方子,病人是没资格直接参与进去的,它是在一个相对封闭的空间里面完

---

[1] 参见雷祥麟:"负责任的医生与有信仰的病人:中西医论争与医病关系在民国时期的转变",《新史学》第14卷第1期,2003年3月。

封闭只不过是这种状态在医疗过程中的某种反映。[1]

这种状态弥漫在整个西方世界中最后成为一种法定遵守的原则,实际上也是经过相当漫长的时间才得以实现的,但当其横向移植到中国时就容易引起类似"采割"之类的很多联想,因为在中国人的经验世界里,病人的治疗过程是伴随着亲情的环绕得以进行的,整个的医疗过程并非现代意义上的技术施予的过程,而是亲密关系的某种展现。但如果你不服从这封闭式的技术管理体制,那硕大无比的瘤子或什么其他东西就会时刻成为你的另一个"它者",这逼使中国人无可避免地陷入了一个认知悖论和宿命般的隐喻。

再比如一个产妇原来要生产时,在某种程度上她会有一个自由选择的范围,比如可以选择自己认识的产婆,或者干脆选择自己接生,产婆的接生举动也不是一种单纯的医疗技术,而是带有熟人社会特征的一系列安抚行为。可在现代城市的空间规划中,经过现代医疗训练的助产士就会把一个正常的生育活动变成一种纯技术的监控程序,到了接生时间,她们会不厌其烦地规劝产妇赴医院待产,传统的产婆也经常被放置到一个训练网络之中受到监视。

总之,人们在熟人社会中培育出的一种"位置感"在空间的控制和挤压下会服从于特定的安排。每个个体的生育和死亡也被编织在了国家整体现代化的规划之中而无形失去了许多自我选择的权力。所以我宁可把这些貌似纯医疗现象的改变,看做是现代国家政治日益规训个体生活节奏和生命体验的一个过程。当然,对"空间"压抑作用的强调,并不意味着中国人在接受过程中已完全失去了反抗和再塑造"空间"内涵的能力,"空间"界定了中国人的"地方"意识,同时"空间"在进入中国后也在逐渐被中国的观念和行为方式所改造,以至于很难在原有的形态上来理解"空间"到底对中国人来说意味着什么。

---

[1] 哈贝马斯特别谈到了"公域"变形后对"私人领域"的侵蚀,参见哈贝马斯:《公共领域的结构转型》,第五章《公共领域社会结构的转型》,曹卫东等译,学林出版社1999年版。

们现在早已习惯用"空间"与"地方"的对立来界定自身的位置,那是因为我们在全球化的格局内被强行变成了"地方",这完全是西方"空间"意识塑造的。

那么什么是"空间"?"空间"在西方的哲学理念中是具有普遍意义的一个概念。如果按照萨义德的一个说法,"空间"的存在恰恰是依赖于非西方的"地方"来加以界定的。[1]"地方"是局部的,"空间"是整体的;"地方"是被动的,"空间"是主动的。这套对立的规则不仅改变了中国人自信自身所处的熟人社会就是帝国的延伸这种传统观念,而且加深了自身的不安全感,因为他们无法用熟人社会的逻辑来安排日常生活,也就是说他平常的"位置感"被彻底动摇了。我们可以从医疗史的研究中发现许多例子,这些例子说明"身体"在什么样的状态下必须取决于对"空间"的服从程度,尽管你可以不理解但却必须接受。

比如做外科手术就必须是在一个封闭空间中进行,按程序必须摒绝熟人家属的参与,这种技术程序建立在一种称为"委托信念"的基础之上,简单地说就是把亲人或熟人委托给外人进行管理的信念,这种信念反映的是现代社会的一种普遍状态,即在追求自我的情况下热衷于相互隔离的一种状态,它有着深刻的宗教和世俗理念的根源,比如西方自中世纪就有把个人委托给上帝的观念,随后出现了"个人觉醒"的历程,"个人"成为"主义"又与所谓"公域"的产生密不可分,这似乎喻示着"个人"被委托给"上帝"这个概念的终结,尽管如此,"个人"的被凸现虽更加强调隐私的意义,但"委托"的理念仍延续了下来,只不过"委托"的对象有所变换了而已。当然,"个人"在"公域"下的自由最终也没有摆脱现代科学制度对其加以殖民的命运,"外科手术"式的

---

[1] 萨义德把西方知识分类中对"西方"与"东方"的二元对立划分的生产机制揭示得很清楚,参见萨义德:《东方学》第一章及第二章,王宇根译,三联书店1999年版。我则稍加变通地把东西方的对立理解为"空间"与"地方"的划分和对立关系。

问题，如一个村庄或宗族内部相对是熟悉化的，人数固定，相互熟门熟脸，没什么隐私可言。外来一些流动的人群如挂单和尚，走方云游之士一旦进入村民熟悉的视野内，就会形同异类，遭到怀疑和驱逐。

区别在于，古代这些"异类"进入社区无法长期安身，具有暂时性和流动性，因此威胁性很小，对村民的心理震动也弱。近代传教士的进入却是对整片空间的占领，而且具有强烈的渗透性。这种渗透性的意义在于，它改变了村民对传统环境的认知习惯，这些习惯包括：利用熟人网络的关系来分配上层政治机构下派的事务，甚至化解其压力；处理日常生活事务时可以相对严格地区分行政与熟人行为逻辑之间的界限，把公共事务转换成一种日常面对的简单程序。这套逻辑到近代统统不管用了，这方面的例子可以举出很多，比如"教民"的出现使得原有的人群类别发生分化，有可能造成了原来熟人之间的对立；"教民"被教堂庇护，传教士背后又有强势的政治力量做支撑，使他们从社区熟人的圈子里分离了出去，形成"吃教"的特殊群体，改变了地方上的经济和政治格局。[1]

还有一点我觉得更加重要，就是"空间"的强势介入重新界定了"地方"社会的意义。我有一个想法是：古代中国人其实并没有明确的"地方"概念，因为在一个熟人社会中，"地方"也许就是个村子，村子其实就是整个世界，顶多延伸出去变成整个帝国的一个组成部分，而对帝国的认知其实并不外在于他所生活的熟人社区，一个普通的百姓完全可以根据对一个村子中的人群活动的常识来建立起对周围世界的感知框架，所谓"普天之下，莫非王土"说的就是这个意思。因此，中国人实际上并无明确的"地方"边界意识，中国人"地方"意识的产生其实是西方"空间"概念挤压塑造的结果，[2]或者说是"逼"出来的结果。我

---

[1] 关于中国人如何接受一种"隐私"的观念和私人关系的变革历程，可参见阎云翔：《私人生活的变革：一个中国村庄的爱情、家庭与亲密关系》，上海书店出版社2006年版。
[2] 例如程美宝的新著就认为"广东文化"观的形成与近代中国人国家意识的出现密不可分，参见程美宝：《地域文化与国家认同：晚清以来"广东文化观"的形成》，三联书店2006年版。

心传教士也有这种举动。"传教士被疑为邪术家,也不是没有理由:"西教士不但有'祈祷洗授'等宗教上的工作,而且他们所用的东西(如镪水、铳、摄影机以及药物)也是灵验不过的,也是愚人所莫名其妙的;这些东西既然如此奇巧和非常,他们便以为当然不是用普通的质料制造的了。"

江绍原又总结中国人面对西医的困境时说:"如所用的药不发生效力,他们当然不信西医,反之,若很快的发生了很明显的效力呢,他们仍会疑心制药的原料是人心人眼一类的物事。总之,旧日中国人太不了解西人西医西药,所以无论西人西医的言行良不良和能不能顾到中国人的好恶,也无论西药发生不发生效力,误解总是难免的。"[1] 这种误解其实也表明的是一种对待西方的政治态度,甚至民国初年的党报社论中论及当时被市政府收回的南京广济医院是否应交还英国人经营时,也有类似"采割"的想象式议论:认为一旦交还,贫民跑到医院诊治,"难免癣疥之疾,就得截足斩手,垂危之疾,率以剖腹验尸"。这有点像"采割"语言,又有一位教员因剖解婴孩尸体,事破被罚的记载,[2] 也遭到了类似"采割"之类的批评,看来"采割"说直到民初仍未绝迹。

"空间"的含义

近代中国人对西方人的误解源于对身体破损的恐惧,恐惧发自内心,故有众多谣言的散布与流行,这可以看做是一个心理事件。除此之外,另一个角度也值得关注,就是身体位置感的改变带来的阵痛。你在什么样的位置状态会感到怡然自得,换到另一个位置会发生恐惧?这在近代变成了一个新问题,这个问题的设定不是仅仅从结构变迁和制度转换的单向纬度的解释中可以得到解决的。前近代社会中也会出现类似的

---

[1] 江绍原:《民俗与迷信》,北京出版社2003年版,页137。
[2] 同上书,页143。

势有了根本的变化,"采生折割"话语作为封建迷信理应也在被批判之列,但许多媒体还在沿用着那套被改造过的"采割"逻辑,比如解放初控诉美帝国主义侵略中国时就常提及教堂婴儿被遗弃的事例,尽管这些事例几乎全都是谣言和想象,但在当时对西方的民族主义批判运动中却是被当成史实来加以反复引证的,这说明当代民族主义的政治表述一直延续着对"采割"话语和术士行为的想象成分。

再次,"采生折割"话语在不同时期不断地被唤醒,成为普通民众对政治现象的某种奇特的表达方式,比如在建造孙中山陵墓的过程中,当局就同样遇到了谣言的困扰。1928年的《革命评论》上就有一篇题为《孙陵与小儿的魂魄》的文章,讲的是当时流传一个谣言说是孙中山陵墓于完工前须摄取童男女灵魂一千名,这个谣言由南京传到镇江、苏州、无锡和常熟等处。舆论还说公安局还为此逮捕了二十几个卖花样的女子,据说此辈身藏"白纸剪成之鬼怪多件"及玻璃瓶若干,内悬"以丝线结成类似人形者之线人",[1] 以至于有的地方小孩为避邪,身上挂一个红布条,上面写着八句歌诀:"石叫石和尚,自叫自承当;早早回家转,自己顶桥梁;你造中山墓,与我不相当;真魂招不去,自招自承当。"[2] "采割"话语在这里被转换成了一个政治寓言。

当然,"采割"话语的延续更多的是与某种医疗态度有关,同时这种态度也间接反映的是一种政治态度。当年反中医的余岩就曾说过中国人的误解来自不解西医的习惯,西医"遇有奇异之处,变化明著之内脏,则取而藏之器中,加以药品,使不腐败,以资后学者之参考,其意至恺恻也。不幸而保守尸体为吾国最神圣不可犯之旧习,国人见其如此也,遂哗然以为杀人食人,如水浒绿林之所为矣"。

江绍原倒是认为民间想象更多地来源于对术士行为的理解,他说:"我国的术士的确有采生折割的举动,大家平时熟闻其说,所以容易疑

---

1 江绍原:《民俗与迷信》,北京出版社2003年版,页79。
2 同上书,页83。

中国人塑造成为"东亚病夫"的有效途径。例如在一些传教医生的记述中，中国人做手术时忍耐痛苦的坚忍毅力，在被赞叹之余，也被认为是一种麻木不仁的表现，而一些画师所描述的病人手术后的安详表情也被看成一种获得新生的姿态。就这样，中国人性格中的一些传统意义上的优点通过手术变成了营造"东亚病夫"形象的有力工具。[1]

当然，对西方医学作用的抗拒及其政治意义的解读主要还是体现在了对"采生折割"话语的误读和移植上。"采生折割"原来是中国的一个法律术语，说的是一种以割取小孩身体的某个部位（眼睛、肝、心脏、肾等）入药的杀伐生命的现象。这个现象在进入法律责罚体系之前表述起来一直有些似是而非，一般人往往会与某种术士的行为混在一起理解，带有某种不可知和想当然的神秘色彩，可这种想象一旦横向移植到西方人的身上就会发生许多附会。这些附会往往由对医疗现象的误解而起，却又绝不仅仅是个"医疗史"的问题，也不是传统意义上仅仅是处理某个中国人身体受到了伤害的个体法律问题，而是一个总体的"现代政治"的问题。

这表现在以下数个方面：

首先，我们发现，教案的发生有相当一部分数量是与"采生折割"的想象有关，但除个别是直接针对医馆治疗失误引起的损伤外，大量的案件实际涉及的是教堂礼仪的神秘性导致中国人狐疑猜测，说明"采生折割"的想象超越了个体的医疗关注，而延伸到了对陌生空间的定位和接纳的问题。一句话，原有的地方社会里无法找出与教堂体系（包括医院）相衔接的认知资源，必然导致一种认知错位和行为抗拒。

其次，"采生折割"话语有一个从个体对身体受损的感受及其所应遭到的法律惩戒这样一种认知，向具有群体特征的现代民族主义对外抗拒心态转变的过程。一个现象很有意思，到了五十年代，虽然政治形

---

[1] 参见韩依薇："病态的身体：林华的医学绘画"，载《新史学：感觉·图像·叙事》，中华书局2007年版。

这顶帽子，就陷入了一种自卑和自尊相互交织的复杂心理状态。[1]如何克服"东亚病夫"的自卑感，并同时达致最终的民族自觉？也许是中国近代以来最重要的主题，但是我们往往把这种"东亚病夫"身份的克服和怎么脱去这顶帽子看成一个外在的、政治的、经济的和社会改造的过程，而没有看到实际上最紧要的改变恰恰是从我们中国人自身的身体开始的，这是我想要特别分析的一种状态，也是医疗史研究可以发挥其作用的地方所在。

这当然也牵扯到"自我认同"这类的思想史问题，但我首先会把它理解为一种生物"物理"问题，或如福柯所言是一种"生物权力技术"的形塑和传播的问题，这个问题的发生首先是由西医的侵入和控制来加以实现的。正如我在《再造"病人"》的导论里所提到的：外科手术的传入引发的是一场"身体"革命，当西医传教士的第一把手术刀切入中国人的身体时，一个**"现代性的事件"**就发生了！[2]

外科手术是以毁损身体皮肤轮廓为代价治疗疾病的方法，这必然与中国对身体的传统认知观念相左。但它却从完全不同的两个方面塑造了中国人对现代政治的看法。一方面中国人认为身体发肤受之父母，损伤后要受到惩罚，古代有"采生折割"律严厉处罚这种现象，近代大量谣言的出现质疑的全是对身体的损伤现象，而且这些质疑基本都是以"采生折割"为言说底本。近代许多教案的发生也与中国人对外科手术的想象往往从"采生折割"的角度加以理解有关。这就是我会选择以"采生折割"话语的构成为切入点解读"身体"政治的缘故。

但另一方面，在一些传教医生的眼里，外科手术的成功又恰恰是把

---

[1] 从"身体"的角度探讨中国人意识的变化，已出现了一些引人注目的研究取向，如从"痛感"的角度探讨女性的身体意识和主体性问题，可参见高彦颐："'痛史'与疼痛的历史：试论女性身体、个体与主体性"，以及从"优生学话语"的角度反思中国人对自身生育意识的变化，参见冯客："个人身体与群体命运：近代中国之人种繁衍与群体纪律"，以上两文均载黄克武、张哲嘉主编：《公与私：近代中国个体与群体之重建》，"中央研究院"近代史研究所。页177—199，页203—222。
[2] 参见杨念群：《再造"病人"：中西医冲突下的空间政治（1832—1985）》，中国人民大学出版社2006年版。

新解读，其基本思路是：现代政治不仅是行政体制运作的问题，而且也是每个"个人"的"身体"在日常生活中如何面临被塑造的问题；包括政治对身体进行的规训与惩戒。这当然是受福柯影响形成的思路，只不过在挪用时应该注意如何应对中国语境化的挑战。

我的叙述策略是，"身体"所处的位置必然和"空间"的重新安排有关，要明了此点，就必须对"空间"的含义重新加以界定，特别是要考虑"空间"的渗透与"地方"民众的意识与行为之间形成了复杂的调适与冲突的关系，解读这种关系是理解现代政治在基层实践的关键和起点。"空间"逐渐在中国合法化的过程实际上也是一个如何使之"制度化"的过程，同时这种制度化也是一个从城市向乡村的扩散过程，是对"地方感觉"与"地方性知识"的塑造过程，反而言之，更是地方性资源对这种强制传播的抵抗性过程。只有把这些复杂的因素统统考虑在内，才能更加贴近实际的历史进程，也只有处理好了这些复杂因素之间的关系，才能理解现代革命为什么会演变为跨区域的风暴，同时也会理解那些革命的领导者身上为何不可避免地仍带有某些区域或传统的痕迹。

作为问题出发点的"身体"

身体问题的现代意义往往与自我对现代的认同态度有关，这引起了许多思想史研究者的好奇和思考，比如"中国人"之所以成为"中国人"在古代的评价体系中似乎不成其为问题，在现代却显得至关重要。因为在面临西方的威胁时，"中国"作为一个国家形态到底在何时形成，其未来到底会走向何方才突然变成了一个问题。我们过去的史学研究往往把把中国从"帝国"向"现代国家"的转变看成一种结构转型和制度变迁的过程。我这里所关切的是：中国人的身体感觉是如何被改变的？或者说当代中国人的身体到底在什么样的位置和状态下被加以改造，并造成了其自我认同的危机。因为我们自从被扣上了"东亚病夫"

不断选择后的实用"政治"策略日益渗透和支配日常民众生活的结果。[1]
而更有人把中国革命的政治实践看成一种完全区别于以往政治行动模式的"现代传统"。[2]

如果再进一步概括，对"现代政治"的理解主要有两种解释路径：一是传统政治史的路径，即主要关注上层政治集团和行政体制的结构及其变动，以此为基础透视其对社会变迁的影响。二是社会史的路径，这一路径认为对政治的理解不能仅限于上层和官僚系统的运作，而是应该更多地把注意力放在对基层社会非行政系统运转的层面和民众日常生活的方式上透视其特征，这一路径吸收了人类学"民族志"的叙事方法，以对区域社会中历史现象的细腻描绘见长，力图从地方历史的演变脉络中理解现代政治的发生渊源。

但这两种路径又都有其各自的弱点，仅仅从上层和官僚体制运转的角度诠释政治的内涵，往往只看到了政治运行的体制化的一面，而没有看到中国社会的运转很大程度上是靠基层道德文化的微妙张力来处理日常事务的，特别是无法理解县级以下民间网络的运行特征，这也是引起"眼光向下"的社会史方法对之进行反拨的主要原因之一。不过仅仅从地方区域性的角度来理解政治的运作机制，则显然很难全面描绘出现代政治的跨区域性质和宏大深远的变化图景，特别是无法理解革命的跨区域性起源。[3]

有鉴于此，我们认为应该采取更加整全的视角来对现代政治进行重

---

[1] 邹谠：《二十世纪中国政治：从宏观历史与微观行动的角度看》，香港牛津大学出版社1994年版，页125—126。苏力最近也谈到了中国意识形态治理技术中"道德"因素的支配作用，必然会导致非制度性因素有时会起到关键作用，参见苏力：《法律与文学：以中国传统戏剧为材料》，三联书店2006年版，页231—250。

[2] 参见黄宗智："悖论社会与现代传统"，《读书》2005年第2期。在另一篇文章中，黄宗智阐发了"实践"在认知中国近代政治中的作用，参见："认识中国：走向从实践出发的社会科学"，《中国社会科学》2005年第1期。

[3] 参见杨念群："'地方性知识'、'地方感'与'跨区域研究'的前景"，《天津社会科学》2004年第6期。

十一　如何从"医疗史"的视角理解现代政治？

什么是"现代政治"？

从中国历史的内在演变而言，"古代"政治应该大致包括这么几种形态要素：帝国控制着广大的领土、皇权政治的"专制"倾向、科举制支配下的官僚选拔和治理、基层社会的宗族性道德支配等。[1]

而中国现代政治的基本要素可能大致越不出以下的表述：皇权符号倒塌后道德和社会的无序、军阀混战背景下的一统趋势、民族国家力量的干预逐渐加强、自上到下科层行政体制对传统自治状态的取代等。[2]

对中国现代政治的源起特别是对"革命"发生的机制和原因的分析也已经出现了不少的成果，比较占统治地位的说法是：中国"现代政治"的产生是由于传统体制僵化导致应对西方世界的机制运转不灵，乃至最终发生全面崩溃，于是模仿西方现代政治体制的潮流应运兴起。[3]最近一种比较新颖的解释强调"现代政治"乃是中国人不断进行行为选择的一系列后果，具有不同于西方社会演变的历史态势，并非是以上"模仿说"的简单逻辑所能阐明，特别是描述"革命"的发生具有在不断调整中逐渐适应社会变迁的能力，这种调整模式的形成被特别看成是

---

[1] 关于古代政治比较简捷准确的表述可以参阅钱穆：《中国历代政治得失》，三联书店2001年版。
[2] 关于近代知识人政治思想转变过程的一般性概括，可以参阅王尔敏："近代中国知识分子应变之自觉"，载氏著：《中国近代思想史论》，社会科学文献出版社2003年版，页323—369。
[3] 例如费正清就通过分析"旧秩序"中不适应现代发展的结构性因素来阐明"革命过程"的必要性，着重说明的是中国传统和现代因素的对立关系。参见费正清：《美国与中国》，张理京译，世界知识出版社1999年版。

但不可剔除权力在其中所扮演的非道德角色。"人生史"不能不食人间烟火地放在无菌容器里进行实验,那很容易养成自我感觉良好的妄想症,而应该视为各个不同"天才"人群在其中混杂碰撞的带菌操作系统。故我认为,"生命政治"视角的介入似乎仍是必要的,至于如何在中国历史的情境中予以贴切的表达,那正是"人生史"推进所遭遇的最大挑战。

都会时髦地喊几句口号，声称要延续知识分子"道统"，似乎在当今权势的压迫下，人人都是一脸的真诚无辜，可一旦面对现实选择，采取合作态度者却远大于批判现实者。很明显，加入后一人群的成本肯定会高得令人难以承受，人们自小受到的教育也使得他们越来越精于计算，如此一来，"道统"的垮掉似乎早成雪崩之势，越谈越被"空心化"了。

很难相信，一代枭雄汉武帝仅仅是被司马相如的几首诗赋牵动了神经，乖乖地按其意志行事，《史记》中描绘的一些场景细节乃至帝王发出的回应讯息更像是司马迁如花妙笔构造出的诱人图像，尽管这想象绚烂不已足可为想象标本，却不可完全当真。我倒宁可相信，任何历史时段有关"世道人心"的建立都不可能是某一类"天才"和"大师"单独能够完成的，只会吟诗作赋和只会弄权使计的单一"特异人种"都不可能独霸历史的设计程序。我更相信一种"合谋论"的存在，你尽可以把"天才"从凡人扎堆的民众中强行打捞上来，赋以游戏操控者的使命，但"天才"仍是有等级和类别的，不能指望"文人天才"包打天下，一路吆喝到底，横扫一切牛鬼蛇神，那不成了包治百疾的古代"张悟本"了吗？制订规则或者呈现规则的应该是那部分更强势的"天才"、"大师"，一部分与"文化"的力量有关，一部分与"文化"的力量无关。甚至我们可以想象出，"恶"势力也常常是历史转折关头的支配者，他们恰靠对"文化"的控制得以成长，他们阴险、诡诈、手段高明、意志坚强，不仅经常制订游戏规则，而且足以掌控其他"天才"的命运。

李世民当年宣称天下英雄尽入罗网，不是一时冲动的得意，而是尽心控制的结果。再看清朝皇帝通过修书和文字狱的双重设计蹂躏"文人天才"的神经，就可知单一"文化天才"对控驭历史大势所表现出的无力感。我的建议是，在"人生史"的大格局之下，应该充分考虑各色"天才"所扮演的角色作用，更要注意观察他们之间交集互动时产生的效果，不压抑也不溢美。我们可以天真地自恋"道统"传承的纯洁，甚至不妨有限度地认可其在某些历史场景中所昭示出的所谓"超越性"，学的某种特定形式要遵守某一套规则，就像任何竞争性比赛需要技巧一样。在这些规则之下，只有一些有限的可能会被与赛者察觉，而那些察觉到最佳可能的人就成了杰出的大师。也就是说，文艺的游戏规则不仅操控在精英手中，而且更操控在"天才"之手。他们通过制订和运用规则导引社会历史的变化。其实，如果一旦把"游艺说"延伸开去，在政治经济乃至其他领域何尝不是各种"天才"在左右着历史的关键变化呢？我不知这种"天才主义"历史观到底和"英雄史观"有何区别，但很清楚它与人类学强调从土著和底层观点出发观察历史的平等主义策略是背道而驰的，与那些强调人民群众创造历史的意识形态史观和日益民粹化的社会史趋向也是不兼容的。

现代"个人主义"比较注意在社会政治条件制约下个人创造力的发挥与价值显现，这种对"个体"的尊重抹杀了某些具备天才特质的"非常人"作用，所以从某种意义上说，"个人主义"也具有"平均主义"的品格。王铭铭以司马相如为例来说明在并不具备西方"个人主义"的历史条件下，一个"非常人"也能凭借其超越性的精神力量发挥常人难以企及的历史作用。司马相如足以担当"游艺说"所预设的那些察觉与掌控时代规则的角色，故可称为汉代的文化"大师"。在以后的朝代中也不时会出现这类人物，比如王安石、朱熹、王阳明诸人，他们对游艺规则的洞察与使用都有极致精彩的表现。就以"道统"在宋代以后的发明及其实践过程而言，适足以验证文化"大师"们具有相当强势的支配性影响，恰可为"人生史"的写作提供源源不断的研究素材。

但我仍有疑问，那就是"游艺"标本的选择问题，从对司马相如个案的择取，可以看出王铭铭的选择意向偏于他所理解的具备"文化"特质的人群。那么我们不妨问，"天才"的标准到底应该设在何处？是纯粹的"文化人"呢？还是应该包括"政治人物"，诸如帝王乃至官僚？如果仅限于"文化人"，那么"文化"的力量是否有被夸大的嫌疑？如果包涵"政治人物"，那么他们的行径一旦与"文化"价值构成对立冲突，将如何定位处理两者的关系呢？就如现今每个胸有点墨的人用目的。老年复出后费孝通一度关注中国农村小城镇的建设与发展，他曾在访谈中声称自己学术路径染有传统士人"经世致用"的浓厚色彩。可是到了八十多岁高龄，费老却大谈起"玄虚"却不够"务实"的文化价值问题，似与自己所受的专门化学术训练与事功追求不大合辙。然而，费老的晚年转向却有特殊的深意，其抱负显然已不满足于早期人类学民族志过于局限在特定区域与过于强调功能意义的研究方式，而是要重建中国"文明论"的宏阔视野。这与任公那一代知识分子所怀抱的理想是暗相呼应的。我的理解是，"人生史"的提出也是想突破人类学民族志及深受其影响的区域社会史研究的自闭倾向，试图最大限度地避免田野调查方法局限于一隅而阙失整体视野的弊端，从更加广阔的范围考察内外"混合世界"的面貌。"人生史"也有意回避了国内社会史研究仅仅把注意力集中在"士绅庶民化"方面的单一走向，认为对"士绅庶民化"的过度强调就是史学"民粹化"的表现，至少有屈迫士人混迹于庶民价值系统的嫌疑，长此以往，中国史学有可能失去对中国文化核心价值理念与表现方式的认知能力。

  我对此颇有同感。当年我在论证"儒学地域化"概念的适应性时无疑受到人类学注重区域演变模式的影响，比较强调儒学资源有可能呈现出某种地区性形态，并有效支配着某群有区域背景的士人思想与行为活动的方式。以上看法遭到传统哲学史家的批评，他们认为如果把儒学置于区域化的视角内观察，无疑会分散和肢解其普世的价值观。我则认为，"儒学"实现地域化的过程并非意味着其整体性和普遍性的瓦解，虽然各地出产的精英所秉持的儒学理念具有区域性差异，但他们的行动却表现出跨地域的流动状态，并与各种近现代的政治运动有微妙的衔接契合关系。因此，如何通过区域性研究凸显士人在转型期的"文化"整体视野仍是我追求的目标。

  在王铭铭的新著中，杨联陞和克虏伯的"文化论"成为论证"人生史"意义的最佳教本。杨联陞曾经在朝代更迭的分析中特意指出：文化形态的兴衰可以用"游艺说"（game theory）加以解释，因为艺术和文事中，义和团虐杀教民的凶残也会被解释成反抗帝国主义侵略的正义行动。从某种意义而言，中国学者接受民族主义历史解释的过程，也就是树立民粹主义历史观的信仰过程。一旦树立此信仰，无论何种把"个体"融入"群体"的暴虐行为都因为是为历史必然性张目而自然而然变得合理合法。由此我们就可领会，曾一度热心鼓吹"新史学"，并把建构民族主义"国民史学"视为第一要义的任公，为什么到1922年以后思想会出现一个一百八十度的大转弯，闭口不提"进化"、"国民"等时髦字眼，而大谈似乎玄而又玄的"互缘"与"个人事功"？任公重拾"英雄史观"在那些奉行进化论史观的专家眼中，无疑是一种倒退！但对任公本人而言，转换另一个观察角度却无异于一次新生。第二个极端表现是，让过着平淡无奇生活的民众在特意设置的历史"常态"舞台上大唱主角。各类细碎庸常化的史实和描写，以及被重大历史事件所排斥的边缘角色及其活动，都被赋予了重要地位，其结果只能是，历史的演化主线被淹没，对庸常化史实的过度重视和描写必然带来史学思想的"平庸化"。王铭铭提出诊治史学庸常化的药方是回归"人生史"的写作，目的是摆脱近代社会科学总是想把"人生"整合进民族国家秩序的僵化套路。从表面上看，这种整合趋向尊重"个体"价值，其实恰恰是想通过在关怀"个体"的语境中消灭"个体"，"个体"的个性一旦被削平，就恰似"庸人"猬集，最终促成结构对"个人"的全权监控，如福柯对敞景式监狱作为资本主义秩序隐喻的深刻揭露，表述的是权力对生命的控制，以及生命的反抗意愿，但仍无法对"个体"生命的真实意义做出更有价值的说明。

从"人生史"构想的提出可以看出王铭铭对费孝通晚年学术关怀的自觉延续。费老晚年曾大谈儒学的价值，谈孔子对人生与文化重建的作用，谈中国文明如何在当代世界中立足发展。在学术分工越来越细密的情况下，这些似乎都不是受人类学训练的学者所应思考的问题，费老如此"越界"的表达却可以隐约彰显出当年任公晚年思考的影子。费老年轻时笃信"功能论"，"文化"在这个西化框架里只能服务于特定的实的生活记录,还要努力说服自己承认其具有研究的合法性时,是需要相当大的心理承受力的。

王铭铭出生于泉州,按理来说其学术经历应该循序稳妥地步入人类学的典型"民族志"一脉,可泉州自古又是辐辏八方的世界级大港,来往多有东亚一带以及阿拉伯和内亚地区的商人,泉州文化包容开放的气质也许多少使王铭铭的思维受到感染,故其研究路数颇不安分循轨,倒也好像少了某些汉人人类学学者有意无意表现出的"在地化"痕迹。除早期《社区的历程》和《闽台三村五论》外,王铭铭的心绪犹如泉州港里的大舶,漂浮不定,却总是连接着家乡以外的世界。从《逝去的繁荣》对泉州老城的考察到倡导"中间圈"即藏彝走廊历史的研究,都在反复印证他不安分的游走状态,隐隐昭示了一种不同于常规"在地化"的个性书写风格,以至于我们很难用"历史人类学"或"区域社会史"等熟识标签来规范他的思考。现在,王铭铭又开始倡导"人生史"的写作,这论题不但与渐具霸权特征的"区域社会史"主导研究取向渐行渐远,其大唱反调的举动难免易惹众怒,而且其选择犹如孤独远行的旅人,必须担当不确定行程所带来的各种风险。

为什么要打出"人生史"的旗号呢?它与"新文化史"已经习惯使用的"生活史"表述到底区别在哪里呢?王铭铭的解释是"生活史"的对象相当于社会科学所规定的"群体",它们在特定学科术语描述的"人生礼仪"和"日常时间"中经历着历史流程。"人生史"的对象则是"非常人"的个体,比较接近古代史书中的"人物志"。对"普通人历史"的过度关注常常使我们对历史的认知极易陷入"民粹主义"的窘境,对民众日常生活观察的痴迷很容易连带着对其行为方式进行无原则的肯定。

史学过度"民粹化"的后果可能会表现为两个极端:第一个极端是在民族主义或革命史的解释框架下对民众集体无意识暴力行为的合法化,比如在"农民起义史"框架内,太平军对江南一带文化的蹂躏践踏被解释为反抗清政府暴政所必然付出的代价;在"近代民族主义"叙括,而非得做切片式研究的看法,不过是历史研究转向底层的一个极其表面的理由。历史学与人类学的结盟均首先发生在东南地区是有其更深层原因的。东南沿海如广东、福建地区宗族网络发达,庙宇遗迹遍布且多保存良好,至今修谱拜神的风气鼎盛不衰,具有历史与当下的自然延续性则是个重要的地区性原因。出生于当地的人类学和历史学家熟悉本地语言习俗,又尽得近水楼台之便,使得"区域社会史"的兴起具有鲜明的"在地化"特性。这倒不是说北方地区就不具人类学田野的特征,而是说人类学与历史学交汇集合后产生对话反应的要素更容易在东南沿海一带体现出来。其实,历史人类学所展现出的"在地化"特性与费孝通所说的"汉人人类学"的转型有关,由于观察对象被转移至文明程度较高的"汉人"社会,中国人类学的发展没有西方传统人类学检视异族文化时那般容易产生与"他者"的隔阂。我们会发现,历史人类学的触角基本不会延伸到西南非汉人聚居的民族地区,故与传统"民族学"的研究路径鲜明地区分了开来。

历史学与人类学的结缘彻底终结了"英雄史观"的横行历史,史学的首要任务似乎是观察民众"常态"下的日常生活,捕捉普通人的喜怒哀乐,以便区别于"英雄史观"对"变态"历史的支配性阐释。人类学对社会结构中各类"象征"符号意义的解读同样引发了"新文化史"探索微观物质生活的热流。新文化史渗透的范围已波及气味和声音、阅读与收藏、空间与身体等相互关联的层面。甚至"香水"的弥漫和"钟声"的扩散这样难以捕捉的感觉都会被认真写成历史。不容置疑的是,"英雄"的落寞和消失也造成了一些问题,比如对日常生活细节的过度迷恋导致研究的"琐碎化",缺少了"英雄"角色,人们不禁会问:历史大线索靠什么来编织呢?充满着民众无意识行为和细节的历史反而在走向上显得更加模糊不清,说严重点甚至会使人们失去理解历史演变趋势的动力。区域化历史情形的细致深描能否替代整体历史的解释也是个未知数。最严重的问题可能是历史书写的"平庸化",当早已习惯由"英雄"经验填充历史记忆的那些头脑,突然要适应阅读那些零碎不整雄"一直占据中国主流史学的中心位置。政治史的主角无疑是"帝王将相",或是帝王将相的变种:那些"起义领袖"或"革命首领"。即使是官方理念主导下的"民众史",也书写的是"变态"的英雄史,何出此言?君不见,主流史学一直打着民众推动历史进步的旗号展开叙述,但民众的现身往往不是在躬耕陇亩甚至也不是在啸聚山林之时,而是在揭竿而起席卷蔓延成所谓"农民起义"之后。虽然群氓造反,多不成事,但其统领除因殉道被剿杀之外往往是最大获利者,常常能登堂入室,成为改朝换代的"英雄",他们的名字刻满了历史的花名册,民众最终还是难免沦落为"历史的失踪者"。故打着"人民群众创造历史"招牌的各类历史书写,都可以看做是变相的"英雄史观",或许可称之为一种"伪民众史"。主流史学中的"人民大众"还极易为"变态"历史观中的许多神话表述所绑架,比如夸张地说他们能左右历史的"规律"、"趋势"、"进步"云云。

不得不承认,旧式"英雄史观"是极力要求删除历史发生的各种"常态"的,常见的例子是每隔几年史学界就要热闹一回,缘由是要纪念某个重大历史事件发生多少周年,或庆贺某个重要历史人物的诞辰。"纪念史学"的规模如仪式似赶集,每逢集日,各色人等纷纷登场,痛说英雄创造历史的业绩,人们也经由此等"赶集"获取合法从事历史研究的通行证。不过自上个世纪九十年代以来,还真出现一拨不想赶这趟集的异类,就他们而言,对"常态"历史的成功关注成为分散抵抗主流叙事的一种最佳策略。在他们眼中,普通人生活中的家长里短,甚至构不成任何"事件"要素的某种"集体无意识"都能成为核心话题。更别说村庄里一个老农貌似平庸的私生活,甚至吃喝的种类成分、居所的位置朝向、乞佛拜香的灵签、黄大仙意识流似的"胡言乱语"、庙碑里的隐语秘言,都是他们穷搜极索的对象。对"日常生活史"的关注催生了人类学与中国历史学的结缘,也开启了"英雄史观"落寞的序幕。

人类学渗透进历史学直接诱发了具有中国特色之"区域社会史"研究的兴起。在我看来,推说中国地域辽阔,不可能一下子做出整体概省乃在其西。陈寅恪的判断是:"牧斋诡词以寓意,表面和苏韵,使人不觉其微旨所在。总之此两句谓不独思家而已,更怀念故国也"。[1] 一般论者均认为陈寅恪以渊博著称于世,实际上其更为可贵的地方乃是在于深悉当时深藏于外在"思想"表面下的士大夫精英的感觉结构,而且还掌握了他们表达其感觉的方法。这正是一般历史学者所不及的地方,故余英时视其晚年的研究为其学术经历的第三阶段,即"心史"阶段,确是深得其味的中的之论。

最后需要加以说明的是:

(1)我们这里提倡在中国历史中运用"感觉主义",当然只是个比喻的说法,并不是要排斥对中国历史上"思想"和"知识"进行系统的研究,也不是要同以往的"思想史"和"社会史"的研究方法较量短长,而只是强调被史学界忽略的一些认知面向。

(2)我认为,对"感觉结构"的理解是需要加以细化的一个工作,不仅精英和民众有各自"感觉"世界的方式,而且各色不同的复杂人群阶层都有自己独特的感觉方式,它们之间往往是相互渗透的,需要仔细加以甄别。

(3)中国历史人类学的"在地化"感觉经验,如果能进一步和其他阶层对"感觉结构"的理解相互沟通借鉴,一方面依恃"地方感觉"的在地化资源,又能具备跨地区的感觉视野,势必将有更强势的发展,从而极大丰富对历史复杂性的认知手段。

"英雄史观"的回归?

谁也难以否认,同"区域研究"和"底层研究"的迅猛发展的态势相比,"英雄史观"近些年衰败得如此厉害,在"社会史"和"新文化史"两面夹击的强势围剿下,几乎变得人人可诛。然遥想当年,"英

---

[1] 陈寅恪:《柳如是别传》,三联书店2001年版,页926,930。

同,但我认为这两个层面应是同等重要的。

(3)就我的理解而言,历史上的不同阶层都应拥有自己独特的"感觉结构",不应该是精英只有"思想",而民众只有"感觉",这种划分是一种潜在的"精英-民众"二元对立的分析框架遗留的后果,应该加以打破。同时也必须承认,"精英"和"民众"感知周围世界的方式还是有相当差别的,他们所依据的知识或民间经验的资源也迥然不同,甚至不同的阶层对周围世界的感知方式也是千差万别。我们不但要对此加以梳理和辨别,而且要特别注意这些不同的"感觉结构"相互渗透相互影响的过程,而不仅仅是关注"思想"和"知识"相互影响和渗透的过程。

王汎森在一篇文章中已经提到如何探研近代中国的感觉结构的重要性。[1]他认为一些民初文人的聚餐饮酒,流连于酒楼、古墓、遗迹的活动,带动了一种感觉结构的变化,与歆动一时的革命思想交互作用,而这些活动的细节及由此蕴育出的感觉显然与"思想"有别,却又是相互联系的,因此需要特别地予以观察和注意。我的看法是,这种"感觉结构"的形成不一定只是近代的一个特殊现象,在其他历史时期也可能存在。

其实当年的一些历史学家已经注意到了这个问题,如陈寅恪在探研清初复明运动时,就特别注意一些明代遗民的文献中借助典故和隐喻隐约透露出来的一些反清意识,如陈寅恪解读钱谦益诗词时,其中一首是和东坡诗,其中一句"朔气阴森夏亦凄,穹庐四盖觉天低","朔气"谓暗喻来自北方清廷的残酷,并引韩愈诗证之,"穹庐"暗指建州为胡虏,又有"重围不禁还乡梦,却过淮东又浙西","淮东"二字,暗指明凤阳祖陵而言,以示不忘明室祖宗之意,而"浙西"二字,自是袭用苏诗"浙江西"之成语,然亦暗指此时尚为明守之浙江沿海岛屿,如舟山群岛等,此等岛屿,固在浙江之东,若就残明为主之观点言,则浙江

---

[1] 王汎森:"中国近代思想文化史研究的若干思考",《新史学》第14卷第4期,2003年12月。

性知识"的提法。这个概念基本源于威廉斯对"感觉结构"的描述。[1]

"地方感"研究框架的提出大意是想避免用"知识"（哪怕是"地方性"的"知识"）这个概念去框限复杂多变的"地方社会"中的民众意识。这个想法落实到中国学术界就似乎特别适宜用"在地化"的经验去观察乡土社会中细腻丰富又很难由外人知晓的生活百态及民众的所知所感。但威廉斯所说的"感觉结构"并非仅仅涉及"地方感"的体悟问题，它也涉及一个或多个场域中不同背景的人群如何构造出一个整体感觉结构的问题。在这个空间中，形形色色的人群都有他们特定感知周围世界的方式，而不仅是我们脑子里已被固定化的"下层民众"的生活感受。知识精英同样也有一个如何感觉周围世界以及我们如何去把握这种感知方式的问题。

我们以往有一个认知误区，就是当观察历史上的知识精英的活动时，往往比较注意他们的"思想"层面，而且我们常常认为要了解精英，只理解他们的"思想"表述就足够了，而这些"思想"也往往发表在公开性的媒体如各种报纸、杂志上，似乎通过这些公开媒体所发表的内容去归纳出精英们的"思想"就足以描摹出他们的真实生活样态和心理活动，而没有考虑到这些所谓的"思想"有可能是经过剪裁、编组以适应于在公共领域中某类政治主张导向的，甚至是有意构造出的意识形态产物，也许并不反映作者的真实心理和潜在的意图。他们潜行于"思想"表层之下的那一部分内容常常分散在一些庞杂凌乱的私人书信、日记对日常生活状态并不经意的描写上，那里才是另一个丰富而震撼的"感觉结构"。困难在于，精英们的"感觉结构"一般呈现的是历史的过去时态，其图景表现也散布于多种多样的私人化文献之中，具有相当的私密性，无法通过现时态的田野观察加以捕获，因此和历史人类学家可以通过"在地化"经验对乡土社会民众的"地方感"加以把握殊为不

---

[1] 艾兰·普瑞德："结构历程与地方：地方感和感觉结构的形成过程"，载夏铸久等编译：《空间的文化形式与社会理论读本》，明文书局2002年版。

围，使你不得不感叹此地作为人类学田野研究基地条件的得天独厚。尽管如此，我的头脑中仍出现了另一层忧虑，具体是：

（1）中国历史人类学多依靠"在地化"的认知经验建构历史感的脉络，其认知前提是认为，中国自宋明以来的基层社会日趋强大，另外一种现实背景是，以改革开放后宗教宗族复兴的区域性（大多发生在南方）为设问依据。这两种设问资源为"在地化"经验的发挥提供了强大的合理性支持。然而问题也出现在这里，尽管第一类假设在中国的部分地区可以得到有力的证明，但中国近代变迁的总体趋势是"社会"因素日益被整合在现代国家体制下成为总体现代化设计的一个组成部分。邹谠曾经说过一段话，他认为"政治"在近代中国所起的作用是西方所不能比拟的。西方的"社会"力量更加强大而且制约着政治的基本运行轨迹，故对"在地化"感觉的依赖可能会深化某一特定区域历史状况的认知，也可能会部分理解"政治"在区域内部的运作规则，但却难以理解中国政治运行的整体特质和图景。

至于宗教宗族复兴运动作为"传统"在区域内部延绵的证据是同样有力的，许多研究者也刻意强调其对抗国家的性质，但这种复兴仍有复杂的原因，表面上复兴的背后其实有更加复杂的因素在制约着它的运转，甚至其每个局部的复兴动作都是全球资本主义体系规制下的产物，这种规制策略往往会赋予其新的历史含义，而非单纯的"传统"复原和再造。洞悉其中的历史含义所需要的历史感也非"在地化"经验所能获得，而必须具有更宽广的总体视野。

（2）"地方感觉"、"地方性知识"与"感觉结构"似应做出更加细致的区分。人类学的崛起背景是对非文明地带或乡土社会投入更多的关注，所以吉尔兹专门标榜出"地方性知识"以对抗"精英知识"，目的是使基层社会区别于精英世界，以便更准确地把握其不同于文明社会的生活样态。但这样的划分仍有用"知识"这一现代范畴去规范乡土社会民众感觉的嫌疑，仍有潜在的"精英－乡土"二元对立的意识在起着支配作用，所以学术界才出现用"地方感"或"地方感觉"区别于"地方当然，我的这种假设完全是在描述一种极端化的状态可能会引起的弊端，并不是意指这种认知方法已经危及历史研究品质的本身。因为在历史人类学领域里，亦有相当一部分虽有"在地化"身份却不完全依赖于"在地化"经验的研究者，也存在着更多的"非在地化"研究者。我只是想指出，过度依赖"在地化"经验有可能发生的潜在危险性。

那么肯定会有人问，即使强化了"在地化"经验或努力把基于"在地化"经验的历史感觉赋予了某种方法论意义又有什么不妥吗？我的意见是，我并不否认"在地化"经验通过历史感觉的积累与培育有可能提升中国历史学的研究品质。关键在于，"在地化"经验似乎不应该仅仅成为直观表述某种"地方感觉"乃至"地方传统"的工具，而且似应更善于在敏锐再现把握地方感觉的同时，注意跨地方性的因素，以及由现代政治和社会所塑造出的"现代历史感觉"的作用，并考虑这种作用同"地方感觉"和地方传统相互塑造的动态图景。我也观察到，历史人类学研究者已经注意探析在特定地区的历史脉络中，外来因素的介入和形塑作用，并表示对"地方史"的解读，其实体现的是一种"整体史"的视野，但在"地方史"研究已高度具有支配力的今天，仅仅依靠对"地方"的理解来呈现整体历史的思路也许是不够的。

"在地化"的认知经验与"感觉主义"

中国历史人类学基于对基层社会尤其是某个特定乡土区域中"地方感觉"的认知和体悟将有助于增加长期浸淫于西方认知框架中的我们对历史的直观感受能力，从某种程度而言，具备了这种感受能力也有助于对中国历史的整体理解。我曾受邀进入历史人类学研究的重点区域泉州地区进行短期访察，我在考察完后才深深明白为什么历史人类学者会选择这个地区作为田野调查基地。这个地区不但宗族支脉繁多，而且庙宇林立，有时甚至一个村子就拥有一百多座庙宇，而且这些庙宇仍在不断发挥着非常关键的现实作用。置身其中可以感受到一种浓浓的宗教氛往往强调对某座或某群庙宇进行长时间的深度观察,这种观察绝非一种走马观花式的旅游,而是要对庙宇的规制、空间结构、祭祀位置、碑铭记载等要素及其相互关系和由之营造出的历史氛围进行综合解析。这样的分析程序与单纯的文献解读很不一样,不仅需要数年的积累,而且需要更长时间在乡村田野中奔波。

因此,数年的综合体悟使得他们对庙宇作为一种社会和文化符号的理解深度要远远高于非本地学者。甚至外来学者进入这个场域后一方面会感到新奇;另一方面由于没有本地经验的积累和多年的浸染,立刻会有"失语"的感觉。如此一来,原有地方文献呈现出的图景确实容易被一种更为鲜活流动的历史体验场景所补充甚至替代,其原因就在于,对一些诸如"庙宇"等物质文化的解读由于与"在地化"经验的积累发生碰撞后容易引起化学反应。研究者本来持有的"在地化"经验在潜在的意义上就像储藏在地表之下的一笔财富,在"传统"如何针对现代化道路的选择而发挥作用这个大命题的导引下,极易转变成一种自觉的能量而喷涌出来,从而增强了学术探究中的历史敏感度。

然而问题也许就出在这里,对地方史进行在地式观察固然强化了某种"历史敏感度",特别是对所谓"地方感"的认知将达到一个新的境界,但也在某种意义上可能会造成把历史理解过于"地方化"的后果。我一直以为,由于中国史学过多受到西方概念化理论的支配,对"地方感"的认知和体悟有可能为"地方史"研究带来突破,也有可能克服社会理论过于暴力介入所造成的肢解历史场景的弊端,特别是那些总以知识论概括民众认知习惯的思辨性体系,如以"地方性知识"区别于"精英知识"等。

但我亦有一种担心,即对"地方感"认知方式的强调,更多地可能依赖于研究者的"在地化"身份,也由此可能更多地依赖于研究者的"在地化"经验,那么研究观察的结果是否只是更加强化了一种仅仅基于"在地化"经验的"历史感觉"呢?或者仅仅是强化了某种"在地化"经验的学术意义呢?

基本的研究风格。由此我们也不难理解，中国历史人类学的发源为什么会集中于东南地区，因为那里有一种基本的田野形态和历史氛围可以提供体验和观察的基本素材。

还有一个因素需要考虑进去，即经过数十年破除迷信运动的洗礼和压抑之后，从上个世纪九十年代开始的复兴宗族和兴修庙宇的热潮也恰恰是从南方地区开始并扩散开来的。"宗教"和"宗族"复兴的现象变成了论证中国现代化道路和传统因素之间可以互动协调而非冲突矛盾的一个重要依据。

对"传统再造"或者是宗教宗族复兴现象的重提与探研，其实与中国在九十年代出现的"现代性"问题的讨论紧密相关。如果用一种最粗略的方式表述这个变化的话，那就是八十年代历史学界论证的是中国现代化道路的必然性问题，以此区别于以往过于意识形态化的"革命史叙事"。在这个诠释路径中，"传统"（包括精英与下层）均被视为阻碍现代化道路的因素加以指斥，而九十年代学术界对"现代性"问题的聚焦也被看做是对现代化过程的历史局限加以反思的结果。传统的正面价值被重新发掘出来得到弘扬，儒学价值的重提即是这一浪潮复兴的最突出表征。对"宗族"、"庙宇"复兴的观察与分析作为中国历史人类学的一个重要特征得到重新认识和发扬，也与这个趋势的出现相当一致，而且也部分与"新儒学"在哲学价值观方面的讨论命题相叠合。只不过相对于儒学作为上层文化的"普世性"而言，对"宗教"、"宗族"复兴的观察由于其分布的差异性而更具有"在地化"的区域特征。

据我的观察，中国历史人类学对"在地化"经验的使用并非刻意为之，而更多的是他们的"在地"身份恰巧与他们所在的学术观察场域相互叠合之后所发生的偶然效果。不过他们同样又经常特意强调学术观察者对更大范围的周边世界进行亲身体验和感知的重要性，甚至认为这种体验并不亚于文献解读的重要性，这样的提示其实已超越了"在地化"身份对本地经验的解读范围，而具有更为广远的方法论意识。比如他们类学者的"自我"作为基础的知识论立场往往是一种比早期人类学者更为不作反省的经验主义。[1]

这里面涉及两个层次的问题：一是作为研究者进入"地方社会"的时间和深度往往取决于研究者是否能迅速为本地的感觉网络所接受。二是研究者是否持守自身的理性认知训练（当然也包括某种精英感觉），还是完全认同于乡土社会中的一整套感觉规则。如果盲目持守自己被训练的感知世界的方式，是很难进入乡土更深层的感觉结构的，而如果完全认同于乡土规则，亦恐怕难以称得上是一种学术研究。所以优秀的研究者应该有意训练以达到二者的平衡状态，但就中国历史研究者普遍缺少认知"感觉"的状态下，"在地化"学者显然具备更为成熟和优越的条件。

第二个特点与第一个特点有关，即历史人类学所具有的"在地化"风格也确实和中国社会地理空间的分布特色有关。我们知道，人类学理论体系的构造尽管十分复杂，而且拥有许多流派，这些流派的观点也在不断变化，但在中国人类学领域里有两个主题几乎是不可或缺的，那就是对"宗族"和"庙宇"的研究。可是在中国的广大地区，"宗族"和"庙宇"的分布和活跃程度恰恰表现出了一种极为不平衡的状态。早期一些研究中国的人类学家如弗里德曼已经注意到了此点，认为中国东南地区是宗族形态最为活跃的地区。[2] 尽管后来不断有人站出来提出一些反面证据，证明北方地区亦有宗族，而且也在发挥着作用，但至今已无人否认，南方的宗族（包括庙宇）与民众日常生活状态联系的紧密程度要远远高于北方。北方的一些祭祀活动则更像是一种"社会动员"式的暂时性聚集形态，每到神的祭日，往往众人云集，而祭期一过往往烟消云散，难见踪影。这样的一种区分无疑决定了历史人类学的田野位置和

---

[1] 张少强、古学斌：《跳出原居民人类学的陷阱：次原居民人类学的立场、提纲与实践》，《社会学研究》2006年2期，页116—117。

[2] 参见莫里斯·弗里德曼：《中国东南的宗族组织》，刘晓春译，上海人民出版社2000年版。

觉移植了西方社会理论思潮,并自觉地成为其在中国历史研究领域中的试验者,而历史人类学的"在地化"身份和其有意把"在地化"经验与研究目标及研究场域相结合的思路,使之有可能开辟出不同于西方古典意义上的人类学和历史学相结合的独特道路。

"在地化"学者进行历史人类学研究的优势在于他不必经过一些"非在地"学者在进入田野调查之后所必须经历的角色转换。一般而言,一些非本地人类学家进入田野之后须经过从生疏到熟识,从城市直觉体验转换为迅速熟悉乡村社会人伦关系与直觉表现的变化过程,[1]特别是在询问一些乡土社会中对外人而言属私密性的问题,如生育数量的抉择等,就会显得异常困难,而"在地化"学者则不存在这个问题。人类学家庄孔韶由此倡导学术研究中的"直觉主义"路径。他认为现代哲学家多注意高度发达的中国先哲经典分析而少涉及民众直觉思维与行为之分析,文化的直觉是针对中国田野工作场景(也包括阅读、理解和选用直接与间接得来的资料、文献)的一种体认方式。[2]近年也有学者提出"原居民人类学"(indigenous anthropology)的议题,以对抗欧美人类学中的"我族中心主义"趋向。"原居民人类学"的重点是要人类学者置身"地方性的地缘语境"之中,重述和使用来自非西方的另类事物,但这种构想也受到了批评,如有的学者就认为:这些原居民人类学者与他们的国外同行一样,往往容易带有一种严重本质化研究者主体位置的弊病,同时又过度肯定了原居民人类学的长处,因而出现了一些在知识论上近乎"命定论"、"基因论"、"血统论"、"种性论"、"自来血之说"(专就中国大陆而言)的倾向。他们认定,只有生为原居民的人类学者方能领悟当地社会文化的真谛,若非生为原居民的人类学者,对别人的社会文化必定理解有误或不足,并批评说,这样一种以原居民人

---

[1] 庄孔韶:"中国人类学的直觉主义理解论",载周星等主编:《社会文化人类学讲演集》(上),天津人民出版社1996年版,页334。
[2] 同上书,页328。

的特征，中国"地方史"研究者在很大程度上也受益于这种经验。这样就使得他们具备了"非在地化"学者无法拥有的优势，其优势明显地表现在，这些"在地化"研究者往往能够方便地调动长期积累下来的本地生活经验去验证过去曾发生在这个地区的各种似曾相识的历史经验，并由此把他们的生活经验学理化，尽管这种经验绝不可能涵盖这个地区所有人群的生活状态，但仅仅是从个人生活经验中延伸至历史的认知状态，就足以增加某种地方历史的现场感。何出此言呢？理由可以归结为下文中的两方面。

一是"在地化"研究者不需像"非在地化"研究者那样以外来身份介入一个陌生场域，并需花费大量时间和精力去熟悉当地的社会环境和生活习惯，从而节约了大量的研究成本。这个研究方式与人类学以外来人身份进入非文明的区域进行研究的标准化途径迥然不同。当年费孝通撰写的《江村经济》之所以博得马林诺夫斯基的盛赞，除了他开辟了对"文明社会"的解释路径而避开了专以解剖"野蛮社会"为职责的人类学旧途之外，他以"在地化"身份展开研究也是被赞誉的题中应有之义。费孝通特别强调了身为开弦弓村原居民的身份感对研究的重要性，包括为他提供语言上的便利和渗透到生活亲密的层面而不引起怀疑的高度信任。具有"在地化"身份的人类学家还有杨懋春（山东台头村）、林耀华（福建黄村）和杨庆堃。上个世纪九十年代以后崛起的"地方史"研究和历史人类学诠释路径则具有更为鲜明的"在地性"特征，因为这些学者不但具有"在地化"的身份，可以便利地在研究中充分利用延绵长久的本地社会文化资源提供的直接经验，而且他们的研究基地也常常就设在或靠近他们生活中十分熟悉的一些场景和地点。中国历史人类学的发展往往被赋予某种地区性的称号如"华南学派"等，其实并非偶然。

尽管如此，中国自九十年代以后出现的广义上的"地方史"研究仍不能和历史人类学研究的"在地化"取向完全混为一谈，否则就有缩小"地方史"研究的阵容和意义的危险。中国的"地区史"研究更多地自法的转型似乎总是受制于西方的中国学现代传统,如"地方史"研究的兴起本身就直接受益于美国中国学研究内部学术风格发生的"代际转换"。从魏斐德《大门口的陌生人》、孔飞力《中华帝国晚期的叛乱及其敌人》被翻译成中文所造成的影响,到杜赞奇《文化、权力和国家》使后现代叙事跃上中国历史研究的舞台,均会在中国学界内部引起波澜,但中国学者似乎并没有针对自身的问题形成独立的设问方式和知识诠释的品格,中国历史界似乎总在亦步亦趋地随着潮流在不断摇摆,或被美国中国学内部自己不断转换着的话题所左右,并误以为他们探讨中国问题的苦恼和思考就理所应当地同样成为我们自己的阐释目标。这种跟潮心态直接与柯文《在中国发现历史》中所出现的"人类学转向"之间形成了某种默契。[1]

话虽如此,如果说中国历史学界就只是西方中国学的传声筒恐怕也有失公允,中国"地方史"研究的兴起还应有它特定的背景和语境,在一定程度上也形成了自己独特的研究路径。最明显的一个例子是,中国史学内部"地方史"研究的兴起除受到西方人类学方法的深刻影响外,显然还受另外一个重要背景所左右,那就是"本土人做本土研究"的取向,或者可以权且称之为**"在地化"研究**的取向。当然,我这里所说的"本土"并非相对于西方世界而称"中国"为"本土"这样一种比较笼统的"中-西"二元对立的区分,因为"本土-西方"的解读公式已越来越具有某种霸权的隐喻意味,我这里指的是一些研究者恰恰把他们出生或长期生活的地区当成他们自身进行历史考察的对象这样一种现象,而这些地区又恰恰属于人类学意义上的标准"乡村地区"。这个群体逐渐以"历史人类学"为旗号形成了自己对"地方史"的独特理解。

因此,中国"地方史"研究的崛起尽管有外来刺激作为自身的动力,但研究者"生活身份"与"研究对象"之间的契合无疑是一个重要

---

[1] 杨念群:《昨日之我与今日之我:当代史学的反思与阐释》,北京师范大学出版社2005年版,页83—84。

实施野蛮暴力切割的一种抗议姿态,尤其是对近代中国历史研究被严重教条化后所导致的"史料爆炸"与"诠释单调"并存的悖论状态的一种反省。特别是中国学界自八十年代以来对西方理论的过度引进,以及对各种理论规范的过度强调,几乎使我们一开口就会不可避免地掉入某个学科类别所规设好的陷阱之中,在这种状况下,寅恪先生对历史人物境遇的深度体验和审慎把握对我们更有启示作用。

"历史学"人类学化的贡献及其危险

总体而言,中国大陆的历史学研究,自上个世纪八十年代以来基本上是以回应西方中国学的论题来奠定自身的分布格局的。这种回应使中国历史学的面貌发生了彻底改变,大大区别于传统"五种生产方式"理论形态支配下的局面。当然,我们前节分析的这种回应多多少少配合了西方在现代化道路的设计上面所制定的意识形态全球化方向,同时也是八十年代以政府改革目标日益转向现代化道路的选择在人文领域内产生的一个后果。

美国中国学自诞生之日起就标榜与西方古典"汉学"划清界限,而把中国研究纳入到一种所谓"地区研究"的战略框架下重新加以定位,所以他们优先考虑的是中国研究在多大程度上与美国全球战略在近代发生演变的相关方向能够发生吻合,据说费正清之所以对中国近代史研究感兴趣就是因为受到了"国民党为什么丢失大陆?"这个时代课题的刺激。以"汉学"方法为核心的"古史"研究在这个问题框架的制约下肯定会被边缘化。上个世纪八十年代,中国内部的近代史研究也面临着国家提出改革开放的国策、开始向西方文明学习和靠拢的改革大势的制约,"现代化叙事"取代"革命史叙事"与早期美国中国学的主题若相吻合,几乎达到了相互呼应的程度。

美国中国学从宏观的外在分析向中国内部因素分析的自我转向似乎也影响到了中国"社会史"潮流的兴起。从表面上看,中国历史研究方如何克服这单调呢？形形色色的方案被提了出来。有人提出了用"复线"取代"单线"的建议，那就是尽力把历史看做是个不断分叉的动态过程。[1] 有人则认为由于我们对近百年的历史太熟悉了，所以必须经过"去熟悉化"，努力回到最初的"无知之幕"，通过把历史"过程化"去复原其中的丰富性。[2] 两者的一致之处都是想疏离"近世史"令人难以容忍的单调解释，恢复历史连贯的自然演进感觉。

其实，一些前辈学者已经意识到了理论暴力对历史形态的裁割问题，如陈寅恪先生论史就每每采取隐而不发、极端克制的态度，我猜想他殆亦怕破坏蕴积已久而培养起来的延绵不绝的历史感觉也。谈钱谦益与复明运动的关系时，寅恪亦偶发议论，谈到谦益降清事，他分析说一方面由其素性怯懦，另一方面又迫于事势所使然。寅恪先生点评云："若谓其必须始终心悦诚服，则甚不近情理。夫牧斋所践之土，乃禹贡九州相承之土，所茹之毛，非女真八部所种之毛，馆臣阿媚世主之言，抑何可笑"。[3] 这是我所见不多的属"议论"的段落。大多数情况下，一遇涉及所谓政治经济学问题时，寅恪多避而不谈，如一处谈及"薙发"的处理时，寅恪先生亦回避不论："夫辫发及薙发之事，乃关涉古今中外政治文化交通史之问题，兹不欲多论"。[4] 此处"不欲多论"并非不能论，而是故意取抑而不扬的态度，唯恐以宏大的政治经济分析人为切断明末清初"薙发"士人的心态和行为风貌的历史现场感觉，可以看做寅恪厌恶以先入之见裁夺历史感受的抗拒姿态。

寅恪先生"不欲多论"的抗拒姿态当然和他的政治立场有关，时人也多从此角度切入盛赞其学术人格的伟大，但我觉得，其"不欲多论"的深意远非止此，他更是对近代以来各种西方理论对中国历史鲜活场景

---

1 杜赞奇：《从民族国家中拯救历史：民族主义话语与中国现代史研究》，社会科学文献出版社2003年版。
2 王汎森："中国近代思想文化史研究的若干思考"，《新史学》第14卷第4期，2003年12月。
3 陈寅恪：《柳如是别传》，三联书店2001年版，页1045。
4 同上书，页935。

是因为"世变"变成了核心议题，探讨的主题和古史的功能恰恰相反，"世变"议题要解释的是为什么原来的古老体制不起作用或者出了什么问题，因为古代史学所依附的对象——皇权——已经变成了昨日云烟，这给近代史的解释带来了一些机会，表面上使它似乎变得更加开放，至少对史料的认识和运用是如此，例如原来无法纳入视野的一些属于"社会"或"文化"范畴中的问题，似乎也变成了历史学需要认真面对的问题，史料的搜集面也因此有所扩大。尽管史学的"资治"功用在当代被继承了下来，但这"资治"的内涵往往最终还得服从"世变"解释的目的，所以梁启超才敢宣称古史仅仅能起到政治合法性的润饰作用，却不能解释王权崩溃后的历史变化。

王权体制的崩溃使得古史论证的"合法性"问题变得没有意义，近代虽然也面临新的合法性危机，但评价尺度已大不一样，近代的政权"合法性"的主题是论证中国历史能否符合当代"世变"的游戏规则，用现代语言说是是否符合一种普遍的演进潮流，这与"通古今之变"中的历史学古训内容已完全不同。"通古今之变"的原则是向后看的，讲的是"复三代"的问题，这原则有一系列的道德资源做支撑，这些"道德"原则分散在史书各处，由于古史没有专门的"文化史"分类，其实内涵的一些道德诠释就是作为一种"文化"的制约力量贯穿其中。

清朝灭亡使王朝合法性的历史论证任务失去了依托，同时也解放了附着在王权解释系统中的那些属于现代社会科学分类下的"文化"或"社会"的因子，使之游离出"王朝史"（政治史）的框架之外。当代史学的任务就是把它们收集起来，重新拼贴出一个符合未来"世变"要求的图像。梁启超的"新史学"中的几个关键词是："国民"、"国家"、"进化"。这里面的核心是说历史是塑造国民的工具，里面提到了一个"民"字，但这"民"字和鲜活的具体"人"早已无关，他不过是历史演进程序中的一个群体符号而已。历史被浓缩至一种直线的路径里去而变得日益单调，何出此言呢？因为王权政治的单调被另一种毋庸置疑的线性进化的单调所取代。

十 "在地化"研究的得失与中国社会史的发展

从"古史"到"近史":日趋单调的历史?

不少学者已经意识到,诠释"近代"历史与"古代"历史的区别,关键不仅在于史料发掘的多寡会显现出不同和多元的历史影像,而且在于那些研究中国近代的历史学家往往汲汲于探察近代发生"世变"的原因和自身所处时代的关联意义,而越来越不关心那个时代真正的历史本相所呈现的丰富性到底如何。比如,"近现代"作为一种划分时段由于和当下的时间距离较近,遗留下的史料也会更加丰富,然而,近代以来对描摹发生历史巨变的西方理论的引进呈爆炸状态,研究所谓"近代"的历史学家反而可能更加受制于某种既定的理论框架,或者摘取某类或某段史料急于论证某种理论的正确性,故近代史料的丰富性似乎并没有因此凸现其解读历史真相的意义,史料的"浩如烟海"本来作为历史研究的褒义词曾构成了区别于古史的优势,至此却反过来变成了近代史研究的沉重负担。

深究其原因,我认为与历史学在近代以来开始把自身定位为以回应时代要求为首要任务的转变历程密不可分。古代中国的历史学显然没有"古代"、"近代"这样的时代区分,它的最重要的功用实际上是探究和维系王权政治的合法性,或者说是为王权的合法性提供一种道德统治的基础。古代史学的主题是强调对承继于历史之中的政治制度的服从与理解,核心是"资治","稳定"是关键词,即使有对时势变化的解释,也旨在说明如何透过变化回复到一种古老而理想的政治秩序之中,它对资料的运用是受到严格限制的。近代史学之所以和其区别开来模式对中国乡村的变革始终具有举足轻重的示范作用,特别是城市变革的经验往往通过跨区域的社会动员形式对农村的变化发生影响。可是,目前中国的"城市史"研究却不能令人满意,其明显表征是仅仅把城市做条块分割式的功能分析,如把城市分成经济、文化、宗教等空间区域,隔断进行分析;或者仅仅描述城市表层社会生活的变化图景,而没有把城市内部的变化同更为复杂的社会动员和乡村变革联系起来进行研究。近代中国的城市并不是孤立的产物,而是一系列近代物质与精神文明的聚焦点和扩散点,因此,城市史研究应与政治史、区域社会史结合起来才能显示出新意。

制主义"。

正是因为近代社会动员的跨地区性的程度远远超过以往各个朝代，所以，如果仅仅从"区域社会史"的角度理解这种变化显然是不够的，需要有更开阔的视野。然而，目前国内对"社会动员形态"的研究仍局限在"革命史叙事"的框架之内，实际上根本没有细致地分析中共社会动员机制的形成到底和以往有何区别，或者把"社会动员"的过程理所当然地看成实现现代化目标的合理性步骤，根本没有具体研究这一步骤形成的确切理由。

第三，"城市史研究"的薄弱及其改善途径。"城市史研究"在中国史学界一直处于边缘状态，与乡村研究大规模引进社会理论后的繁荣相比，"城市史"像个被冷落的孩子，独自待在角落里。九十年代，"市民社会"与"公共领域"理论大行其道，介绍该方法者大有人在。美国中国学界使用其方法研究城市史者也不乏其人，却鲜见国内城市史研究对之进行有效的回应。其实，"城市"在中国乡村的包围下虽显得孤立，但它却是近代新思潮的发源地，而且也往往是乡村近代制度的始作俑者。中国农村广泛推行的"赤脚医生"制度就是中国三级卫生保健制度的结晶，而"三级卫生保健"制度的推行却是从城市开始的。北京协和医院最早成立了一个"卫生实验区"，以"协和"为中心，实施地段、诊所和医院三级诊疗计划，使医疗资源能够自动渗进居民的生活区域，力图改变医院被动接受病人的惯例。可是，后来发现这个卫生区的模式仍受"协和模式"的影响，即医疗成本过高，不符合中国国情。于是，协和毕业的陈志潜下乡到了定县，以定县为实验区实施平民保健计划，实施县、乡和村三级保健网络，并从本地培养卫生员，节省了医疗成本。然而，"定县模式"仍有缺陷，即完全排斥中医和本地医疗资源，所以，并不能从根本上解决成本问题。"赤脚医生"则采取不中不西、亦中亦西的培训方法，使三级保健在乡村的分布渗透到了家庭一级。

从"协和卫生实验区"到"赤脚医生"的演变过程，说明城市变迁起以后，更是通过发掘地方性文化资源，形成了和"意识形态"相对立的阐释视角，这就更加强化了"意识形态"的负面色彩。实际上，所谓的"意识形态"并不仅仅是上层统治阶级单纯维护统治"合法性"的工具，它还是一种能贯穿上下层社会的治理策略，比如，在宋代以后整个中华帝国的统治气质发生了一种改变，按有的学者的话说是"全面转向了内在"，其表现包括文官的大量使用和地方治理自主性的增强。这样的转变并非帝国完全没有能力控制地方社会，而很有可能是一种主动的设计，即形成正式的官僚制与非正式的乡村治理的有机结合，甚至有意出让原属于官僚制度的部分权力，这样的过程也可以看成"意识形态"实施的结果。"意识形态"的范围由此可能被大大拓展了，它不仅是统治阶级维护合法性的工具，而且是跨区域研究视野中应该予以充分重视的治理策略。

第二，"社会动员形态"的研究。"区域社会"的一个主要特征是其相对静态和稳定的状况。中国在步入现代社会以前，以"村落"为单位的基层社会有自己安排生活节奏的逻辑，这种逻辑肯定缓慢地变化着，但总的基调是封闭和自足的。在这样的环境里，即使出现某种局部的社会动员状态，如农民反叛，其范围也大多是有限的，很难突破区域范围的限制，当然有些大规模的个别农民暴动除外。最为关键的是，前近代中国由上到下进行大规模社会动员的例子绝少发生，似乎上层社会与底层社会因此而达成了某种默契。所以，在前近代中国，往往可以从地域社会的脉络中理解上层政治的表现形态。

步入近代以后，中国的社会动员能力明显发生变化，乡村社会很难维系原有的静态生活，近代许多有形的物质和无形的文化几乎无孔不入地向基层渗透，其强度大大突破了"区域"所划定的传统界限。而这种传播往往是借助政治运动才播散到民间的。甚至可以这样说，通过形形色色的广泛社会动员，乡村社会的封闭性才被逐渐打破，乡村接受现代性的东西不是一种自发的过程，而是动员强制的结果，这与前近代社会有了根本的不同。邹谠称之为"全能主义"，以区别于西方定义的"专比如，笔者所关注的"赤脚医生"，从媒体宣传上看，"赤脚医生"完全是政治运动的产物，是"文革"塑造成的政治角色。从"赤脚医生"的选拔开始，仿佛就严格遵循着按阶级成分划分的标准，"赤脚医生"救死扶伤、不分昼夜的出诊举动背后的道德动机也被诠释为一种"政治"动员生效的结果。实际上，"赤脚医生"从选拔到忘我无私的出诊行为都受到"地方性逻辑"的塑造，如选拔时的标准更多的是从是否从本村本乡出生的角度考虑的，"政治"标准远不及乡土身份认同所起的作用。"赤脚医生"的待遇一般高于普通农民，大多与队干部的待遇相仿，出诊的能动性更是受到亲情网络和利益取向的双重规约。

所以，"政治"对地方社会的塑造尽管在制度层面已达到无孔不入的地步，却依然与地方社会早已形成的传统行为逻辑密不可分地纠缠在一起，很难清晰地剥离开来。对"政治"变迁的地区逻辑和跨地方性逻辑的理解也应从这一复杂的纠葛状态中寻求解释。

跨区域研究的前景

"区域社会史"研究无疑为中国历史研究走出单一的模式作出了重要的贡献，但"社会史"研究的内涵不应该仅仅从地方性的角度加以界定，或者仅仅被理解为具有"区域社会"这个单一向度的研究。因为，尤其是近代以来，中国许多社会现象的发生都具有跨地域的特征，特别是"政治"作为一种强制性的力量，几乎对社会具有某种无孔不入的支配能力。"政治"何以具有这种穿透区域生活的能力？这种能力是古已有之还是一种现代性现象？在古代，帝国是没有能力把势力深入基层社会还是故意这样设计的？这本身就是一个有趣的课题。关于跨区域研究的前景，笔者认为，至少有以下几个方面值得注意。

第一，"意识形态"再研究。以往我们理解"意识形态"仅仅把它看成统治阶级上层的一种"政治意识"，基本上把它等同于维护统治阶级的合法性或压迫底层社会的工具，是负面的概念。"区域社会史"兴这种地方治理方式在很大程度上出自国家的设计。[1] 这种局面的形成不是国家失去了对基层社会进行控制的能力，而是失去了向社会底层渗透的动力。中国的统治者并不像早期近代欧洲的专制主义君主那样，面临列国竞争、弱肉强食的生存压力，因此，没有必要对民间拼命榨取，扩充军队，并为此把官僚机器竭力向底层延伸。[2] 所以，在这种状态下，从地方社会的故事逻辑中来理解帝国的政治运转就是一个比较合适的角度。

可是到了近代，情况大变。晚清帝国为了向民族国家的普世性目标转变，竭尽全力地向地方社会渗透，通过榨取地方资源用于现代化的建设。其实际情形正好和前近代帝国相反，因为受到西方列强的持续性紧逼，晚清到民国初年的这段时间，国家正值拥有这种向社会渗透的新型动力的最高峰，这个榨取的过程是通过"跨地域"的形式得以实现的。因此，从"地方性逻辑"出发来理解近代政治的形成与国家的关系显然是不够的，必须具备从"跨地区逻辑"的视野解读现代政治的能力。

现代政治从近代以来一直对基层社会具有超强的支配能力，已经是不争的事实，尤其是解放后，这种超强的支配力达到了前无古人的程度，但这并不意味着对这种政治形态的理解只能从"跨地区逻辑"的角度予以认知。政治的强力乃至暴力的支配也许能从"地方性逻辑"的角度加以别样的理解。现代政治对地方社会的塑造从规模和力度上都是空前的，"政治"不仅在形式上摧毁了地方传统赖以生存的核心组织，也大量毁灭了具有象征意义的符号系统。解放以后，"宗族"由公社和生产队取代，"庙宇"被拆作为办公机关。从表面上看，"上层政治"已无可争辩地取代了地方传统的位置。然而，事情并非如此简单。笔者发现，即使在"文革"时期，政治也可能受某种"地方性逻辑"的制约，

---

[1] 李怀印：《中国乡村治理之传统形式：河北省获鹿县之实例》，载《中国乡村研究》，商务印书馆2003年版，页102。
[2] 同上书，页108。

加以理解。至于互动会采取什么样的形式或互动到什么程度，最终取决于地方性的特征，而不是一种均质性的理解。

从具体场景中理解"国家"与乡村社会的互动，的确是有相当难度的。因为，乡村社会与上层制度之间形成的微妙关系，往往不能用抽象的语词加以概括。日本学者曾经提出过"共同体理论"，战后的一些日本学者曾经比较信奉机械性的马克思主义社会形态转换理论，只是他们比中国学者更早地意识到了这种理论的缺陷，并较早地反思战后用"奴隶社会-封建社会"的公式诠释中国历史的弊端，提出了以"共同体理论"和"地域社会理论"重新解释中国历史演变的想法，比如，按照"共同体模式"把中国古代社会划分成"国家共同体"、"家族共同体"和"反政府共同体"三级构造的局面。"共同体理论"的贡献是他们比中国学者更早地区分了上层社会与乡土社会，从而把乡土社会当成一种独立的场域加以解析。然而，问题也出在这里，即这样明确地划分上层和下层社会，用"共同体"的概念标示出明确的界限，显然过于武断和机械了。用"家族共同体"概括乡村社会，进一步凸现了"家族"的核心位置，同时也可能简化了乡村社会的多样生活状态。[1]

从乡土社会实际的运行情况看，古代中国事实上不仅有世袭君主制专断权力与官僚制常规权力的同时并存，而且还有正式的专制权力与非正式的基础结构权力的同时并存，而帝制中国的基础结构权力远未正规化和制度化，并没有被纳入正式的官僚系统。这种"基础结构权力"很显然也并非以"家族"为核心的"共同体"结构所能概括。笔者比较同意以下一种看法，即前近代帝国基础结构权力的不发达，不能简单地理解为帝国没有足够的能力深入民间，更不宜把这种相对"软弱"的基础渗透力视为民间控制力增强并抵消和减弱国家渗透力的结果。事实上，

---

[1] 谷川道雄："试论中国古代社会的基本构造"，《中国社会历史评论》第四辑，商务印书馆2002年版，页12。

"国家"相对抗的"社会场域",以摆脱"政治史"研究中只依据宏大结构阐释"帝国"向近代"国家"转变过程的单一解说。前述对"宗族"和"庙宇"的特别关注,就是在乡村中寻找对抗"国家"资源的一种尝试。"宗族"在地方社会中的"自主性"作用与"庙宇"的宗教凝聚功能,都昭示出它们是国家很难加以全面控制的场域。尽管解放后这两个"场域"一度被国家强力取缔,改革开放后的复兴仿佛正好说明了类似西方的对抗性场域的存在。这个尝试与"后现代"思潮中力求发掘本土性资源以对抗现代化过程的想法有相契合的地方。不过中国作为发展中国家的一员,总是觉得在现代化目标未全面实现之前奢谈"后现代"似乎于理难合。在这种心态的作用下,"后现代"思潮在中国史学界总是以羞羞答答的面目示人,即使用了此种方法的学者,似乎也羞于承认。

对地方性文化传统的关注是"区域社会史"兴起的一个最为正当的理由,但对"政治"的诠释却很容易被"碎片化"地置于区域社会的框架里得到重新理解。把"政治"放到"地方史"的故事脉络中加以阐释已成为当代"区域社会史"的一项重要任务。它认为,所谓的国家政治,只有从乡民的日常生活习俗和记忆中加以理解才可以触摸到。所谓"国家"的制度功能,与乡民头脑中关于"国家"的理念是处于分离状态的。"国家"更多的是一种乡民从集体无意识中获取"正统"观念的主要来源。这个视角的好处是能够使我们初步认识政治运作和变迁的地方性逻辑,其弱点是政治的变化并非是一种地方性的行为所能简单地加以解释的,尤其是近代政治的变迁往往与大规模的跨区域政治运动和国家建设密不可分,仅仅从某个区域的视角理解这种政治变化显然是不够的。[1] 不过,这个视角中包含的以下思考仍是值得肯定的,即它并不把"社会"看成与"国家"处于对抗状态的"场域",而是在互动的状态中

---

[1] 陈春声:"乡村的故事与国家的历史:以樟林为例兼论传统乡村社会研究的方法问题",载黄宗智主编:《中国乡村研究》第二辑,商务印书馆2003年版,页1—33。

去了信众，因为据说是不灵验了。[1] 这种感觉经验到底如何界定，是很难用"地方性知识"的框架加以描述的，必须从乡民自身的经验世界中去体会。

政治变迁的地方性逻辑和跨地方性逻辑

传统的"政治史"研究在古代史方面基本上是社会形态理论的一种附庸，在近代史方面基本上是"革命史"逻辑的附庸。其话语霸权曾经笼罩中国史学界达数十年之久，直到上个世纪九十年代才出现了一些异样的声音，"区域社会史"研究就是这种别样声音异军突起的结果，特别是近代"政治史"研究描述的一个突出主题是近代的国家机器是如何以摧枯拉朽的态势冲决了"地方自治"的基础，从而使中国转变为现代一体性的民族国家的。"政治"借助普世性的全球化目标拥有了毋庸置疑的正当性，"区域社会史"研究的出现好像就是要故意质疑这种"正当性"。"区域社会史"的一个潜在前提是：近代政治为了达到民族国家的普遍性目标，摧毁了中国基层社会赖以生存的文化基础。这种行为不仅被赋予了意识形态的合法性，而且也被赋予了学术论证的合法性。要破解这个话语霸权，首先应打破以整体政治为主要关注对象的传统做法，把注意力重新集中到"社会"层面上来，想方设法发掘民族国家成立以前深藏在基层中的文化资源。

"国家—社会"的二元对立框架是社会史研究中出现频率最高的一对关系范畴。它基本上脱胎于西方对"市民社会"与"公共领域"关系的探讨，这个理论有一个价值预设，即"国家"与"社会"之间在近代意义上必然处于一种高度紧张的对抗状态，是一种极具张力的关系。这个范畴向中国的横移使得中国社会史家力图寻找到一种类似西方那样的与

---

[1] 参见杨念群："民国初年北京地区'四大门'信仰与'地方感觉'的构造：兼论京郊'巫'与'医'的近代角色之争"，载孙江主编：《事件·记忆·叙述》，浙江人民出版社2004年版。

政治正确性的角度理解乡民的行动逻辑，却依然沿袭着"知识类型学"的分类方法，试图把民间世界构造成与精英世界相对立的图像来加以把握。

他们没有意识到，民间世界之所以区别于上层精英，可能恰恰就在于其存在着难以用上层精英的知识加以把握的感觉结构，乡民们往往凭借从"感觉结构"提炼出的原则安排日常生活。要理解这些"感觉结构"，仅仅应用"地方性知识"的解析方法恐怕是远远不够的。以民间信仰研究为例，中国是否有民间宗教本来就是一个争论不休的问题。杨庆堃用"制度性宗教"与"分散性宗教"定位中国民间与官方的信仰，只是一个变通性的权宜划分策略，实属无奈。抛开这个问题存而不论，中国社会史界对民间信仰的研究仍明显存在着一个公式，即以民间社会接受上层信仰的程度来衡量下层社会的信仰程度。像国外的一些人类学家，如王斯福与武雅士等都认为中国民间宗教区别于一般精英宗教（儒道佛），却又都不自觉地认为基层信仰一定受上层宗教意识形态的制约，甚至民间信仰就是官方意识形态的一种隐喻形式，这就是以"知识形态"来臆测民间信仰的实例。

其实，中国民间社会的信仰形态要远为复杂多样，即使其部分内容可以为"知识类型"所规范，但生活中大量的细节却远非其所能概括，这些细节是由"感觉结构"所构成的。以京郊的"四大门"信仰为例，这是京郊民间对四种动物的崇拜信仰，通过乡村"顶香看病"的人群把神力灌输到底层社会。对"四大门"的信仰不是一种可以明确把握的"知识系统"，而是日常生活中积累起来的一种感觉经验。这种感觉经验只有在一定的区域内才是有效的，越出此边界，"感觉结构"就会消失。这种感觉经验不具备普遍意义，而只具备区域性特征，不能用上层的规范性知识去描述它们。而且，这个"感觉结构"在遭遇上层宗教形态时，有可能恰恰在实际上起着支配它的作用，如京郊的许多主流宗教的庙宇，像关帝庙等，其灵验的程度是由"四大门"的香火催动着才产生效果的，可当居住在庙里的"四大门"狐仙离去后，关帝庙立刻就失一个结果，而与是否是"中国的"没有太多的关系。如果说真有什么联系的话，也是三十年代中国社会学家提出的"乡绅理论"中所倡导的"地方社会"应具有自主性等观点有暗合之处。就笔者的认知来说，真正的"移情"是培养一种与本地情境相认同的"地方感觉"，而不是急于把这种感觉归纳为一种系统知识。

王汎森最近提到要研究近代中国的"感觉结构"（structure of feeling）与"自我认知的框架"（frames of self-percepiton），这两种研究取向与所谓的"思想"有相当大的差异。王汎森所指的"感觉结构"部分是指晚清与民国文人诗酒唱酬时所酝酿出的一种心境，这种微妙的"心境"与"情境"与他们在报刊上所表述的各类精英舆论如"革命"、"民族主义"等有相当大的不同。[1] 笔者认为，这些文人的报刊言论仍是一种"知识形态"，这些"知识形态"是可以用分析和解释等概念来加以规范的，可是属于知识界自身的"感觉结构"的变化却不可以用这样的"规范"加以说明，这种"感觉结构"甚至影响到了知识分子的行动选择，比如，他之所以会选择暴力的行动策略，往往不是由头脑中的"知识框架"所支配，也许是一种感觉结构作用的结果。这种"感觉作用"到底是什么，恐怕不能用"知识类型"的方法予以定位。

在社会史研究中，对研究"地方性知识"的提倡无疑为打破精英知识框架的垄断前进了一大步，对"地方性知识"的分析，使得中国社会史研究从对底层社会的感性认识提升到了理性的规范认知的水平。但问题也随之出现了，那就是乡村社会中（当然也包括城市）人们的行动和思维逻辑往往并非能用"知识"分析的方法加以解读。在研究中往往会出现这样的现象，当研究者对乡民的行为方式不能理解时，就会动用自身教育所获得的资源斥其为"迷信"和"非理性"。而当另一些"反西方中心论"或持守"本土主义"策略的学者，虽然力求从

---

[1] 王汎森："中国近代思想文化史研究的若干思考"，《新史学》第14卷第4期，2003年12月。

"地方性知识"强调"文化持有者的内部视界",来自人类学对"族内人"(insider)和"外来者"(outsider)如何分别看待他们的思维和解释立场及话语表达的问题,有学者概括为"emic/etic"。Emic是文化承担者本身的认知,代表着内部的世界观乃至其超自然的感知方式,是内部的描写,亦是内部知识体系的传承者。Etic则代表着一种外来的客观的"科学"的观察。这种划分合理与否另当别论,但其中隐含的悖论却是相当明显的:他何以在成为一个研究对象本身的"文化"体悟者的同时,又能跳出其限定给予一种"超在地性"的解释?

吉尔兹引用"贴近感知经验"和"遥距感知经验"两个心理分析概念来概括这个困境。囿于贴近感知经验的概念会使文化人类学研究者湮没在眼前的琐细现象中,且同样易于使他们纠缠于俗务而忽略实质;但局限于遥距感知经验的学者也容易流于术语的抽象和艰涩而使人不得其要领。吉尔兹的设想是:人类学家应该怎样使用原材料来创设与其文化持有者文化状况相吻合的确切诠释。"他既不应完全沉湎于文化持有者的心境和理解,把他的文化描写志中的巫术部分写得像是一个真正的巫师写得那样,又不能像请一个对于音色没有任何真切概念的聋子去鉴别音色似的,把一部文化描写志中的巫术部分写得像是一个几何学家写的那样"。[1]关键在于,这个"度"到底在哪里呢?

上个世纪八十年代,柯文在他那本风靡一时的著作中提到了"移情"的问题,意思是美国汉学家往往为美国的既得利益设置诠释中国的框架,为了避免这个弊端,应该改弦易辙,从中国人的视角出发重新审视原来出于政治目的构建的中国图像。可是柯文的框架又面临着一个新的问题,何以知晓自己的视角是否真正从中国本身出发了呢?这个"中国视角"的标准是什么?柯文提出的方法也不外乎"注重下层"、"横向切剖"的区域社会史视角。这个视角其实仍是国际社会史趋向塑造的

---

[1] 克里福德·吉尔兹:《地方性知识:阐释人类学论文集》,王海龙导读一,中央编译出版社2000年版,第73—74页。

的。故此，有人指称，中国人根本没有"信仰"，只有"迷信"，即中国基层的拜神、拜偶像均是以功利的心理为信奉基础的，所以，中国乡村实际上并不存在可以独立支撑纯粹宗教信仰的空间，即使在形式上有可能发现某种相似的空间，也往往与村落的生活需求密不可分。这样一来，"庙宇"很可能在不同地区的作用差异极大，在一些地区起核心作用，换个地方其作用又可能极其微弱。所以，单纯挪用西方的"表演理论"来单独地寻求"庙宇"的文化象征意义，效果自然是相当有限的。

中国社会史研究自从实现了"区域转向"之后，形成了多元并存的发展局面，出现了诸如"华北模式"、"关中模式"、"江南模式"、"岭南模式"等分析流派。虽然这些"模式"所包涵的内容并非十分明晰，也不能说已系统地提出了区别于以往理论的完整表述，但它们都有一个共同的特点，即基本上是以"村落"为单位，以"宗族"、"庙宇"为核心论题展开论述的，虽有个别的观点是从市场网络、经济变迁和城乡关系等方向力图区别于"村落取向"。区域社会史找到了"宗族"和"庙宇"两个可以从组织与象征层面把握乡土社会的工具，所以，中国社会史研究逐步变成了"区域社会史"研究，而"区域社会史"研究又成为"进村找庙"的同义词。

从"地方性知识"到"地方感"

"地方性知识"一度成为"区域社会史"研究的另一种表述。正如有学者指出的，"地方性知识"其实是"后现代主义"话语的一种概括，是用以对抗"全球化逻辑"的一种工具和武器，只不过这种趋向由人类学家吉尔兹加以放大了而已。[1]

---

[1] 克里福德·吉尔兹：《地方性知识：阐释人类学论文集》，王海龙导读一，中央编译出版社2000年版。

社会解决法律纠纷的最大单位。[1]问题在于，"宗族"理论之所以成立是建立在以下假设基础之上的，即"宗族"的存在恰恰是与集权政治保持距离的结果，也就是说，只有在远离政治中心控制的情况下才有广泛生存的可能。因为"宗族"产生时，在基层社会中所具有的自治作用，恰恰是其远离正统统治模式后造成的结果。也正因为如此，"宗族"的分布必然有其"区域性"的特征乃至限制，而不可能是均质的，好像中国的乡村社会无一例外地都被"宗族"所控制似的。既然"宗族"不可能在全部乡村社会中起绝对主导作用，那么，以"宗族"为核心的研究就有修正的必要。

中国社会史研究的另一个"核心词"是"庙宇"。"庙宇"进入社会史的视野，是因为受到了人类学"象征理论"的影响。一些学者认为，仅仅从"村庄"和"宗族"这样的角度切入某个区域进行分析，具有太多的"功能论"色彩，好像农民的生活节奏完全是受一种极端实用和功利的逻辑如某种纯粹的"生活需要"的支配。一些人类学家认为，尽管农村的生活场景有可能是受某种特定的需要关系所控制，但从文化的角度看，仍有可能超越一定的功利目的而具有某种较为纯粹的"精神气质"。"庙宇"就是凝聚这种"精神气质"的最佳场所，它有可能展现的正是农民生活世界中不受功利准则支配的那一部分图景。

"庙宇"象征着中国农民具有自己独立的"精神世界"，这好像是个很诱人的看法。可一旦落实到研究中，情况要复杂得多。很难在具体的分析中区分"精神"与"功能"两个层次，原因就是中国与西方的最大区别乃在于，中国农村中的信仰很难像西方那样可以轻易地定位为"宗教"。"庙宇"在村落中基本不会表现为一种纯粹的宗教空间，或具有什么纯粹的"宗教"意义，它更多地起着凝聚社区世俗活动的作用。道理很简单，中国人本身的信仰系统特别是"民间信仰"系统仍是被相当功利的原则所支配，一般都会服务于"求子"、"求财"的功利性目

---

1 弗里德曼：《中国东南的宗族组织》，上海人民出版社2000年版，页145。

界开始注意把历史演变看做不仅是时间因果序列的问题,而且也是"空间"转换的问题。也就是说,仅仅以"中国"为研究单位,其实研究的只是一个"政治"与"制度"的实体,探讨这个实体的运作固然重要,却难以发现基层社会的运行状态,因此,有必要重新界定新的研究空间,首先面临的一个问题是"什么是社会"。在西方史学界,"社会"是与"国家"相对抗的一种空间,它被理解为一种区别于上层世界的"公共领域"。可"公共领域"又往往被理解为是在城市中出现的,与"市民社会"的出现相匹配。所以,"公共领域"概念被引进中国时,由于缺乏西方的历史情境,在应用到中国历史分析时少有成功的例子。相反,由于中国人口以农为生者占绝大多数,把乡土中国中的"村落"定位为"社会"研究对象似乎就变得顺理成章了。

中国乡土社区的基础单位是村落,村落是由血缘和地缘关系结合而成的一个相对独立的社会生活空间,是一个由各种形式的社会活动组成的群体。吴文藻和费孝通主张,以一个村做研究中心来考察宗教的皈依以及其他种种社会联系,进而观察这种种社会关系如何互相影响、如何综合,以决定这社区的合作生活。从这研究中心循着亲属系统、经济往来、社会合作等路线,推广我们的研究范围到邻近村落以及市镇。[1] 费孝通对"村落"的定位实际上为中国社会史研究找到了一个相当合适的研究单位,对以后的研究具有决定性的导向作用。同时,对"村落"中"宗族"的研究被认为是村落研究的"戏眼",拥有核心的地位。这取决于一种假设,即村庄的经济、政治和文化活动都是以"宗族"为主导而展开和进行的。"宗族"的存在和凝聚力成为乡土中国能够组成一种"社会"的核心理由。以"宗族"为核心编织整个中国乡村社会的图景,当然有它的充分依据,"宗族"在宋明以后逐渐成为中国南方具有支配力的乡村社会组织,早已是不争的事实,"宗族"也被理解为地方

---

[1] 费孝通:《江村经济》,《费孝通文集》第2卷,群言出版社1999年版,页5。

九 "地方性知识"、"地方感"与"跨区域研究"的前景

"宗族"、"庙宇"与区域社会史研究

中国社会史研究的重现大约是在二十世纪八十年代,在此之前,中国经济史和政治史占据着绝对垄断的地位。中国经济史和政治史是描述社会经济形态总体演变趋势的工具,虽然"中国经济史"中间往往加上"社会"二字,叫"中国社会经济史",实际上在传统中国经济史的研究框架内,是看不到什么"社会"的影子的。因为中国历史的变迁图景只容纳了生产力变迁下一种粗线条的人际阶级关系的变迁,而不会给社会意义上的变化留下什么位置。

八十年代受"现代化理论"的影响,中国近代史学界率先提出了"社会变迁"的问题,力求突破从"生产形态"的角度理解历史演变的旧路子,用新的描述取代老的分析,如用"社会分层"取代"阶级分析",用"结构—功能"框架取代"社会发展阶段论"。这种替代式研究因为区别于传统经济史的陈旧语汇和公式化的论证方式,一度风靡史学界。这种治史风格也比较吻合于八十年代整个思想界的阐释风格,即喜欢从大处着眼,搞超大范围的中西比较和框架分析,诠释单位也往往着眼于整个"中国"和"世界"的关系,在这两个系统的作用中,"社会"仍屈从于宏大叙事的压迫而没有什么机会进行细节的展现。

真正把"社会"当做一种分析单位,而不是屈从于"结构"束缚和成为现代化演变分析的附庸是从九十年代开始的。九十年代的中国史

出，相对于公开发表的言论、主张，生活交往的日常状态对历史人物而言可能具有更大的真实性。

我们这里强调"感觉结构"与"思想结构"、"社会结构"的区分，并不意味着"感觉"可以脱离"问题意识"而独立存在，也不意味着"感觉"仅仅被夸张为对历史细节弥散无羁的无度嗜求。"感觉"优劣的评判恰恰应对"问题意识"的丰满和对历史细节选择的精致起到导引作用。这里不存在非此即彼的选择，而是交融互动的参照。

这是因为他在刻意保持思想一致性方面是有高度自觉的。从胡适日记书信中发现的信息可能会比文章、讲演更具丰富性，胡适的文本其实就包含着"私密性"和"公开性"的双重特征，因为据说他的《日记》都是刻意写作，准备给后人看的，所以我们就须认真鉴别其公开的思想表述和其内心的真实状态的区别到底如何体现？由此看来，更多的真正"私密性"史料的发现应该能丰富我们对古人行动动机的认识。

对"社会结构"的描绘也是如此。我们已经习惯于把人群的活动镶嵌到政治、经济、文化和社会的各个边界清晰固定的框子里去分门别类地加以审视，研究者也习惯于把自己固定在某个专史的框架里从事研究工作。从而忽视了历史穿越时空的动态运行表现。这样分门别类营造出的"社会结构"给人的印象是，所有的"社会"活动往往均会指向某种重大的历史目标才能凸现其意义，历史变成了诠释某类现代理念的仆从。以当前正在形成热点的妇女史研究为例，以教育、职业、婚姻为专题的研究已有很多，在史料挖掘的方面有了很大进展，然而许多研究课题的形成本身就是现代化思维方式的产物，结果是以男女平等、人格独立等现代价值理念为标准评判历史，忽视那些让人们安顿身心的历史要素。特别是近代梁启超关于女子不事职业造成中国国力衰弱的观点被广泛接受以来，对女性的关注点一直集中在从家庭角色到社会角色的转变上，这一思维方式在五四时代又以"解放"为价值依托被强化。已有学者指出，梁启超的结论忽视了农村妇女和精英女性在家庭中和在家庭与市场的互动中创造的大量生产力，但从家庭到社会的"解放"逻辑仍在当前的妇女史研究中被不断重复，甚至形成了史料越丰富，结论越单一的奇特现象。有的研究将关注点投向"身体"，但"身体"的重要性主要是因其与国族想象挂钩而被注意，显现身体所必需的对感受力与感觉方式的描绘和分析反而退居其次了。因此，如何从新的角度再现"社会结构"的丰富，也许会取决于对历史细节感受能力的增强。就像当年梁实秋在被问及什么是"新月派"的时候就曾说过，"新月"不是一个流派，而是每周六聚在公园吃瓜子聊天的一群人。从这个说法中可以看表现往往是互异的。[1] 余英时所说的"历史世界"大致有点像我们所说的用"感觉"而非"概念"去印证的一个动态世界。因为他认为,对朱熹的研究不能建立在以往思想史、政治史和现代人的理论断言之上,而是企求复原朱熹生活的另一个状态,尽管这个状态也可能是残缺的,残缺的原因一方面源于史料的不足,另一方面在于今人识见的难以企及,不过他毕竟揭示出了历史研究有可能逼近的是一个更加鲜活的"感觉结构"。

说到"感觉结构",确实很难给它下个准确的定义,我们只能说它和一般意义上的"思想结构"和"社会结构"应该有所不同。对于中国历史而言更是如此,在处理史料时我们同样会面临着前述的那类当被问及"留下吃饭吧?"时你如何应对的困境,比如当我们从事思想史研究时,往往会以那些在文集、报章和媒体上公开发表的言论为准去揣测思想者的精神状况和思想结构,但却忽视了这些言论是否就真正代表着发言人的真实心态,因为在特定媒介公开发表的言论有时只能作为政治表演和具有意识形态价值的材料加以对待,而更私密性的心态表现常常必须通过其不经意的或更为私密性的记述才能发现,有时两者的表达恰恰是相互冲突的。在这种情况下,公开发表的史料就像生活中的那位"留下吃饭吧?"的问话者,其试探性的发问背后隐藏着陷阱,一不留神就会误解其意。我们当然不能说以公开媒介为材料勾勒出的"思想结构"是不真实的,或者说诠释其思想系统的工作全无意义,而只是觉得这个"结构"尚不足以昭示历史人物复杂的心态状况。许多心态的无意表达恰散见于"私密性"的个人史料如日记、未公开发表的文集等之中,其内容区别于作为思想史的公开材料,但那些以私密名义刻意撰写的材料不在其列,需要仔细辨别。以胡适为例,他是现代中国留下文本最多的人物之一,其中一个原因在于他有意识地保存自我记录,胡适弟子唐德刚曾说过,从胡的文章中可以感到他不同时期的思想很少有矛盾之处,

---

[1] 余英时:《朱熹的历史世界》,三联书店2005年版,页5—6。

释仍面临把历史简化的危险。这种刻意也可能又一次以删除了历史的丰富性为代价。

以"问题意识"为范导,以社会理论作依托的历史诠释路径的多样性确实给中国历史学界带来了空前的解释活力和方法论的繁荣。和十几年前相比,目前中国史界中似乎谁都会说上两句哈贝马斯或者福柯的语词,却又普遍感到越来越疏远于历史最具魅力之状态。原因何在呢?我个人认为症结之一当是无法从感觉层面上贴近历史场景(我们不说原态!)而迷失于现代词语解释所构架的问题丛林之中。从某种意义上说,我们永远无法逃脱主观意识和解释对历史的裁割,这几乎是每个历史学家难以解脱的宿命,也是后现代史学向主流史学张扬发难之后颇具魅力之所在。但后现代史学叫板主流史学多年,却也始终无法成功地把"史学"终极判决为只能等同于"文学"的表达而成其附庸,原因即在于史料无法如文学般完全虚构,这并不等于说史料就一定都是真实的,不妨说也许一个历史学家对那些无法判定真假的史料的解读和投入,正是他为之毕生献身的动力所在!尽管他得出的历史图像也许永远是模糊不清的,可这恰是史学和纯文学的虚构想象相区别的地方吧?也正是在这个意义上,一个历史学家悟性的高低之分,恰在于其对史料细微之处进行敏感把握时具有层次之分,这种区分和一位历史学家在解释能力上的差异性处于完全不同的层面上。**我们以往过于重视在解释能力的提高上如何建立所谓的"问题意识",而没有充分给史料解读中"感觉意识"的培养以足够的地位。**

余英时先生在谈论研究朱熹这样的历史人物如何做到"知人论世"时特别指出,不要把朱熹写成传略,也不是撮述其学术思想的要旨,更不是以现代人的偏见去评论其言行。他说:"我所向往的是尽量根据最可信的证据以重构朱熹的历史世界,使读者置身其间,仿佛若见其人在发表种种议论,进行种种活动。由于读者既已与朱熹处于同一世界之中,则对于他的种种议论和活动便不至于感到完全陌生。"这样,"大致可以勾画出历史世界的图像于依稀仿佛之间",尽管这些图像的可能是真诚的挽留，这完全要看不同的对象而定。但不同人的反应，效果肯定迥然不同。不熟的客人因知道是种客套话，知趣地离开。亲友则不必有所顾忌，可以较随意地选择去留。如果一个不知趣的生人不去仔细读解这句话的深层语义，贸然答应留下来，主人就会感到负担和不自在。不少西方人在中国人家里做客所造成的误解，其原因就出在无法准确释读出中国人语意中的复杂内涵。在我们的生活和日常交往中，类似的必须按照字面背后的"精神"加以领会的例子是无处不在的，对绝大多数生活在这一文化环境中的人来说，生活的顺利进行依赖于一整套深藏于话语背后的意蕴的接受和回馈。在很大程度上，我们的政治就是这样一套内在于我们身体的感觉结构，要对其加以解释和反思，首先需要观照到那些扎根于文化深处的细密的感觉触角，这是现实，也是历史。如果不从"感觉"的角度去深究历史生活的复杂面相，往往会使我们对一些历史场景所表现出的真实性做出完全相反的错误判断。

比如，对中国近代历史变迁的判断，目前流行的现代革命史叙事和现代化叙事的逻辑都基本上把中国接受西方体系的程度作为判断历史是否进步的标准，也就是说，基本把对外界回应的程度作为判断历史变化合理性的标准。但近几年的变化根本无法回答以下问题：为什么同样是现代化的高歌猛进，西方却能在商业化的大潮中相对保持文化主体性的持久和连续，而中国不但无法保持自身传统的主体性，而且还肆无忌惮地以毁灭传统为荣？放在一种长程历史框架中，也可以看出，作为同样的现代历史推进因素，为什么在不同的文明语境里会造成如此截然不同的后果？这确实不是任何现成的社会理论所能解释的。面对复杂多变的历史情境，现代社会理论就像中国人送客常说的那句"留下吃饭吧？"，可面对不同的人群，它的含义会陡然变化，我们到底如何才能捕捉到其真实的一面呢？人类学给出的答案是，传统在某个特定区域中是可能被再造出来的，我们只需对这种"再造传统"加以理解和描述，就会找到对抗西方现代化逻辑的一把钥匙。但是，用"地方性知识"去刻意对抗"普遍性知识"的框架，其二元对立的解味着对固有历史编写体制的全面颠覆。

然而,问题仍然存在并且越发严重,受西方主流史学影响的历史研究者对"深层结构"的长时段观察和对必然性的强调,其基点仍是建立在对"驯服偶然"的现代逻辑的绝对服从上的,代价是"偶然"的丰富性被"必然"的暴力逻辑所取代,目的是让"必然"带上炫目的光环,并且具有更多的规划预测未来的霸权能力,其危险是历史被裁减成了十分单一乏味的某种既定逻辑的重复表演。更加危险的是,当我们日益习惯运用现代社会理论构筑的"规范"去培育出我们的"问题意识"时,对历史丰富性的呈现能力却在同时高速度地消退。我们不断地在提倡培养自己的"问题意识",可当"问题意识"被强行由规范组合成了一个必然性脉络的标识,并被严格组合进了学科类别时,历史的动态感就会不断地被这架可怕的机器所绞碎、粘贴,再按照深层结构或必然规律的内在要求排比、归类,最后抽缩成一串串干瘪的历史教条。这就像一个面色红润的丰满人体被敲剥掉血肉后只剩下一副白骨嶙峋的骨架。所以我们要提倡"感觉",首先就要反对不加限定地盲目张扬"问题"的重要,更要警觉用"问题"堆积起一种刻意指向终极目标的专业化"历史意识丛"。"问题意识"如果没有丰富的感觉素材做支撑,同样就像是一架支离破碎的白骨,而非血肉丰满的人体。

用"感觉"去架构我们的"问题意识",当然并不意味着两者处于二元对立的状态,毋宁说是对建构"问题意识"的一种丰富手段,这也是可以从历史和现实经验中悟得的。我们会发现,中国人的日常生活行为很难用常理来加以把握和理解,而必须放在一种特定的语境之下,针对不同的状况和人群加以区别对待。在我们的社会里,许多人都有这样的感受:在关系不甚亲密的同事和熟人亲友之间,同样的礼貌言辞往往会拥有截然不同的含义,比如同样面对不太熟悉的客人和关系密切的亲友来访,当客人要告辞时,主人会说同一句话:"留下吃饭吧?"这类邀请很可能只是客套话,用来表达常规的礼貌,有时甚至是一种委婉的暗示,意味着你已经叨扰主人过久,应该自行告辞了,这句话换个语境也是说,当我们放弃将其界定为一种确定的概念和方法论的时候,我们或许才可以心平气和地谈论"感觉"。

法国史学家吕西安·费弗尔曾讲过一个故事:一个曙光微露的早晨,法王法兰西斯一世悄悄从情妇的住处起身,在回自己城堡的路上,一所教堂的晨祷钟声令他心生感触,于是他转而参加教堂的弥撒并虔诚地向上帝祷告。这个故事后来被心态史家菲利普·阿里埃斯转述,用来说明"心态"这个难以定义的概念。答案存在于对故事的解释中。要理解其中罪恶的情欲和纯洁的宗教情感的密切连接,人们必须在两种解释中选择,其中一种认为国王前去弥撒的行动缘于被晨祷钟声唤起的忏悔之情,另一种认为国王的对祈祷和情欲的态度同样出自本能,二者之间并没有那种源自道德一致性的紧张和矛盾。[1]

在阿里埃斯看来,这两种解释体现了传统史学和心态史学的差异,后者关注的是历史的另一个层面,更加琐细而充满多样性,难以用确定的因果律和一以贯之的逻辑加以把握。从某种程度上而言,新史学的诞生,是历史中的心态层面逐步进入研究视野的结果。这时候回顾年鉴派的一句名言也许会是意味深长的:"社会史是漏掉了政治的历史。"在当时"政治史"的内容非常固定狭隘的情况下,相对于以重要人物为主线的事件史、反映上层决策的外交史,社会史以及作为其最初观照层面的经济史,是研究群体现象的开始,所以在第一代年鉴派史家那里,经济史是最符合人文主义精神的历史,研究者认为能够从经济现象中看到所有人的生活,第二代学者则已开始关注长期以来不见于经传的群体心态,形成对社会"深层结构"的多样分析和认知。所以后来的历史研究者并不讳言自己所持的立场、观点对形成历史解释的重要性,而且强调必须将鲜明的问题意识带入历史,因为社会史的出发点远非在史学内部另辟蹊径,而是从全新的角度建立对历史与人的总体化理解,这必然意

---

[1] 菲利普·阿里埃斯(Philippe Ariès):"心态史学",J. 勒高夫等主编,姚蒙编译:《新史学》,上海译文出版社1989年版,页169—170。

是对未来中国史学界是否真正具有创新力的一种严峻考验。

另外,"后现代"与"后殖民"的理论如何在中国历史中得到有效应用也是一个难题,"后现代"主要是指西方国家内部对经历"现代"之后的各种历史现象的反思,而"后殖民"理论则主要是探索摆脱了西方殖民统治的一些非西方国家所面临的历史困境。严格意义上说,这两种理论体系对中国史学界均不十分适用,中国是个从前现代向现代过渡的国家,在这种过渡过程中又同时并存了许多"后现代"现象,如前所说的修谱建庙。如此错综复杂的局面无法用整齐划一的标准理论予以解释。同时,中国又不是一个标准意义上的西方殖民地,这和许多非西方国家的历史境遇也有所区别,所以单纯地运用"后殖民"理论显然也无法解读中国本身的复杂历史状况。因此,一切机械的套用均无益于真正了解中国在近代发生巨大转变的历史原因。

中国史学需要一种"感觉主义"!

在一个历史学家越来越急于成为专家的时代,在这个"规范"横行,且谈"规范"时髦到渐成职业的年代,提倡"感觉"无疑是非常凶险的,若再将其冠以"主义",就简直有点荒诞不经的意味了。早有圈内的朋友非常善意地提醒我们,英语中的"感觉"(sense)无法与"以斯姆"(ism)的词缀相连。在当代学术语境下,一个概念无法被译成英文至少是科学性不足的表现,势必难以大行其道。同时,学术史的经验也告诉我们,一种理论的提出,应该使其具有相对精准的外延,并且能够在可操作的层面进行持续不断的意义生产,这种理论才可能是有生命力的,背后的逻辑是"知识"的生产和可重复性操作是一切人文研究能够拥有合法性的共有尺度,历史研究也不应例外,把"感觉"当作一种主张来谈,甚至标榜什么"感觉主义",显然有对此大唱反调之嫌。然而我们认为,在当下的现实和学术环境中,为什么以及在什么层面上提倡"感觉"是个远比什么是"感觉"之确定含义更加重要的问题,也就华书局版《新史学》的出版即是这种趋向的一种尝试。

另外一个不得不涉及的话题是"后现代思潮"对中国史学的影响。"后现代"思潮中的一些观点最初是在文学界被广泛引用，所以才出现了一些诸如"后学"、"后主"之戏谑的称谓，但文学界的所谓后现代论题大多仅涉及一些皮毛理论，而缺少有说服力的具体研究。不少"后学"中坚后来又转向了"文化研究"的方向，对当代电影风格与城市的生活方式的演变加以描述和关注。史学界受后现代影响主要表现在学术史研究和性别研究等若干方面。其实，后现代的许多学者的著作已经被大量译介过来，经过美国中国学研究的转述，慢慢对中国史学界的一些观点发生影响，如艾尔曼对清代常州学派的研究、贺萧对上海妓女的研究、高彦颐对江南妇女生活圈的探索等，都对中国史学问题意识的提升有所助益。不过，中国并非像西方那样经历了由"现代"社会自然转向"后"现代社会的过程，所以中国史学界打着后现代旗号的一些作品往往变成了对前现代的一种"怀旧"和敬仰，也就是说"后现代"变成了"前现代"的同义词，或者说在中国学界，"后现代"碎片化历史的策略变成了无原则地肯定"前现代"历史价值和行为方式的一种态度表达。从某种意义上说，史学界"后现代"探索的这种取向无意中与"国学热"对传统文化无原则的极度弘扬相互配合了起来，从而使现代的历史观表面上拥有反现代叙事的特征，却因一味倡导走回"旧社会"老路而跑向另一个极端，我认为这也是缺乏批判能力的表现。"国学热"和"后现代"一旦合谋起来，史学就会出现另一种尴尬，那就是为反"现代"而回归"传统"的尴尬。批判现代并不意味着要当一个现代的逆流者，可现在把"传统"和"现代"相对立的思维仍占主流，本来，学界形成了一种共识，是要从中国历史内部看出问题，以防止把"现代"标准当成裁割历史的工具，以为这样的手法可以避免"现代"切断"传统"后会带来的视觉盲点，可一旦国内的"后现代"和"国学"的学者联起手来，"传统"与"现代"的断裂就立刻成为一种新的惯性，让人想起当年那句诛心之语："复古逆流"，这其中如何守持住一种平衡，当和以后追随者的功绩是给中国史穿上了一个世界史的外套,不管合不合身,都要穿上,任公的痛苦变成了史学界的集体失语,才有了"文化保守主义"的回归,但"文化"被保守下来只是作为化石形态,儒学成了"游魂",与"制度"建设始终无法衔接在一起,于是才变成了一小撮人的心灵自我按摩!

"学术规范化"的提出是在急于与国际接轨的情形下展开的小型运动,在史学界发生的效果是培养了一批习惯用西方的理论眼光审视中国历史的学者,他们会熟练地使用不同社会理论中的若干概念,对中国历史的场景进行合乎规范的拼贴,不过"问题意识"的增加和强化并不意味着你对历史的理解就真正拥有了透彻通达的能力,也可能效果截然相反,这些研究往往让人感觉到有点像流水线上生产出来的技术产品。九十年代以来的史学界基本上分化为以下几个群体:一是持有传统马克思主义结构分析方法的老一辈学者,这批学者除个别人如陈旭麓先生,仍然强调经济发展和历史趋势之间建立合理关系的重要性;并习惯从事件史的角度把握政治和社会之变迁,具有鲜明的党性立场。第二个群体强调对历史资料的充分占有和积累,试图以客观呈现历史之全貌为自身的首要任务,这批人的意识形态色彩很淡,主要致力于"文本"的解读和学术史研究,对古人持有一种"了解之同情"的基本主张,但因确信史料具有绝对之真实性,信仰"求真",有时却有过于拘泥迷信史料的嫌疑,不免显得刻板拘谨。第三个群体是对西方社会理论十分敏感,也善于移植和运用其精髓,却易跌入极度"概念化"的陷阱。如前所述,"区域社会史"研究的兴盛就受到人类学理论思维的直接影响,同时也继承了老一辈经济史学者如傅衣凌先生的学统,同时注意和国际学术界保持良好的关系,通过各种讲习班和研讨班的形式不断扩大自身的影响力。与此三类学者有所不同,个别学者则在强调跨学科研究的重要性时,更注意避免西方理论的无限制钳制,主张在培养学术嗅觉的基础上建立真正具有本土风格的"问题意识",试图逃脱过于专门化的训练给历史感觉带来的伤害,同时也强调要恢复中国史学优秀的叙事传统,中讨论发生在九十年代中期，这场讨论的结果是形成了针对不同时期思想界的一种比较性看法，即认为是八十年代重思想，九十年代重学术，意思是说八十年代的学者学术规范化训练不够，总是用极简单的方式处理复杂的问题，有激情没规矩，九十年代条件好了，学者的外语能力普遍提高，翻译的东西也多了起来，所以提出和解决学术问题就应该按照规范进行，不能随心所欲地做结论。历史学受规范化讨论影响的一个方面是，不同流派的西方社会科学的概念被大批引进，并得到广泛的使用，以至于形成了学术"概念化"的浪潮。比如有关"公共领域"和"市民社会"的讨论就是个突出的例子，"公共领域"和"市民社会"的关系首先由德国理论家哈贝马斯提出，后来被运用到对中国近代基层社会组织的观察和研究中，一时模仿之作叠起，这些作品至少在外貌上亦属"规范"，显示出"学术规范化讨论"在史学界发生了明显的制约作用，但如果放在对中国历史的深层理解的程度这个标准中予以衡量，却总显僵硬拘谨，不够贴切。因为"公共领域"的兴起和西方市民社会的产生有不可分割的联系，而中国所谓的"公共空间"却很难找到类似可以和"市民社会"相匹配的要素，如此急切的横向移植，其合理性自然会受到质疑。于是人们开始发出疑问：对西方概念的移用，在多大程度上能对准确地理解中国历史有所帮助？

其实从近代以来，中国史学家一直在苦苦努力地从西方社会理论中寻找解决中国历史问题的钥匙，因为中国步入近代确实不是一个自愿的过程，而是西方势力反复逼迫的结果。在这样的威慑之下，西方任何被引进的东西似乎都有比中国更多的有效性，这不仅会反映在各种器技和制度上，也反映在文化理念的对比和屈从上，用西方理论解释中国问题总被形容是盗火运动，传统史学陷于"循环论"，对"变"的反应迟钝不敏，确是它的一大命门，一旦被人捏住了，就似乎动弹不得，这才有了任公对"新史学"的拼命呼唤。任公的呼唤是一种解放，同时也是一种束缚，解放出来的是旧史学，束缚人的却是新框架，中国历史的一切标准似乎被放在了西方理论的刀俎上由新潮的学者们任意切割着，任公的位置。

鉴于这种情况,有学者提出了"重归政治史"的主张,"重归政治史"并不意味着要倒退到原有政治意识形态支配下的政治史研究的状态,那种状态更多的是服务于中央政府建立统治合法性的要求,而是要重新寻找政治与地方社会之间互动博弈状态形成的内在根源。也就是说,要把对政治演变的理解建立在充分吸收"社会史"既有研究成果的基础之上。[1]既不把上层政治理解为孤立于下层社会的独立现象,也不仅仅局限在基层角度去理解局部中国的历史变化,而是要在多次博弈的互动状态中逼近历史的整体特征,同时要注意到近代社会变化中跨地区因素所起的作用,而防止把区域性的条件看做是局部人群的创造和延续历史的静态因素。因此,对社会动员与革命起源的重视,对长程历史演变的再度凝视,对上层制度与下层机制互动关系的探讨,成为目前历史学反思自身方法得失的新起点。

特别值得注意的是,跨学科学者的介入在上个世纪九十年代以后开始对传统史学的治学格局造成冲击。如果说人类学学者对"区域社会史"研究方法的构建有着重要的影响,那么,一批素有训练的文学研究者纷纷转向思想史研究则对历史"大叙事"的回归有所贡献。葛兆光与汪晖分别以一人之力撰写成多卷本的《中国思想史》和《现代中国思想的兴起》,虽在若干观点和框架设计等方面备受争议,但却在中国史学内部的思想史研究谱系之外另辟出一片新的天地,特别是汪晖的著作,虽被批评为过度依赖当下的问题意识架构其对中国历史长时段的理解,有过度使用理论暴力的嫌疑,但其独自擎起如此巨大之思想叙事构架的勇气则足以令人感佩。

说到跨学科与历史研究的关系问题,我们不得不提到九十年代有关"学术规范化"的那场讨论,这场讨论对历史学的意义在于使社会理论和社会科学方法在历史学中的运用进一步合法化了。"学术规范化"的

---

[1] 参见杨念群:"为什么要重提'政治史'研究?",《历史研究》2004年第4期。

所以一些地区往往用许多替代的办法来恢复传统，如用柏树代替墓碑，没有祠堂就用在各家轮流祭谱的方式维系宗族的传承，没有神庙就在山坡上堆石为祭等，我称之为"象征替代"现象。即使是一些著名的大庙宇，其祭祀仪式往往也是采取"社会动员"式的祭拜方式，只是在逢年过节的日子举行象征意义上的仪式表演，而不是像南方的庙宇一般成为民众日常生活中不可或缺的组成部分。这些差别自然会影响到"区域社会史"的研究方法在传播过程中的适用性问题，也对"区域社会史"研究框架的合法性提出了挑战。

"大叙事"的回归与史学方法的多元性发展

"地方史"和"区域史"的研究深受人类学方法的影响，为中国社会史研究向更深层次的拓展开辟了宽广的道路，但也面临着必须回应中国历史"局部"与"整体"解释之间存在巨大差异的挑战。许多批评"区域史"研究的学者认为，"区域史"研究过于把眼光局限在某个局部的范围之内，并试图把局部的解释放大为对中国整体历史演变的解释，有可能限制其对中国历史全景图像的完整认识，尽管"区域史"研究者强调应在区域发展的内部脉络中去理解政治的表现形式，并且确已形成了自己独到的解释路径。但这种过度关注底层社会层面之运转的趋向，很容易忽略对上层制度和政治运行机制的把握。人们注意到，中国社会史研究的兴起是伴随着传统政治史和经济史的衰落而发生的。历史学界往往简单而又迅速地抛弃了"政治史"解释的一些陈旧观点，直接介入了下层社会的研究，这样一来，"眼光向下"不仅变成了一种新鲜时髦的方法，而且发展到后来似乎已经越来越构成一种意识形态，更似乎拥有了某种"政治正确"的合法性意味，仿佛只要做的是下层社会研究，就一定比研究上层的政治史和精英思想史的人拥有更多的合理性，至少在方法新奇和与前沿问题接轨的评价上具有相对更强势的地位，尽管"区域社会史"研究在中国史学的庞大格局中仍然不能说已取得了完全主流趋势模式影响的历史学向更加细致的具体研究场景转换具有决定性的启发意义,在此之后,对"宗族"、"祭神"等行动逻辑的研究开始在中国社会史中占据主导的位置。

中国社会史研究蔚然兴起的动因与现代化过程中出现的现代性问题密切相关,他们要回答的问题是,为什么中国经济高速发展之后中国基层社会却会出现许多"逆现代化行为",人类学提出的"传统的再造"问题也是对各种改革开放以后出现的"逆现代化行为"的一种解读尝试。同时,中国经济高速发展后基层出现的许多"逆现代化行为"如修族谱宗谱、修庙拜神的现象一般都是呈区域性的分布格局出现的,更概括地说大多都是集中于南方地区,这就为中国社会史的研究地图涂抹上了一层不均匀的色彩,其具体表现是,正因为人类学家所关注的现象一般都集中发生在南方的地区,北方往往表现得不是十分明显,所以中国社会史的"区域研究"往往表现出更多的"在地化"特征,即研究区域史学者的出生地和生活的区域往往和他们的研究区域部分或完全叠合,或者干脆说均与特定的某些南方区域相吻合。[1] 这样一方面使他们具备了语言和习惯探索的优势,节约了再学习的成本,而且在进入具体历史场景的身份资格方面无疑具有更大的发言权,这种发言权也很容易转化为现场观察的优势。因此,这一时期所出现的"区域社会史"研究的作品具有相当细腻的现场感和更为具体的历史感,即与这种在地化身份与研究对象的有机结合有着密不可分的关系。

尽管如此,"区域社会史"研究的不平衡性仍然是相当明显的,南方出现的一些区域史要素如宗族、神庙等在北方地区要么是形态有异,要么是功能有别,大多都不足以用南方学者"在地化"的方式予以把握,比如北方在多年的政治运动后,尽管有改革开放的背景加以支持,但大多数神庙都没有很好地恢复,其原因是一方面惧怕政治运动再起,

---

[1] 参见杨念群:"'在地化'研究的得失与中国社会史发展的前景",《天津社会科学》2007年第1期。

颠倒过来被打扮成了一种"经济进步主义者",形象因此大受损害,"清流派"则因固守"富民"的立场,身上染有文化保守主义的气质,从而得到了正面肯定。[1] 有趣的是,"洋务派"在这场"保守"与"激进"的论述中已经是再次被否定,第一次被否定是因为他们充当的是"帝国主义"的走狗,第二次被否定则是因为他们都是对经济力量过度迷信的"经济至上主义者"。第一次否定是从"革命史叙事"中转换出来的一种努力,第二次否定则是要摆脱"现代化叙事"制约的一种尝试。

"区域社会史"研究广义上也可看做是脱离现代化叙事的一种努力,其更大的背景是人类学方法意识对历史学界进行的大规模冲击和渗透。以往的中国历史学研究主要是受社会学宏大理论的影响,比如马克思其实就是一个社会学家,在西方,马克思和韦伯、涂尔干并称三大社会学家,中国历史学号称是运用马克思理论的主要学科,所以必然强调的是对社会历史大结构和大趋势的把握和观照。从"革命史叙事"中强调用生产方式的变迁透视中国历史的阶段性,到"现代化叙事"中所强调的对未来发展方向坚信不疑的憧憬,都时时透露出社会学的结构变迁论对这个阶段历史观形成的决定性支配作用。人类学方法的进入对中国史学的影响则与社会学模式的制约方式有相当大的不同,人类学的初衷是致力于发掘现代化过程中传统要素的积极作用,比如提出所谓"传统的再造"的问题,他们认为,对现代化进程过多的正面描述,忽略了传统在现代化形成中的作用,他们强调的是,传统在现代化中不仅扮演的不是负面的角色,而且可能通过再造的历程对现代化历程中如何保持中国化特征产生正面积极的支持作用。人类学有关研究单位的划定对中国社会史向区域化趋势迈进有着深远的影响,尤其是对"社区"概念的理解直接使得社会史研究具有以某种区域(村庄、庙宇、祭祀圈)范围为研究对象的鲜明而自觉的探索意识,特别是对长期受社会学研究关注大

---

[1] 参见杨国强:"晚清的清流与名士",《史林》2006年第4期。

学术史研究领域中的表现就是大量"文化保守主义"人物及其相关论题被从边缘化的角落中挖掘出来,一跃变成了讨论的中心,我们不妨把这些思潮称为精英中的"逆现代化行为"(注意"逆现代化"并非"反现代化"!),特别是对传统知识分子的学术论点和精神状态的研究突然变得十分热门,学者们关注的是知识分子,尤其是"士阶层"在历史上所具有的超越性特质,以此来对抗社会学模式对历史必然性的阐释和屈从。与之联动和呼应,在社会史领域中则出现了"区域社会史"研究的热潮。

"国学"在各种讨论中其实是个很暧昧的名称,"国学"一词可以说完全是现代的产物。理由很简单,古代无所谓"国学",因为没有现代意义上的"国家",只是由于作为现代民族国家的一分子出现以后,"中国"在面临西方冲击时不得不重新划定自身文化的边界和内涵,"国学"的被标举实属一种无奈之举,故有人已认为:"国学"一名将恐不立。[1]"国学"之名虽已不立,恢复旧学的"新儒家"们的活动也大多局限在了小众之中,无法真正影响到政治与社会的深层变化,但就历史学本身而言却形成了一股对传统思想持守者的过度迷恋和美化,一时之间,梁任公、陈寅恪、钱穆甚至辜鸿铭均成为学术界竭力追捧的"文化英雄"。知识界如此兴师动众地唤醒这些"集体记忆"自然也影响到了中国史学从"思想史"向"学术史"论域的转变。

这一时期的史界(也包括一部分文学界)曾热衷于从传统学术的坚守这个角度重新定位清末民初的许多历史人物,其反现代化的目的是极为明显的。在具体对近代知识群体的研究中,也相继出现了某种二度转向,如对中国近代"洋务群体"和"清流群体"的评价就发生了逆转,在"现代化叙事"框架之内,"清流派"总是被设置成促进中国现代化的"洋务派"的对立面,其形象是负面的,而在"现代性"的框架内,"洋务派"由于仅仅考虑"富国"而非"富民"的问题,其角色就会被

---

[1] 刘梦溪:"论'国学'",《中国文化》2006年12月,第二十三期。

处于消逝状态中的传统价值与社会遗存再度焕发憧憬向往的一个时代表征,甚至可理解为某种对现代化道路日益走向武断和褊狭性的失望与抗议姿态。这些悖论现象的发生直接影响了历史学问题意识形成的走向。中国史学界开始从对"现代化叙事"的迷恋转向了对"现代性"进行反思的方向。

"逆现代化行为"出现后的"国学"和"地方史研究"

在目前中国学术界,"现代性"已经是被反复滥用的一个名词,出现频率之高相当惹人反感。本文不打算纠缠于如何诠释"现代性"的复杂语义,我只是想指出,"现代性"问题的出现深深影响到了历史学方法论意识的自我调整,进而改变了一些固有的历史评价机制,同时,现代性问题的出现往往与"逆现代化行为"的频繁发生有着相当密切的关系。

所谓"现代性"问题在上个世纪九十年代中国现实中的表现,简单地概括就是:经济发展的乐观逻辑由于无法包容和决定社会文化发展的历史内涵,由此遭遇到了对现代化单线发展逻辑的普遍质疑。这种质疑观点认为,一些我们曾经嗤之以鼻的"文化"要素,在经济发展逻辑的制约下不但不应该寿终正寝,而且应该发挥相当独立的作用,甚至成为经济恶性膨胀发展的解毒剂,这背后还有一个潜台词是经济的发展模式一直被认为是西方支配下的产物,其后果是中国人在实现现代化的过程中很容易迷失自己,因此,对所谓"人文精神"的讨论,对中国文化的自觉自我的认同就变成了摆脱这种纯粹西方式道路的一种尝试。类似的质疑在许多学科中均有反映,在哲学界应是所谓"国学"研究的兴起,具体表现是"新儒家"的复兴;文学界采取的是在"后现代"、"后殖民"思潮影响下的对现代化的抗议姿态,以致这些人一度被贴上了所谓"后学"的标签。

"现代性"问题在历史学界的反映大致可分几个层次,在思想史和路，由此推演出一种相当武断的逻辑，即只要经济发展了，社会和文化问题即可迎刃而解，甚至认为经济发展必然以消灭传统文化的残余为基本代价。具体到历史自身的演进脉络里，可以表述为如下的命题：经济史的变迁逻辑制约和规定着其他历史层面变化的性质和特点。历史学的"启蒙主题"受制于以下的时代思潮的诉求，学者们预测，只要八十年代的经济发展达到了各项预期指标，那么社会和文化的发展前景就是乐观的。中国历史学也一度为这个论题激发出颇多的灵感同时也受其左右，只要翻翻这个时期近代史研究的成果目录，就会发现，大部分的题目几乎都在正面或变相地论证中国实现现代化目标的合理性，而很少对现代化道路的西方扩张主义征象及其普遍的霸权性质提出质疑，反抗"帝国主义侵略"的传统主题被渐渐边缘化了。

对中国现代化道路合法性的无条件认同不断冲击着五十年代形成的对政治合法性的诉求，从而彻底改变了中国历史学的品格。但时隔不久，对现代化道路合法性的论证中一个最为支柱型的结论，即经济因素决定文化社会变迁的命题同样遭到了现实变化本身的无情质疑。情况是这样的，九十年代的中国改革实践中出现了一个悖论现象：一方面经济的发展造成了财富迅速而大量的积累，同时这种积累的不平衡性随着财富的无限制集中也同样以极高的速度展示出来；另一层悖论关系是：经济发展必然带动社会文化向好的方向转变的乐观预期受到打击，那就是经济发展固然摧毁了一些被视为传统的旧秩序，其留下的空隙却无法用新的制度安排加以取代，因此使原来经济发展必然摧毁旧文化的"现代化"合理逻辑受到挑战，并由此诱发了基层文化传统的复兴。

"文化"在变革时代所扮演的角色再次变得十分尴尬，它似乎并未在经济的凯歌高奏声中得到新生，反而可能需要从几成废墟的残存历史中获取自身的位置。与此同时，九十年代初期，南方大量宗族组织的复兴和对族谱修纂的热心赞助，以及修复神庙和祭拜神祇所形成的热潮似乎都在验证如上的悖论，这些我称为"**逆现代化行为**"现象的发生都不能仅仅从政治控制松弛这个简单的结果中加以解释，而是人们对日益一次对新时代史家如何具备"春秋笔法"意识的成功改造。

由于受到改革开放政策的全方位影响,中国国家发展道路的选择开始发生重大改变,1978年以后的历史观与五六十年代相比开始出现巨大的差异,历史观的转变体现出中国更加无法抗拒地受制于全球化经济发展逻辑的制约。摆脱封闭和贫困的功利经济目标及其探索实践严重形塑着中国历史学的品格。对被开除"球籍"的恐惧使得历史观的道德是非意识被完全限制在了对现代化道路选择的无条件认同上,更严重点说,其选择方式还特别被限定在了美式现代化的发展视野之内,可以说这个时期的历史观是整个国家和民众对"现代化"目标一种近乎狂热的追求心态的某种反映。东西方文明交往的复杂逻辑甚至在《河殇》这样的政论片中被简化为一种"黄色文明"扑向"蓝色文明"的简单过程。对西方世界的开放无疑在不断削弱着中国历史学对"政治合法性"的解释力量,同时也使一些在"政治合法性"框架下得以成立的历史观在面对时代巨变时显得捉襟见肘,难以自圆其说,如原来在"革命史叙事"和"帝国主义论"的论证前提下对传教士作用的解释、对洋务群体作用的理解、对作为反抗"帝国主义"侵略的民众行为的解释等都显得难以服人,必须做出相应的调整,但调整的结果却对原有历史观中的政治"合法性"观念造成了强烈的冲击。这并不是说,诠释政权合法性的"革命史叙事"完全消失或不发挥作用了,而是说"革命史叙事"已让位于对现代化道路合法性的解说,或者说是"革命史叙事"已屈从于"现代化叙事"的逻辑制约之下,再也无法具有其至高无上的控制地位。

这一时期的中国历史学表现出了对西方现代化道路探究的极度热衷和盲目崇拜,这种热衷也与当时学术界对现代化道路及其所发生效果的极度狂热的迷信行为有关,甚至各种理论探讨均时髦地被冠以"新启蒙"的头衔。历史学也被视为这种启蒙行为的一个组成部分,各种历史讨论都被席卷到了论证现代化道路历史合理性的大合唱中。这个时期思想界的总体氛围是,中国的发展道路被简单地归结为世界"现代化"的演变道路,而"现代化"的历史道路也被简单归结为一种经济发展的道这个总体目标的,这些中层命题就像庞大意识形态机器里的一个个零件,拼装组合成了对中国历史宏观趋势的考察框架。那个时代的历史学家具有鲜明的政治倾向性和坚定的政治立场,同时也不乏出于政治敏感和道义责任的需要,努力释放出一种憧憬未来的浪漫激情,尽管这种激情大多是以过度诠释历史为代价的。中国古代每个帝王的登基均会通过对历史的再解读为新朝的建立提供合法性支持,从这点而言,五十年代直至六十年代的历史学可谓淋漓尽致地发扬了中国古代的"资治"传统,为新政权获取历史合法性的支持不遗余力地工作着,许多老一辈史家更像扮演着传统"史官"的角色,特别是在某种意义上延续了改朝换代之初对历史观必须支持既定政权夺取"正统合法性"的角色要求。

但和以往帝国史学的根本不同之处在于,上个世纪五六十年代的"新中国史学"还直接传承了二十世纪初期任公所提出的"新史学"的理念,即必须把中国史看做是一种民族国家诞生和成长的历史,同时也就被视为一种全球历史普遍化演进的表现形式,而不是孤立的自身延续的历史,在这个视野下,中国历史并不应该具备自己的特殊性。任公对新史学的呼唤使以后的历史学家大多具有全球化的视野,如早期的马克思主义史学家郭沫若等都企图把中国历史理解为整个世界史演变的一个组成部分,甚至不惜削足适履地把中国史套用到世界史的规定模式之中予以描述,这样就使得新的史学观在论证中国共产党掌权的合法性时,与传统意义上的王朝"正统论"史观有所区别。只不过,以"革命史叙事"为依托的政权合法性解释,总透露出古代史观中对"鼎革"意义的隐隐传承。所谓"鼎革"的观念在前近代有以下含义,一是对"大一统"理念的传承,五六十年代的历史观也同样突出了共产党拥有对"多民族共同体"统治的合法性的继承和认同;二是"改正朔,易服色",共产党对传统风俗道德的改良,无疑是古代观风整俗政治统治理念的延续,只不过对文化的改造比以往任何朝代都要彻底和坚决;三是对"历史书写"的严格规定,所谓"新春秋笔法"是也,对"阶级"、"封建"、"爱国"、"革命"等一整套历史名词的发明和利用实际上完成了

八　中国历史学如何回应时代思潮（1978—2008）

从论证政治"合法性"到诠释社会"现代性"

首先应该明确的是，中国历史学的发展与转型不是一种孤立的学科内部演变的过程，而是与时代思潮、政治转轨、社会剧变相互激荡的产物。因此，要回顾1978至2008年这30年的变化，就不能仅仅从近代学科产生的实证脉络上去单独勾画这种发展态势，用一种静态的自我延续的方式去描述其逻辑的自洽性，或者仅仅把历史学中提问方式的演变看做是学科史内部争论的结果，而是应把历史学放在一种与时代变革氛围相互纠葛渗透的状态下去体味其变化的动因。

如果纠缠于细节的话，这30年史学方法演变之细微可述处可谓数不胜数，寻究其种种专门之学的变化特征并非本文的篇幅所能容纳和胜任。本文的目的是追究"历史学"作为人文社会科学整体制度安排的一个分支，在回应时代思潮的脉络里如何不断调整自身的方法路向，这种调整背后的深层意义何在？

毋庸讳言，"历史学"在上个世纪五十年代以后的位置一度相当微妙，其存在的基本功能是论述刚刚夺取政权的中国共产党统治的合法性，它毫不妥协地服务于至高无上的政治目的，具有鲜明的"党性"特点，总体特征是社会学式的"巨型理论"大行其道，历史的细节完全受控于对历史长程演变的趋势解读。具体来讲，对古代史而言是"五种生产形态"的解说占绝对统治地位，对近代史而言是"三大高潮，八大运动"成为梳理近代历史变迁的主要线索。在这两个框架的制约下，许多中层命题如"封建社会"的分期问题、资本主义萌芽问题等都是服务于的一种有效反应，毛泽东的个人经验当然在中国革命的话语实践中起着核心作用，但这种话语实践在不少方面显然受到乡村与精英传统的制约，包括区域性传统如"湖湘文化"的形塑，在他选择社会动员策略中都曾起过核心作用，我毋宁把这两者的关系看做是一场复杂的博弈式互动，而不是政治学意义上的理性选择的后果。[1]

　　以上我对近代以来各类"危机意识"的发生及其不同的回应方式做了一个十分粗略的勾勒式分析。中国近代历史演变的过程非常复杂，人们面对危机所采取的处理方式也是千差万别，而且应对危机的方式是否就一定能以所谓"历史观"视之也是一个疑问，也许在大多数情况下，它们只是一些片段的思绪和想法，对这些千差万别、形态各异的危机意识加以辨析时，我力图从中抽取出最能反映当时人们心态和焦虑的共识性反应，以及对人们回应这种反应时所形成的历史行为后果做出分析，试图建立起"危机意识"与历史观念变迁之间的对应关系，由此发现时代跳动的脉搏与历史论述之间的内在关联性。

---

[1] 请参见杨念群：《再造"病人"：中西医冲突下的空间政治（1832—1985）》，中国人民大学出版社2006年版。

色的态度、话语、制度以及权力形式。[1] 作者也不约而同地强调，所谓"中国革命的现代性"并非一套可供演绎的理论框架，而是从经验出发，逐步把握其具体丰富的历史内涵的设问方式。

前几年，有社会学者提出"关系—事件"的解释框架，也是避免先入为主地进行理论阐释，而重视历史过程中不断呈现出的经验世界的实践内涵。[2] 孙立平更提出了"共产主义文明"作为描述中共社会实践的一个解读范畴，就我的理解而言，这是与黄宗智的"现代传统"异曲同工地对现代革命历史独特性经验的一种概括和把握。

但问题也随之出现了，无论是"现代传统"还是"中国革命的现代性"（或"共产主义文明"）的表达都隐含着一个前提，即这种历史实践是有悖于儒家传统经验和西方政治历史实践的，是中共自上而下意识形态构造过程的一种表达。其实对于农村实践的认知固然表面上与儒家大传统的认识相悖离，但并不意味着"现代传统"与中国历史中的其他传统之间存在着截然的断裂关系。中国革命的具体实践无疑具有应对"社会危机"策略性的一面，但也可能是中国传统中群体行为方式的隐性表现。

我曾在现代医疗史与革命政治的关系的研究中，以赤脚医生为例说明了革命实践与传统之间形成的张力关系。从表面上看，赤脚医生是"文化革命"的产物，而且完全可以看做是中共传统社会动员策略实施的一个组成部分，即所谓"群众路线"和"调查研究"思路的一种延伸，可以说是典型的"现代传统"。但细究赤脚医生在乡村的行为实践，却绝非是机械实施政治意识形态的一种结果。赤脚医生结合了中医、草医的传统乡土知识，整合了西医的专门化资源，这样的一种结合不完全是自上而下政治动员的后果，也是自下而上农村传统对政治动员

---

[1] 参见李放春："北方土改中的'翻身'与'生产'：中国革命现代性的一个话语—历史矛盾溯考"，《中国乡村研究》第二辑，页232。
[2] 参见孙立平："'过程—事件分析'与当代中国国家—农民关系的实践形态"，载《清华社会学评论》特辑，鹭江出版社2000年版。

人"假设描述中国历史,即在于中国历史中存在的悖论关系和现象往往与西方历史中业已形成的近代变迁的逻辑相悖离。用形式主义西方逻辑诠释中国历史,往往视变迁为各种二元对立的状态,而忽略了中西并存的事实,只有在实践中理解中西并存状态下的独特认识方法,才能理解中国革命的历史意义,比如,中国革命的历史经验即要求从对农村的实践认识出发,提高到理论概念的层次,再回到农村去检验,这是和儒家认知传统相悖的认识方法,也是和西方现代要求形式化的(把理性人作为前提的)所谓科学方法相悖的认识方法,从而形成了所谓"现代传统"。[1]

黄宗智发现,阶级斗争作为中共进行社会动员的武器,而且"阶级斗争论"曾作为推动历史进步的主导因素加以分析,但由此形成的一个悖论现象是:阶级斗争的表达与实践之间完全形成了脱节,这样的一种脱节现象却成为中共成功地进行社会动员的一种手段。[2]张小军更从农村社区中的变化,印证了黄宗智的观察。[3]由此出发,从悖论关系的角度出发探究中国革命成功的经验,变成了一种潮流,如李放春即发现,中共进行土地改革时,往往依靠的是所谓"翻身农民",而这些农民的身份往往是不事生产的无赖和地痞人员,而被定为"富农"、"地主"身份的那些人则往往是勤劳致富的典型,由此如何协调"翻身"和"生产"之间的矛盾变成了一个十分敏感的话语—历史矛盾,从而构成了分析"中国革命现代性"的分析框架。

"中国革命的现代性"被指为二十世纪中国围绕共产革命与治理而形成的独特实践,它牵涉到一系列既不同于"传统"而又具有中国特

---

[1] 参见黄宗智:"悖论社会与现代传统",《读书》2005年第2期。黄宗智在另一篇文章中进一步阐发了"实践"在认知中国近代历史中的作用,参见"认识中国:走向从实践出发的社会科学",载《中国社会科学》2005年第1期。

[2] 参见黄宗智:"中国革命中的阶级斗争:从土改到文革时期的表达性现实与客观性现实",《中国乡村研究》第二辑,商务印书馆2003年版。

[3] 张小军:"阳村土改中的阶级划分与象征资本",《中国乡村研究》第二辑。

用，但要命的是，这类比附往往是把历史现象的活态"实体化"后再移植的结果，比如认为西方历史上存在某个实体性组织或空间，也许在中国会有类似的发现，从而证明其近代化的程度。移植的西方概念一旦被"实体化"，就会自动删除中国近代历史发生变化的复杂态势和多重因素，所以沟口雄三最近提倡"赤手空拳"地进入中国历史，其目的就是拒绝盲目套用西方概念。[1]

政治学家邹谠曾敏锐地指出，理解中国近代社会的变化特别是政治威权日趋强大的表现，不应盲目套用流行于西方的对"极权社会"政治权力的解释，或者简单地把中共政权比附为某种类型化的"专制政权"，这样做的一个结果是很容易把中国政治权力集中的趋势简单描述为类似于西方的具体机构组织。在邹谠看来，其实中国近代所发生的全面危机自古未有，所以必须经过"社会革命"的方式加以解决，而"社会革命"必须通过"全能主义"(totalism)政治才能达致，即必须最广泛地使新型政治力量成为可以随时无限制地侵入和控制社会每一个阶层和每一个领域的指导思想，这与"极权主义"(totalitarianism)有别，是一种应付全面危机的对策，而不是具体的机构和组织。[2]实际上，这种对策发展到一定程度也会以机构与组织的面目出现，如用"单位制"取代"宗族制"就是一种制度性建制的后果。

而在一些历史学家如黄宗智看来，西方的概念之所以难以直接套用在中国近代历史的解释上，乃是在于中国近代历史的演变充满了各种悖论现象。这些悖论现象恰恰难以用任何现成的概念加以概括和解释，而必须视为一种动态实践所造成的后果，因此，也必须从一种新的"实践"角度予以认知。

黄宗智意识到，难以用西方形式主义理论，如经济学中的"理性

---

[1] 沟口雄三：“关于历史叙述的意图与客观性问题”，载贺照田主编：《学术思想评论》第十一辑，吉林人民出版社2004年版。
[2] 邹谠：《二十世纪中国政治：从宏观历史与微观行动的角度看》，香港牛津大学出版社1994年版，页3。

法;另一个来源就是哈贝马斯对"市民社会"和"公共领域"的阐述。[1]但危机依然存在,由于片面强调弱国家强社会(或大社会小国家)的叙事纬度,从而很容易忽略,中国现代国家是在不断对抗西方帝国主义侵略的态势下完成其基本建设的。同时,现代国家的建立同样沿袭了清朝"大一统"理念的历史遗产。"强社会"的出现恰恰是清朝末期向现代国家过渡时的失控表现,后来的国家统一实践又是对这种失控再加整合的结果。

如果不把这些复杂多变的实践行为纳入现代历史观照的视野之中,而仅仅从抽象的意义上奢谈和套用弱国家强社会的表达,显然缺乏历史感。其实,无论是当代实践和历史经验都同时证明,在中国根本不存在独立意义上的"市民社会"与"公共领域"。事实可能和预期的判断正好相反,最先提倡"市民社会"理念的一些自由主义者恰恰是和政府保持最密切关系的一些群体,这种关系不可能是对抗性的,没有政府政治背景的疏通和支撑,其自由发挥的空间几乎为零。从历史上看,同样也是如此,用现代西方理念加以分析的那些貌似所谓"市民社会"萌芽状态的组织和现象,很有可能恰恰是官方机构在基层的代理或替代型组织而已,即使是进入十九世纪的一些带有"近代"色彩的组织亦是如此。[2]

所以凡是在国内套用"市民社会"或"公共领域"概念做历史研究者,均鲜有成功的先例。[3]其中一个最重要的原因应是,中国历史研究者往往择取的是描述西方历史变迁比较有效的概念来照猫画虎地比附图解中国近代的历史变化,这种比附在拓展中国史的研究方面固然有其作

---

[1] 哈贝马斯:《公共领域的结构转烈》,曹卫东译,学林出版社1998年版。
[2] Fredric Wakeman, Jr., The Civil Society and Public, Sphere Debate: Western Reflectios on Chinese Political Culture, in Modern China, Vol.19, no.2 (April 1993).
[3] 如朱英:《转型时期的社会与国家:以近代中国商会为主体的历史透视》,该书试图从清末以前的弱社会强国家的命题出发,揭示清末商会作为"社会"空间对"国家"的抗衡作用。但正如邓正来在序言里所委婉指出的:在具体的研究中,如果处理不当,就有可能将作为解释模式的市民社会误作现实中的社会现象,进而有意无意将国家和市民社会分别做实体化及同质化的处理,见同书页9。

"现代状态"的形成与以往的断裂性，或者小心翼翼地把中国历史作为博物馆收留的文物封存起来，生怕其受到"现代细菌"的腐蚀感染而丧失其观赏价值，从而否认中国历史具有的现代特征。

走向"实践观"的新史学

进入九十年代以后，中国知识界发生的一个极大变化就是"自由主义叙事"的流行。"自由主义"作为从西方引进的理论，一旦落户于中国大陆，就与九十年代以后出现的反专制情绪和论述有了直接或间接呼应的关系。"自由主义"者强调市场和"看不见的手"，突出市民社会的培育和公共领域的作用，主张弱国家强社会模式，都在在迎合了国人对民主与自由理想的热衷期待。与之相对应，国家则开始强调用"稳定压倒一切"、"发展才是硬道理"等政治表述吸纳收编知识界的思想资源，以克服八十年代末以来所遭遇的合法性危机。从表面上看，两者的表述是对立的，但由于"稳定"论述吸收了八十年代知识群体对现代化的渴望与要求，同时其表述又建基于"效率"与"成本"的计算基础之上，所以"稳定"话语和自由主义的表述之间又有许多微妙呼应和重叠的地方。九十年代以来，持自由主义理念的许多经济学家成为政府的国策顾问即是明证。[1]

弱国家强社会的呼吁集中于自由主义发展强势经济后拓展利益空间的要求，但问题是，这些利益要求并不必然地以民间市民社会兴起和公共领域扩大的形式来达致，相反却有可能通过与政治权势的合作获得，这是中国国情赋予的特殊历史后果，但自由主义的利益诉求却无疑都会强调民间社会和公共空间的作用，内涵着与国家分权的隐性表述。这与九十年代以后中国历史研究逐渐步入"眼光向下"的路径有相通的地方，因为九十年代中国社会史研究的一个来源是人类学的"民族志"方

---

[1] 汪晖："当代中国的思想状况与现代性问题"，《死火重温》，人民文学出版社2000年版。

或作为一个"民族志"的历史缩影加以对待。"中国中心观"的弱点也恰恰在这个认知层面上暴露了出来，其令人生疑的地方在于：为了削弱西方冲击的影响力，"中国中心观"往往刻意指出原来被视为受西方影响的思想争论，有可能仅仅是应对中国内部问题时的解决方式，与西方的影响无关。

例如为了对抗"冲击－回应说"，近代以来所有被西方中心论者视为与西方的影响有关联的种种叛逆运动、改革运动及抗外运动，都不过是"中国"内部要解决的老问题的延续而已，是一种"内部解决"的方案，如"清议"的出现只是"阋墙之争"，是向儒教的信奉者，而不是向夷人，要求维护儒教的纯洁性。[1] 反洋教的动因也被归结为反官府或反朝代情绪的体现，"排外主义"的命题由此被消解，仇外恐外心理不过是古代对陌生人排斥姿态的一种延续，等等。

更为极端的是，"中国中心观"论者把"义和团"等抗外运动描述为由偶然的旱灾引起的，由巫术、跳神与预言构成的一种杂烩式图像。我们从中看不出义和团运动的兴起是近代复杂因素聚合的产物，仿佛只具有被现代政治神话利用的价值和能量，[2] "义和团"所具有的近代民族主义特征被彻底消解于无形。当近代受西方影响的一切都被归结为中国的内部事务时，中国历史具有的现代特征也就随之消失了，历史变得趋于静止，仿佛被封存在了某种"真空"之中，处于一种博物馆状态，那感觉是我们好像只能隔着玻璃罩观看封存其中的历史陈列品。"中国中心观"拒绝了"文化比较"的霸权性而想回归"历史"的本来面貌，其心态就像保存一具古尸以防其风化一样，却把自己逼入了一种完全"非历史"的诠释误区。

概括起来，以上两种模式分别步入了两个极端：或者强调中国历史

---

[1] 柯文：《在中国发现历史》，页31，页36—37。
[2] 柯文：《历史三调：作为事件、经历和神话的义和团》，杜继东译，江苏人民出版社2000年版，页1—12。

跨区域状态下国家政治的塑造和干预问题,很易陷于对"传统"的过度迷恋和封闭式解读,这基本上与"中国中心观"的诠释方式相吻合。

"中国中心观"的提出曾经大大满足了一番中国学者的自尊心。尽管有人一再提醒柯文提出的"从中国人自身的角度去发现历史"只是美国中国学内部流派转换的一个标识,与中国人对自身历史认知视野的拓展没有多少实质性的关系,但中国人的阅读"接受史"仍给人留下如此的印象,即这样的视角也许有助于对中国知识群体在文化共识破毁前后的历史认知观念作出深刻的反思,以化解政治经济外力塑造的暴力诠释倾向。[1]

所谓"中国中心观"基本上只是一种认知历史的立场和态度,从技术上说是无法真正实现的。"中国中心观"背后其实仍然存在一个西方人类学所规定的视野和价值预设,即通过非西方世界的"他者化"来认知西方世界自身。当代更有人从"后殖民"的角度批判传统人类学为帝国主义殖民扩张提供想象和技术的支持。[2]

"中国中心论"深受人类学影响的标志是把中国内部进行区域化的分割,试图通过"地区分析"勾画中国历史的完整图景,或者通过区分制度的上下层,更多致力于对下层民间社会状态的阐释。这样就引发了从"区域社会"角度透视中国历史演变的"社会史"研究的新浪潮。

毋庸讳言,"中国中心观"的基本认知方法是标准人类学式的,即通过想象化身为"中国人",以传达异文化所表现出的个人、自我与情感的经验,希望用此方法更贴近本土历史的本来面貌。与人类学家的区别仅仅在于,历史学家是把整个"中国"作为一个大视野加以认识的,

---

[1] 柯文:《在中国发现历史:"中国中心观"在美国的兴起》,林同奇译,中华书局1989年版,页135—174。
[2] 如马尔库斯就说过:"从理论上讲,人类学是一种富有创造性意义的寄生性研究,它通过亲身的民族志调我获得对异文化的个案认识,并依据这种认识来检验经常具有民族中心主义色彩的人类理论。"参见乔治·E. 马尔库斯,米开尔·M. J. 费彻尔:《作为文化批评的人类学:个人文学科的实验时代》,王铭铭、蓝达居译,三联书店1998年版,页39。

个问题：在现代化浪潮的催逼下，属于文化层次的传统是否必然和物质改善的速率之间构成一种决定论式的联动关系。这种思考引发了"社会史"特别是"区域社会史"研究的兴起。

这一路径特别强调晚清以来乡土民间传统的连续性，意即"社会"领域在民间表现出的是一种历史性的存在状态，其发生作用的方式并不完全取决于与现代国家的关系，而是取决于对"传统"自身的发明能力，否则就无法解释为什么改革开放以后，本视为封建糟粕的地方民间传统如修谱、祭祀神庙等活动会出现大规模的复兴，这种"传统的再造"既是一种寻找社区历史的行为，也是民间再度创造社区认同和区域联系的行为。[1] 可见"传统的发明"与"传统的再造"有较大区别，"传统的再造"更着重把"传统"看做是历史遗留的一种再现形式，而不是一种新的"发明"。

"传统的再造"框架受人类学的影响，力图在基层通过"社区史"研究建立起民间的"自主性"，并认定在社区内部人们的眼中，没有"传统"与"现代"的区分，只是有一种需要来维系内部关系，创造合作机会，表述和解决社区面临的问题时，"传统"才被视为"有益"的发明。

这一思路曾相当大地影响了中国社会史研究的兴起和繁荣，对"宗族传承"和"庙宇祭祀"等现象的研究，一时蔚然大观，构成了历史解释的主流。但问题依然存在，即"传统的再造"只在社区或"区域史"的内部得到阐发和理解，甚至上层政治的运作也被安排在"社区史"研究的内部框架中得到解释，这样固然可以消解"传统—现代"二元对立模式的垄断威力，寻求建立现代世界中的中国"自主性"。却难以解决

---

[1] 王铭铭：《溪村家族：社区史、仪式与地方政治》，贵州人民出版社2004年版，页24，页129。霍布斯鲍姆曾经提出了"传统的发明"的概念，他认为，那些"被发明的传统"既包括那些确实被发明、建构和正式确立的"传统"，也包括那些在某一短暂的、可确定的年代的时期中（可能只有几年）以一种难以辨认的方式出现和迅速确立的"传统"（参见 E. 霍布斯鲍姆，T. 兰格：《传统的发明》，译林出版社2004年版，页1）。

悄然发生转变。

九十年代的焦虑聚焦的是以下问题：当我们已免于国土被瓜分，免于开除"球籍"的恐惧时，我们的自我认同意识应该指向何方？中国人对当代自我认同的焦虑虽然在九十年代有所加剧，但仍延续了近代以来中国人认知现代西方时产生的双重悖论态度：既想拥有现代的物质形态，又想持守自身的文化价值。但知识界毕竟开始跃出以物质文明的发达作为评判社会进步之唯一尺度的旧思维，试图把"现代"过程理解为一种"现代性"的表现，开始对现代化造成的负面后果进行反思。

对"现代"认同的双重悖论态度，不仅反映在"自我认同"出现危机这个层面上，它还起始于九十年代中国知识界所普遍出现的另一种焦虑感，这种焦虑感大致产生于对八十年代"现代化叙事"的正面阐述逻辑的困惑上。八十年代的焦虑主要集中于中国不够富强、物质生产不够发达这个层面。这样的认识也源于某种乐观的认知理念，即认为只要物质生活水平提高了，各种社会文化问题自会迎刃而解，其潜在的逻辑是，人们的精神生活完全是由物质生活的发达程度所决定的。在这种假设的支配下，人们很自然地觉得，随着改革开放的深入和现代化进程的全面展开，人们所持守的传统理念和文化习俗自然会随之消灭，从而为新的现代精神形态所替代，人们在日常生活中所遭遇的困惑也会自然随之化解。

事实和人们的期待似乎正好相反，一个悖论现象出现了，九十年代初，随着经济改革的深化，一些被视为"封建迷信"的东西非但没有消失，反而在全国特别是南方如雨后春笋般迅速蔓延开来，庙宇祭祀和各种宗族组织出现了大规模复兴的局面。这与八十年代以前现代化程度不够的情况下，"文化传统"被有效遏制的历史恰恰构成了一个颇具反讽意义的悖论画面。九十年代初，中国知识分子曾悲叹商品化大潮下"人文精神"的失落，提出重建人文精神的口号，但乡村社会中传统的复兴却又从另一个侧面否定了商品经济与文化传统之间的"正相关性"，或简单地谁决定谁的单线逻辑。如此纷繁复杂的悖论关系直接刺激出了一代史研究，我们会发现，原来按民族主义的要求而被纳入"卖国"序列而痛遭批判的一些人物如李鸿章等却迅速地转变了身份，摇身一变为中国的"现代化之父"。

有意思的是，八十年代文化保守主义与新儒家也在悄然兴起，试图分割"现代化叙事"中被富强主题主宰的强大舆论空间，但他们的论题却都有意无意地配合了"现代化叙事"中关于"富强"的表述，无论"儒家第三期发展说"还是"商人伦理说"似乎都是如此。[1] "儒家第三期发展说"论证的是儒家对"资本主义"的促进作用，"商人伦理说"则与韦伯争夺的仍是"资本主义"发展的心理与文化动力的发明权。

八十年代中国经济实现了高速转型之后，新的危机在九十年代后期开始全面显现。九十年代片面强调经济高速发展所带来的社会问题如生态破坏、贫富不均等社会病症均成为新"危机意识"产生的来源。新的焦虑首先产生于知识群体中自我认同问题的提出。"自我认同"问题其实在十九世纪末就已密集地出现了，对于近代中国人来说，重新确认自己不是个人成长过程中的自然事件，而是一种集体命运——由于传统社会制度和伦理结构的崩解，我们的社会角色本身不再能提供道德评价的客观基础和理解我们自己的条件，[2] 但那时"自我认同"的形态是与高速出现的亡国瓜分的格局有关。"自我认同"的焦虑部分来源于传统文化危机，但相当一部分会被现代国民意识培养出来的民族主义式的国家认同感所遮蔽。上个世纪九十年代，"自我认同"焦虑的出现显然与十九世纪不同，至少不是聚焦于被瓜分的命运，也不是聚焦于是否能够保留"球籍"。记得七十年代末曾经有过一场修改国歌歌词的风波，国歌里有一句"中华民族到了最危险的时刻"，当时有人认为，"危险时刻"已经过去，现在是和平时期，所以应该修改，说明焦虑的重点已经开始

---

[1] 余英时："中国近世宗教伦理与商人精神"，《士与中国文化》，上海人民出版社1987年，页461—466。
[2] 《汪晖自选集》自序，广西师范大学出版社1997年版。

"危机意识"的转变与"地方史"研究的兴起

张灏曾经在一篇演讲中谈到了中国人的"危机意识"与危机发生的时间节奏有关。1840年以后，帝国主义对中国的侵略是一种"慢性病"，十年、二十年来一次，主要目的是经济上的榨取，不是领土上的掠夺和军事上的占领。但到了1895年以后，"慢性病"变成了"急性病"，日本人把中国人打败之后，列强占领的占领，分割的分割，现在不是十年、二十年来一次，每年中国都要遭受武力强制。[1]"危机意识"引起的焦虑节奏也随之加剧加快，"瓜分亡国"之声不绝于耳，直到1949年以后。帝国主义变成全民公敌，"民族主义"也变成了永恒的主题。

与"危机意识"频率逐步加快的情形相反，中国的转型却呈现出一种"慢节奏"的态势。这个过程的全面展开不是在1895年以后，而是发生在二十世纪下半叶。台湾在六、七十年代，社会经济开始受转型的影响。七十年代末、八十年代初在大陆上开始展开，其过程远比政治和文化的转型为后。[2]

八十年代初，大陆在实现了改革开放政策的调整后才开始加速经济现代化的步伐，全面高速发展的富强主题覆盖了全部学术领域，历史学也为"现代化叙事"的强力表述所支配。"现代化叙事"复述了已沿袭百年的"危机"表达，对国家未达富强目标的单一焦虑以"开除球籍"的耸人听闻的呐喊为表征，八十年代历史观的表述往往与这种焦虑相配合，指向的是如何寻求经济强盛的历史主题。反帝国主义的民族主义历史叙事开始隐退到幕后，变成富强主题的一个背景。检索这个时期的近

---

[1] 张灏：《中国近现代大革命的思想道路》，载许纪霖等编：《丽瓦河畔论思想：华东师范大学思与文讲座演讲录》，华东师范大学出版社2004年版。
[2] 同上。

的规范能力,这是区别于传统古史考据风格的重要变化。

比如"封建"作为完整的政治制度在汉代以后早已消失,但马克思主义历史学家仍坚持指认"封建社会"沿袭了两千多年,其延续的线索终结于民国肇建,其目的不外是说"封建"作为一种社会形态可能已不复存在,但作为现实的影响却长久遗留,如在近代就会转化为军阀割据的局面,等等。陶希圣当时就认为,帝国时期的中国社会结构显示:封建的特征依然存在,却并不是一个封建社会。按他的意见,"封建"含义广泛,包括官僚的、军阀的,地方主义父系家族组织和儒家思想统治,近代社会则在许多地区仍沿袭了这些残余。[1]而共产党历史学家则把"封建制度"看做自给自足自然经济支配下的一种"剥削"方式,完全忽略了"封建"在政治制度上的原始本义,这样就直接为现代"社会革命"摧毁"封建"剥削制度提供了历史指南。

我们可以总结性地指出,马克思主义史学与"危机意识"相对应的几个特点:首先是早期马克思主义史学力图使中国历史的演进具有"世界历史"的程序和逻辑,甚至有时不惜削足适履地对中国历史的发展线索加以改造。其次,马克思主义史学对历史阶段的划分强调了生产方式和生产关系的改变对历史进程的决定性影响,与二十年代"社会革命"热的兴起及其对"国家主义"的反思密切相关。第三,马克思主义史学的理念设计往往不强调与历史进程本身的客观契合,而更多地突出对政治现实的指导意义,比如不从社会结构上比较与西欧历史的异同,而只强调剥削方式所发生的破坏作用,比如把帝国主义与军阀看做是"封建势力"的合谋支持者,实际上是极力把清朝崩溃以前的中国历史视为"封建"制度的自然延续,以便为"社会革命"的发生与阶级斗争的正当性提供理论依据。

---

1 德里克:《革命与历史》,页58。

之中，显然是针对满族入主中原后如何调整"夷夏之辨"策略做出的回应。顾亭林偏爱"郡县制"，其目的是在强调中央统摄多民族认同的基础上，为地方自治留下若干余地，但 "封建"不可全然复旧，其自治存在的幅度服从于清帝国构造统一多民族国家的总体设计目标。

晚清由于受太平天国运动的影响，地方分权主义一度盛行，在某种意义上可视为"封建制度"的复活，"地方军事主义"的兴起更被看做是现代军阀割据的前身。源于此境况的"封建论"由于与清朝强干弱枝的治理风格相违背，最后总是被迫沦为攻伐对象。最明显的例子是民国初年的联邦主义设想就被认为是复活"封建主义"，尽管"联邦主义"在内容上与各类"封建论"观点相去甚远，但古代遗留下来的"郡县制"与"封建制"的二元对立话语之争显然隐隐支配着当时的讨论。

"封建论"虽从宋明以来就代表着地方自治活力的增长，但却始终处于一种被贬斥的弱势话语地位，隐藏着对王朝统一构成的潜在危险。在近代更与"保守"和"反动"的意识形态表述时时脱离不了干系。在马克思主义的历史观中，"封建社会"在全球意义上是否普遍存在其实并不重要，甚至"封建社会"是否早已消失还是一直残存，在历史事实的层面也已变得无关紧要，最重要的是"封建"在现代社会中表明的是一种反动思想和政治身份，它被赋予了某种违背大一统政治设计的天然不正当性。

阶级斗争理论的提出也借助对"封建"的批评，使自己拥有了与民族主义的目标相一致的现代合法性。阶级斗争论者力图使人相信，他们同样把国内的军阀当成"封建"的残余势力，这同民族主义和国家主义者奉行的原则是一致的，同他们的区别仅仅在于，如果不解决国内财富分配不均问题，不结束地方分裂的"封建"割据状态，反抗帝国主义侵略的民族主义目标就定难实现，而解决如上社会问题的手段只能通过暴风骤雨式的社会革命和阶级斗争。这样的"危机意识"对马克思主义历史观的形成有很大影响，其表现是，对社会发展阶段的划分并不过多地关注其是否真正符合中国历史的真实状态，而是关注其对现实政治变革上"的单一民族主义口号难以服人,也不足以动员民众,因为民族的实际构成是由社会冲突或者更准确地说是由社会利益与国家利益之间的冲突所决定的。[1]孙中山当年设想的民族主义框架中,以扩展的父权制家族群体为范本囊括每一个有血缘关系的人的想法,在二十世纪已被改变,因为国内的资产阶级有可能脱离这个大"家庭",与国外资产阶级相勾结而成为被批判的对象。国共合作初期,尽管共产党人已经接受了阶级斗争理念,但尚承认社会利益的冲突须服从于长远的民族利益,从而压抑了民族主义共同话语场被瓦解的可能,但二十年代以后,随着社会利益与民族利益越来越不相容,共产党人开始公开谈论民族革命中阶级斗争的不可避免性。

按道理讲,人们起初极不情愿接受阶级分裂或阶级斗争的观念。确实,国民党和共产党的理论家都没有什么理由去放弃建设统一的民族国家这一现代理想,或者抛弃社会和谐这一古老的儒家规训。[2]可共产党人最终选择了既打倒国外帝国主义又打倒国内"封建主义"这样一个民族主义与社会主义的双重选择策略,乃是出于以下认识:阶级斗争和统一国家的目标并不冲突,否则分裂的危险也许将更加严重。阶级斗争被视为一项建立在中央集权国家模式基础上的民族建设事业。[3]共产党人通过对"封建"这一古老词语的重新诠释和定义,巧妙地把国家统一的目标与阶级冲突的意识有机地结合了起来。共产党虽然鼓吹对资产阶级和地主阶级进行阶级斗争的作用,但在摧毁任何可能对党治国家形成有效抵抗的地方社会结构这个目标上其实与国民党并不矛盾。

从历史观的角度看,历史上对"封建"内涵的表述往往会针对不同的"危机意识"出现光谱般的变化。明末顾亭林倡"封建"寓于"郡县"

---

[1] 费约翰(John Fitzgerald):《唤醒中国:国民革命中的政治、文化与阶级》,三联书店2004年版,页459。
[2] 同上书,页501。
[3] 同上书,页243。

在以后对历史的解释中，马克思主义史观与革命策略之间的呼应关系变得越来越明确。

"封建"意义的现代表述

然而，一个令人难以回答的问题是，二十世纪二十年代以后，当"危机意识"逐渐从营造统一的"现代中国"的国家主义逻辑向以冲突理论为主导取向的阶级分层的逻辑转移时，当时的知识人是如何协调这两个看似矛盾的叙事结构的？因为在当时的历史境况下，对外抵抗帝国主义侵略中所形成的危机信念并未消失，只有一个统一强大富强的"中国"才能抵御侵略的民族主义叙事仍在思想界激荡不已。而"国家"内部的社会冲突到底应该如何解决却已同时作为新的问题意识到处播散，那么，内部的社会冲突的解决和外部的民族主义抵抗之间到底应该建立起怎样的认知联系呢？

有一个问题必须明确，那就是无论什么思潮以什么样的姿态或形式出现，只有国家统一才能抵抗外侮以达致富强，始终是近代中国不变的主旋律，也是"危机意识"的主调。只是在不同时期，这个主调会因不同的历史主题的介入而夹杂些许不同的声音，即使是在"社会"问题凸现的情况下亦是如此。从以下对"阶级斗争话语"如何与"反封建话语"相衔接，最终又与民族主义的国家统一目标协调一致的过程分析，也许可以使我们约略领会其曲折微妙之处。

民国初建时，知识界和政界曾经出现过不少重构"中华民族"的设计方案，比如各种民族自决和联邦主义的设想。但自从孙中山的中央集权主义与陈炯明的省籍联邦主义发生冲突直至破裂以后，"分裂"国家变成了一个最让人忌惮的严峻指责。除了在党国治体下的有限"地方自治"构想之外，任何对传统地方自治思想表达出较高评价的话语都受到了压制，这深刻影响了现代中国历史观的构造。

问题在于，这个时期的危机意识表现在，仅仅倡导使用"国家至间建立直接的关系,上海劳工大学的短暂建立就是个鲜明的例子。[1]当然,社会主义者理解的"社会"与无政府主义者有相当大的不同,无政府主义理解的"社会"只是营造个人生活氛围的一种依托,而共产党人眼里的"社会"则承载着更为复杂的历史内容,它是与某个集团在某个范围内对土地和财富的占有、使用和分配建立了关联,并为这些占有和使用分配的不公平感到焦虑。马克思主义历史观赢得中国知识人的青睐亦与这种"危机意识"的出现时机密不可分。

五四当然是个重要的分水岭,但针对国家崇拜话语倒塌的境况,大多数学院派知识分子选择的是"中西文化比较"和"文化保守主义"的路子,基本上是在一种封闭的语境下讨论中西价值体系之优劣。另一部分知识分子是通过无政府主义思潮的媒介接受马克思主义的,因为无政府主义与马克思主义在把"社会"当作独立空间加以认知这点上是一致的。与无政府主义区别的地方在于,马克思主义历史观更多的是回应二十世纪二十年代以后"社会革命"的要求,比如陶希圣就说过,通过"五卅事件"才意识到"社会革命"已变成了一个眼前无法回避的现实问题,而对社会力量的动员能力和社会意识也大大提高。[2]

早期马克思主义史观与后来逐渐成为意识形态指南的史观大有不同。早期的马克思主义诠释者如李大钊、陶希圣、胡汉民等更强调思想变化与物质变动的关系,所以看上去唯物史观的解释更像是进化论的一种形式,而更少关注阶级分析。[3]唯物史观阶级视角的出现和逐步居于中心位置,完全是政治斗争白热化的一个后果,如社会史论战就起源于1927年统一战线内部党内斗争而爆发的革命策略的冲突。革命的失败必须通过明确革命对象和阶级分层的分析才能进一步确认新的斗争目标。

---

1 Ming K. Chan, Arif Dirlik, *Schools into Fields and Factories: Anarchists, the Guomindang and the National Labor University in Shanghai, 1927—1932*, Duke University Press 1991.
2 德里克:《革命与历史》,页28。
3 同上书,页24—25。

以更合法的身份进入"现代国家"的行列。晚清到民初,中国知识分子的奋斗目标始终是借助社会达尔文主义的基本理论不懈地促成中华民族在世界格局中占据应有的地位和获取现代国家的资格,方法主要是通过凝聚民力、民意、民心,鼓动参与上层政治体系的设计和改造,由此达致制度变迁与国家富强的现代化目标。

一战以后是个重要契机,"一战"作为符号在中国知识人身上造成的最大刺激是西方作为一种完美的现代国家榜样的神话开始被质疑。"危机意识"开始微妙地转化了,知识群体对西方通过压迫中国所形成的国与国之间的不对等关系的强烈关注,由于西方内部发生的"社会革命"而暂时被淡化。

现实的力量也在同时发生作用,民初政党政治的混乱不堪也使得一些敏锐的知识分子开始质疑通过上层政治设计建立"现代中国"的有效性。一战以后,中国知识人认识到,在西方标准的民族国家实体之间同样可能出现财富分配不均与人性堕落等负面现象。因此,所谓国家建设和民族自立的内容已远不只是上层民主政治运作的成败得失,而且要考虑如何在国家框架之内或者之外合理安排社会秩序,以解决阶层分化带来的不平等后果。[1]

十分耐人寻味的是,"社会主义"概念在十九世纪即已传入中国,却一直处于边缘位置,而偏偏在二十世纪二十年代以后,才首先通过和无政府主义思潮的相互激荡而传播开来。无政府主义强调"社会"的中心作用,以对抗"国家"的干预,同时试图建构起"个人"与"社会"之间的直接关系,这种架空"国家"作用的思路与民初政治强调"国家"中心的观念与国民忠诚的理念已是南辕北辙。同时也是呼应二十世纪二十年代以后出现的"危机意识"的一个结果。

无政府主义者甚至开始尝试教育如何与分散在"社会"中的民众之

---

[1] 杨念群:"'五四'到'后五四'一知识群体中心话语的变迁与地方意识的兴起",载《杨念群自选集》,广西师范大学出版社2000年版。

现代性现象与各种政治权力运作之间错综复杂的纠葛关系。其实，如果略加分疏就可看出，"中华民族"作为话语表述和权力运作方式具有相当浓厚的"建构"色彩，但这样的"建构"无疑亦是承袭历史遗产的一个后果，正如杜赞奇所言，"中华民族"作为符号与作为历史之间，或云在"形成"与"建构"之间存在着某种"交易"（transactions）。

下面要处理的问题可能会更加复杂一些，即十九世纪和二十世纪的"危机意识"造成了一种完全不同甚至相反的历史观。十九世纪末的"危机意识"主要在于通过相对有限的改革，使清帝国逐渐符合现代民族国家的特点以应对西方的压迫，但戊戌变法采取的变革策略基本上仍遵循自上而下的原则。摒去其具体内容不谈，康梁变法的实质仍是凭借君主的道德品质推行变革，特别是对光绪帝"道德"圣王色彩的尊崇和依赖，基本上走的还是儒家"道德决定论"的老路。梁启超在二十世纪最初几年提倡"国民史观"指斥二十四史乃"帝王之家谱"，但解决的办法仍依赖上层的政党政治，而不是普遍意义上的民众动员，所以这一时期的"新民"运动，表面上依靠的是西式民主启蒙论，骨子里仍是"泛道德主义"为支撑。梁启超的构想是使中国人具有"国民"素质以服务于现代国家，而"国民"素质的营造途径仍是一种"道德"规训式的教诲，《新民说》是分析这一思路的很好范本。

这里尤需指出的是，二十世纪最初十年的"危机意识"与历史观有着十分密切的对应关系。因为这十年的"危机意识"仍聚焦于如何把帝国式的"中国"改造成符合现代国家标准的政治实践上，改革知识分子的"空间"观念仍关注的是上层政治构造的结果，以及民众对这种构造意识的认同和培养。二十世纪二十年代前后"危机意识"发生的最大变化是，在此之前，中国的历史观中没有出现"社会"这个概念，也没有"社会"可作为独立空间加以认知的意识，而在此之后，对"社会"而不是对"国家"的理解成为历史研究的主题，或者说，对"国家"的理解也必须在认识"社会"的前提下才能重新获得意义。

十九世纪末二十世纪初的"危机意识"的主要表现是"中国"如何

用历史阶段来区分"民族"构成的原因和动机,以回应后现代挑战的意味。它表述了以下数层意思,即"中华民族"作为特定内涵话语的出现是近代"建构"的结果,但"中华民族"构成的传统因缘却必须在历史的流程中加以寻找。黄兴涛更进一步强调"中华民族"有一个从"自在的民族实体"向"一个自觉的民族实体"转化的过程,但并不承认民族认同的"自觉"阶段就是一种靠单纯想象"建构"的结果,而是认为那种尚处于"自在"阶段或古代状态的一体性民族共同体之存在和其向现代演化的内在可能与趋势,对于现代"中华民族"观念的形成来说,也是最为重要的决定性因素之一。这样就必须摈弃那种将现代性和前现代性因素绝对对立和完全割裂的机械论观念。所以黄兴涛更主张用"形成"而不是"建构"来描述"中华民族"的历史构成状态,以避免"建构说"过于依赖主观选择的趋向。[1]

的确,如果仅仅把"中华民族"视为近代话语建构的结果,显然无法解释民国初年直至共产党政权对清帝国疆域与空间观念的承袭这一历史现象。"中华民族建构说"很容易唤醒一些非主流叙事,以对抗"大一统"的官学表述,但又可能为另一种潜在的霸权话语如民族国家建国理论提供更为优势的表达平台,比如,现在学术界更为偏激的一方,借"中华民族建构论"以作为瓦解"多民族国家论"的利器,即认为统一的多民族国家既然是建构的"神话",就应该完全以各个少数民族的自我认同为基础创出新的政治格局。殊不知,游离于中华历史之外单纯推崇民族自觉的主张,正好会落入西方式民族国家所标定的族群认同的普遍主义圈套,成为反历史主义表述。

反之,如果把"中华民族"仅仅视为自然形成的过程,似乎又难以理解在近代内忧外患的条件下,"中华民族"为什么能够成为抵御外侮凝聚民心的强烈政治和文化象征,更无法理解"中华民族"的构成作为

---

[1] 黄兴涛:"民族自觉与符号认同:'中华民族'观念萌生与确立的历史考察",《中国社会科学评论》2002年第一卷第一期。

意义。¹这就完全否定了汉族以外的"族群"有建立自己"国家"的合法性，文化的族性区分必须服从于外力压迫下的政治考虑。

可见，民国时期的民族主义话语的构成与民族国家确有关系，但在很大意义上继承了清帝国对于"多民族共同体"的传统构想。孙中山的设想也不是如杜赞奇所说的是标准的民族国家主流表述，而是经过修正的一种复杂历史话语。这就涉及了"中华民族"是自然"形成"还是如后现代学者所说是"建构"的结果。

把"中华民族"视为一种"建构"产物是后现代思潮传播后的一种重要史学模式，对海峡两岸的中国学人均有重要影响。1996年9月台湾《思与言》杂志曾推出"文化想象与族国建构"专号，从历史、文学与社会记忆等角度剖析近代以来"想象"与"族国建构"之交织互动的关系。1998年3月号又推出"发明过去，想象未来：清末民初的'国族'建构专号"。"族国"建构指"ethnic and national identities"，偏重以族群或国家为中心的认同；"国族"为nationhood，强调族群与国家的特色与本质。二者均凸现"中华民族"在近代以来被想象与建构的命运。²

大陆史界虽亦频繁使用"建构"一词，但很少用之于对历史进行系统的描述。不过有一种观点值得注意，就是辨析"中华民族"到底是用"形成"还是"建构"来加以描述的问题。费孝通在倡导"中华民族多元一体格局"时曾经提出一个动态的观点，他认为："中华民族作为一个自觉的民族实体，是近百年来中国和西方列强对抗中出现的，但作为一个自在的民族实体，则在几千年的历史过程中形成的"。³

用"自觉"和"自在"的状态分别定位"民族"形成实际上隐含着

---

1 松本真澄：《中国民族政策之研究：以清末至1945年的"民族论"为中心》，民族出版社2003年版，页133—135。
2 参见黄克武、熊秉真："发明过去/想象未来：清末民初的'国族'建构专号序"，《思与言》第36卷第1期，1998年3月。另有沈松侨从历现代的"建构"角度分析近代思想的力作如"振大汉之天声：民族英雄系谱与晚清的国族想象"，载贺照田主编：《在历史的缠绕中解读知识与思想》（学术思想评论第十期），吉林人民出版社2003年版。
3 费孝通：《中华民族多元一体格局》，中央民族学院出版社1989年版，第1页。

换言之，被当作中国的"中原"和被当作边境的"塞外"的划分是满洲人所不取的。由此，"内"与"外"的重设使"中国"概念得以重新定义。[1]这一格局被民国初年的政治家所继承，甚至1912年主张的"多民族的国民统合"思想都会强烈地使人联想到乾隆帝下令编纂的《五体清文鉴》中的组织原则。[2]共产党政府同样强调继承了清朝"多民族国家"的主流思想，承认"中华民族"与"曾经过去是清朝疆域内的人们"同义。

有趣的是，孙中山曾经一度受西方民族国家主流意识形态的影响，提倡"五族共和"观念下的民族高度自决。孙中山在就任大总统时强调的是汉、满、蒙、回、藏五族在平等的意义上共建共和国。后来他意识到这种平等的论述使除汉族之外的民族自立为现代民族国家的可能性。这种细胞化的民族自决有分裂"中国"一统格局的危险，所以在1921年的一次演说中，孙中山开始修正"五族共和论"，认为满蒙藏回等民族在西方帝国主义的侵略下无自卫能力，需要汉族的提携，所以提出应以汉族为中心，使之同化而共同建国的构想。孙中山的论点得到了当时知识分子的呼应，《禹贡半月刊》发表的一篇文章曾指出，应区分"民族"(nation)和"种族"(race)两种概念。反驳了孙中山把"民族"定义为"血统"、"生活"、"言语"、"宗教"、"风俗习惯"五种自然力的论述，认为形成民族的最重要的力量是命运共同体一员的情绪，民族的构成是精神的、主观的，民族意识内因来自共同的历史背景、共同被害的经历和共同光荣、耻辱的记忆，外因来自受到外部势力的压迫，从而促进了内部的团结，民族意识是在这样的基础上形成的。"民族"(nation)因此可以从主观上任意定义，而从骨骼和外表、肤色区别"种族"的界限则很难，没有什么科学依据，所以给五族以自决权没有

---

[1] 欧立德(Mark. C. Elliott)："清代满洲人的民族主体意识与满洲人的中国统治"，载《清史研究》2002年第4期。

[2] 同上。

情性理解等。[1]但所谓"复线叙事"给人的感觉是,尽管在线性历史整合的势力场外可能提供无限多样的丰富性,却无法根本颠覆和撼动线性历史的霸权地位。我在另一篇文章中曾经指出:杜赞奇的错误在于对线性叙事本身的过度迷恋,无论是"单线"还是"复线",尤其是对"复线"中"复"字的定义很是模糊,我们无法确认,"复"的标准是什么?如果用"复线"来分流"线性历史"的主脉,那么这分流的依据何在?如分成多少,如何分,谁来分等。或云这"复"如何"复",复线繁复有几何?[2]

从"帝国"到"国家",从"国家"到"社会"

我的观点是,关键并不在于多么充分地展示主流叙事之外边缘叙事的丰富性,或者是否要分层次地展示"下层民众"的经验。[3]因为这种展示的效果更能反衬出主流叙事的无敌与强大。我们需要充分揭示主流叙事形成的原因及其与各种权力角逐之间的复杂关系,比如近代中国"民族主义"的构成就不是一个简单的西式民族国家话语和体系随意在中国实施操纵的过程,而是与清朝疆域形成和民族认同特有的组织形式有很深的渊源关系。正如有的论者所说,满人入主中原地区以后,在疆域形成的概念上与汉人有很大的不同。这种"空间"差异感构成了"大一统"治理的思想基础。明清时代汉人的看法大体是借长城划分"内"和"外"。长城以南为"中原",是中国的本土,长城以外是塞北,而对于满洲人来说,长城并不那么重要,那是人工建立的边界,可以完全无视其存在,所谓"内"与"外"的区分,指的是北京和北京以外的所有空间。

---

1 杜赞奇:《从民族国家拯救历史:民族主义话语与中国现代史研究》,页168—195。
2 杨念群:"后现代思潮在中国",《开放时代》2003年第3期。
3 李猛:"拯救谁的历史?",载《社会理论论坛》1997年第3期。

中，其历史才能得到真正理解。

中国人如何接受进化史观已是个老掉牙的问题，在此没有必要再展开论述。但在"从思考空间"向"思考时间"转化的过程中，有个问题仍需要辨析：那就是"大一统"帝国向民族国家转型时，如何处理帝国作为一个整体与西方抗衡对话，以及帝国内部不同族群是否有民族自决权的问题。这种"民族自决"的认同与帝国遗产及现代的国家体制之间到底构成了怎样的关系随即变成了一个焦点。以往对这个问题的讨论大多是在旧有的历史观框架中进行的，如"封建制"和"郡县制"之争。直到马克思主义被引进后，才在一个更为西方化的框架下得以展开，如"五种生产方式"的理论就不是一个旧的史观系谱之内的解释。

在西方的认知框架中，大多数研究者多从民族国家的自决立场去化解民国以来形成的现代"大一统"叙事的垄断性，以至于形成了最具政治敏感性的话题，如杜赞奇通过反思启蒙运动以来形成的单线历史进化叙事，抨击近代以来的民族主义话语完全是现代国家体制塑造的结果。由此他提出了"复线历史"的构想，企图以此替代单一目的论式的线性进化史观。他认为复线的历史将特别重视那些常常被主流话语所消灭或利用的叙述结构。[1]同时，此种分析模式向那种认为群体是稳定的、像物种进化一样逐渐形成一种民族自觉的观念（启蒙历史）提出挑战。它强调为了实现特定的认同目标而在文化表述网络之中的有意识的动员运作。[2]

杜赞奇确实发掘出了与主流民族国家的"大一统"话语不相一致的边缘话语作为"复线历史"存在的证据，如对湖南独立运动与联省自治运动的描述，对广东陈炯明区别于"孙中山主义"之联省自治方案的同

---

[1] 杜赞奇（Prasenjit Duara）：《从民族国家拯救历史：民族主义话语与中国现代史研究》（*Rescuing History from the Nation, Questioning Narratives of Modern China*），王宪明等译，社会科学文献出版社2003年版，页55。
[2] 同上书，页56。

强接受因时势需要而抛弃传统价值这样一种理由。同时，它通过展示出现代西方的价值同样受时间限制这一性质，减轻了中国人在面对西方时的自卑感。[1]这一观点受到了德里克的批评，他认为，列文森抽象地强调中国人面对危机时过于依赖心理选择取向和思想价值，却有意无意地遮蔽了中西冲突的物质基础和结果。德里克认为如果唯物史观在中国的唯一作用就是使中国的价值历史化，那就很难解释为什么是马克思主义的历史主义而不是其他替代物被选来扮演这种角色。[2]

列文森的评说无疑是具有启发性的，它从心理上尖锐揭示出中国知识分子犹疑彷徨状态下的近代命运。"文化认同危机"模式特别适合于描述传统价值在失去制度支持后变成游魂时所发生的尴尬境况，其描述十九世纪末二十世纪初中国知识群体心态的变化是非常有效的。在十九世纪末至民国初建这个时期，由于西方渗透不断强化，使得"传统"价值和制度建构之间的粘合度逐步降低，直到王权最后坍塌，历史中长期形成的价值认同逐步游离出了制度运作的氛围，变得无所归依，二三十年代"文化保守主义"的短暂复归更是一种纯粹的呐喊姿态。所以"列文森模式"在描述文化保守主义及其相关人群的紧张心态时应是最为有效的，甚至可以说借此描述当今"新儒家"的复杂心态也相当传神。但这并不意味着能够真切地说明所有"危机意识"起源的原因及其后果。

列文森当年曾提出过一个有趣的观点，即十九世纪以后中国人开始学会"从思考时间到思考空间"，原来儒家传统内部的思想辩论，每一派都力图声称自己是圣人的传人，指责对方背离"道统"，而十九世纪的文人则学会了以是否满足现实需要，而非偏离过去的真理为标准思考问题。[3]其实，列文森的推想也可以倒过来理解："从思考空间到思考时间"，即对"大一统"的帝国想象只有被编织到一种进化论的时间序列

---

1 德里克：《革命与历史》，页12。
2 同上书，页12。
3 列文森：《儒教中国及其现代命运》，中国社会科学出版社2000年版，页39—43。

史学家过多地关注中国历史与世界历史进程和阶段的吻合性,把"中国历史"看做是世界历史结构变化的一个组成部分,力求反映出世界性的"社会冲突"彰显出的问题与中国式的"社会冲突"相一致这样一种理念,所以反而丧失了把握中国历史独特性的机会。

以上所指出的三大问题只是从复杂多样的近代"危机意识"中抽绎出来的,我认为"帝国"向"国家"转换的合法性问题、"国体选择"与"社会变革"冲突下的焦虑态度,以及革命动员对"冲突理论"的选择日趋达成共识这三大转变对近代历史观的形成有着不可低估的作用。

"列文森悖论"的有效性及其修正

关于如何表述近代中国人的"危机意识",列文森曾经有一个非常经典的说法,大意是说中国人在近代转型的过程中,理智上逐渐认可了西方的"价值",但同时他们的目光又无法从"历史"中移开,在情感上仍认同于历史中形成的人文传统,其悖论状态在于他们对"过去"的留恋缺乏现代知性的支持,而对现实价值的认同又缺乏情感强度的支撑。[1]更有学者概括为"文化认同的危机",认为"文化认同危机"是在西方入侵下所产生的屈辱感,使中国知识人在心理上总是寻求一种文化意义上的补偿,宣称中国文化与西方文化完全可以并驾齐驱,甚或较之更加优越。[2]

列文森更试图把"文化认同危机"的克服与马克思主义输入中国联系在一起。他认为马克思主义为中国知识分子提供了解决"历史与价值"之张力冲突的凭借。唯物史观中的"历史主义"通过使中国传统的基本价值历史化,从而将其视为历史遗产加以挽救,使得中国人能够勉

---

[1] 杜维明:"探究真实的存在:略论熊十力",《近代中国思想人物论:保守主义》,台北时报文化出版有限公司1980年版,页327。
[2] 张灏:"新儒家与当代中国的思想危机",《近代中国思想人物论:保守主义》,页371。

现使得危机问题的内涵变得更加复杂,它往往又和作为国体变革基础的上层制度的确立问题纠葛在一起。我们的疑问是,当近代知识人在面对这些繁复丛生的危机时,为什么会选择一种不断冲突的实践理论来应对这些问题,因为在中国儒家的历史观中,对秩序与和谐的渴求和对混乱与冲突的厌恶保持一种正相关的状态,因为冲突代表了越轨,代表了道德的崩溃。

"冲突理论"的出现并在中国知识人中占据主流位置同"社会"观念的引入有关。马克思主义强调个人道德品性受社会结构制约的观点促使知识人聚焦于塑造政治和思想现象的社会空间,[1]其实与当时"危机意识"中对"社会"而非"国家"层面的动态关注是相互配合的。这样一来,就将个体行为和道德降格为仅仅是社会整体的一个成分而已。"社会"被当成自主的领域而呈现出来,在历史意识中被赋予了至高地位。更为重要的是,马克思主义历史观引入了"历史冲突"的理念,认为矛盾冲突作用是历史前进的首要动力。这种看法完全违背了中国古代历史观对于"和谐"观念的理解和信奉。[2]

在马克思主义历史观的框架中,"社会"成了分析历史的基本单位,而冲突与矛盾变成了促使"社会"发生变化的动力源头。由此一来,近代"危机意识"就会转变为对社会资源分配不公所造成的不和谐的焦虑并渴求有所改变。

也就是说,马克思主义史观在中国的兴盛与"危机意识"的转换有关。这种转换是从关注"国家"上层机制改造开始转向基层变革所引发的一种思考。但在实际转变过程中却遭遇到不小困难,本来,对"社会冲突"的关注使中国历史学家有一种强烈的现实感和经验感,对历史的反思也应是与这种现实经验相匹配的,但上个世纪三十年代马克思主义

---

[1] 阿里夫·德里克:《革命与历史:中国马克思主义历史学的起源,1919—1937》,江苏人民出版社2004年版,页6—7。
[2] 同上书,页7。

政党政治入手变革上层体制作为克服危机的首选药方很快被投入使用，无论是改良还是革命的新旧阵营都是在诸如"进步党"、"国民党"的政治标签下角逐对"国体"的认知与实践，确信如此一来就可一举解决全面危机。

尤可注意者，危机的解决是与新历史观的形成相互对应的。梁启超提出"新史学"的最终目的是要塑造新的"国民"，任何历史叙事都应该为新国体的确立作出贡献。所以早期新史学或可直接称之为"国民史观"，以别于以往的"王朝史观"。[1]梁启超更是把"新史学"当成克服"危机意识"的工具而看待的。但政治实践的结果并不理想，"民主"变成了军阀纷争利益的盛宴。更重要的是，政党政治的失败使得"国民史观"失去了凭据。在这一时期，对"国家偶像"崇拜的破灭使"危机意识"不但无法缓解反而进一步加深。

一次大战以后，西方世界中凸现的国家内部资源分配的不平等，使得"国家偶像"的油彩进一步剥落，这种诞生于西方国家的危机意识一旦波及中国，就凸现了"社会"相对于"国家"而存在的独特意义。无政府主义在中国一度流行既可看做是消解国家威权的一种姿态，也可视为"社会革命"话语跃居中心位置的先兆。

中国马克思主义史观的产生也试图为"社会革命"替代"国家革命"寻找一种历史的解释。从"社会史论战"到唯物史观的形成，都在为"社会革命"而非"国家革命"寻找新的历史理由。国民党与共产党一个注重上层机制的改变，一个注重下层民众动员的不同道路，就昭示出五四以后的知识精英们从"国家崇拜"到"社会革命"选择的不同历史谱系。

其三，近代"危机意识"的发生不是单纯地面对西方的挑战所做出的政治回应，也即不是一个单纯的国家转型的问题。"社会"意识的出

---

[1] 梁启超批评旧史学的主要依据就是："知有朝廷而不知有国家"、"知有个人而不知有群体"，见氏著："新史学"，李华兴等编：《梁启超选集》，上海人民出版社1984年版，页278—279。

国"¹,也有可能仍保留民族区域有限自治的形式如西藏或新疆地区的状态。但值得深思的是,为什么"现代中国"中的各个民族地区会采取目前的区域自治形式而没有裂变为极端的独立国家形式呢?这与中国在转型期所采取的独特建国道路有关。近代民族主义变成了现代中国疆域形成合法性存在的动力和基础,也成为"危机意识"下构造新型历史观的主要来源。

可以这样说,清初"一君多主"制的政治实践实际上是满族入主中原后削弱"夷夏之辨"正统观的一个有利条件,而在近代则恰恰相反,中西冲突加剧的历史现状使得"夷夏之辨"观被赋予了新的内涵,这种内涵恰恰塑造了新的"大一统"的民族国家格局。以往的研究只看到"救亡"对"启蒙"的压抑和制约作用,而没有放在清帝国至民国转型的视野下,看到在西方外力压迫下,民国的成立正是延续了清帝国整合族群力量的旧思路作为自己重归"大一统"的依据的。

其二,近代"危机意识"的产生与历史观形成的关系之所以与前近代有所不同,乃是在于它必须同时面对帝国崩毁后的"国体选择"问题与"社会变革"问题,这是以往任何一个朝代所未经历的难题。

在当代人看来,清帝国的终结似乎是一种历史的必然,是走向现代国家的全球趋势中的一个"东方式"链条而已。可是在历史当事人的眼中,皇权的一夜丧失则是数千年未有之奇变,是从政治到深层心理发生的整体性全面危机,绝不是普通的王朝更替现象。它意味着千百年来靠王权象征凝聚整合制度、社会、文化与心理的中国人,必须开始学会重新选择新的路径再造一个"中华民族"。²

当时克服"危机意识"的最佳方案是新"国体"的形成和确立,从

---

1 参见毛泽东:"湖南建设的根本问题:湖南共和国",《毛泽东早期文稿(1912.6—1920.11)》,湖南出版社1990年版,页502—507。
2 林毓生就曾经感叹:普遍王权(universal kingship)具有整合传统社会—政治和文化—道德秩序的功能,普遍王权的坍塌同时也就意味着中国整体秩序的瓦解。参见林毓生:《中国意识的危机:"五四"时期激烈的反传统主义》,贵州人民出版社1988年版,页17—21。

方案与中国传统历史理念和政治治理技术之间为何存在着密不可分的关系，也不能说明中国近代变革在多大程度上偏离了西方"启蒙"传统所规定的路线。这给人的印象必然是"救亡"意识的发生乃至成为话语霸权，只是与西方"启蒙"思想在中国的传播程度有关，而且完全取决于"启蒙"在中国实施的效果。这种局促于现代化叙事的论说方式仍支配着中国大陆学界对中国近代历史演进的基本判断。这使我想起了当年盛极一时的有关"激进"还是"保守"的争论，其实核心内容也是着眼于"西方思想"与"传统意识"到底谁更能支配中国的变革主流，人们把注意力集中于两者比例关系的计算上，而没有人考虑"激进"思想中也可能夹杂着保守成分，反言之，如果"保守"思想仅陷于空洞的阐释而与制度运作相脱节，同样无法发挥其应有之作用。

我们可以清朝统治的构造为例，清帝国疆域与治理方式的构成采取了多民族的有限自我认同与"大一统"意识互补互动的模式，满人入主中原后，首先面临如何把传统"夷夏之辨"为核心理念构成的正统合法性基石，逐渐转化成一种不以汉民族为统治主体，却又多少采取了汉人礼仪制度的"一君多主"制原则，以此维系了广大疆域的稳定和文化多样化的并存。同时，清朝统治者真正实现了"大一统"的统治格局，有效避免了大规模的流血冲突，但也压抑了明末逐渐兴起的"市民意识"与汉人士大夫所倡导的个体自觉的思想观念。

晚清以后"危机意识"的形成乃是由于在民族危机的刺激下催眠已久的"夷夏之辨"观念重新得到了唤醒，这表现在面对西方时所形成的新型"夷夏关系"根本无法在清朝内部的统治框架下加以处理，清朝统治是否能继续生存可能直接取决于那些"新夷狄"即西方国家的态度。具体来说，清帝国从一种普遍主义式的总揽天下的统治王朝演变成了众多民族国家中的一员，在重新处理王朝内部众多民族的位置时会遭遇异常艰难的抉择。如果按照现代国家的构成理念，清朝内部各民族均可提出民族自决权的要求，这就很有可能裂变出十几个乃至数十个不同的国家实体，其形式有可能是地区性的自治政体如所谓"湖南共和描述：我们发现，任何时代的"危机意识"都与某种历史观的形成有着复杂微妙的对应关系，如处于前近代状态的"危机意识"多源于王朝更迭是否具有合法性的焦虑，"历史循环史观"的出现和不断强化就与这种焦虑感的产生和释放相互对应。同样道理，"危机意识"之所以具有所谓近代的特征，乃是在于近代中国面临解体危险时产生失落感的频率不断加快，由此导致的各种思想设计方案出现的频率也在不断加快。以上两种对应关系之间的差异恰恰可以看做是划分"前近代"和"近代"的重要观念指标。

具体而言，近代"危机意识"的产生与国人对历史解释模式的变化就有了不可分割的关系。我认为最重要的方面比较集中地体现于以下三个焦点问题。

其一，现代民族国家的自决意识与族群认同的新观念变成了近代中国的主流话语之后，如何兼容清帝国传承下来的"大一统"历史遗产。

近代以来中国处理周边事务面临的主要困境是面对西方外力压迫如何自存的问题，即常说的所谓"救亡"问题，但有些论者把"救亡"与"启蒙"对立起来，构成了一种彼此冲突的范畴却是大可值得商榷的。[1]因为在某种意义上说，"救亡意识"的产生恰恰是"启蒙"的一种后果，两者并不构成矛盾的关系。两者的紧张可能只反映在对不同历史节奏的选择所造成的某种心理困境上，比如对中国改革是采取慢变量还是速变量的选择，它并不能说明"救亡"的路径完全脱离了启蒙的轨道。另一方面，"救亡"的道路选择也并不一定就是"启蒙"贯彻不充分的结果，而很有可能是中国政治和社会各种因素复杂博弈后的产物。

"变奏说"更不能说明面对"救亡"这种危局时，中国人采取的变革

---

[1] 李泽厚："启蒙与救亡的双重变奏"，见氏著：《中国现代思想史论》，人民出版社1987年版，页7—49。

七 "危机意识"的形成与中国现代历史观念变迁

"危机意识"对应三大问题

就我的理解而言，当人们在正常状态下无法应对周边事务所带来的问题时会产生某种焦虑感，这种焦虑感的累积和弥散会逐渐演变成"危机意识"。"危机意识"积累到一定程度就会使自己对周边世界的认知态度发生改变，重新形成新的历史观念。中国在各个不同时期曾出现过各种"危机意识"，比如制度层面的王权合法性建构问题、疆域拓展中所遭逢的"夷夏之辨"问题、"郡县"与"封建"之争导致的"统一"与"分裂"问题等。这些"危机"在相当长的时间内可以在一个相对较为封闭的文明统一体内自足地加以解决，但是在十九世纪中叶以后，中国人因为受西人的影响越来越大，以至于不得不持续依赖与外部世界的互动来定位自己生活的位置，甚至到了失此凭依就无法自足性地处理内部事务、有效确认自己身份的地步。因此"危机意识"就有了进行"前近代"和"近代"区分的可能性。以往学术界对前近代与近代"危机意识"的具体研究成果可谓汗牛充栋，虽然阐述的语境和思路取向各有不同。[1]

本文不拟在"危机意识"本身内容的阐明上再添新说，或再补史料，或归纳撮说其要旨，而是出于自身的观察和思考形成了以下现象学

---

[1] 关于中国知识群体近代"危机意识"的产生和应对方式，比较典型的论述可以王尔敏的文章为代表，参见氏著："清季知识分子的自觉"和"近代中国知识分子应变之自觉"，两文均收入《中国近代思想史论》，社会科学文献出版社2003年版。

下编

超越"地方性":思想与方法

政治企图与规划效果。

其实,就某种具体带有"象征"意味的行动而言,貌似同一类的行为却包含着不同的历史意图,即以"访碑"而言,"碑"作为一种历史象征,不同历史时期与不同人群对其解读的动机和目的是颇有差异的。明末访碑是园林生活空间中赏玩拓片的怀古行为,清初访碑则多是遗民怀念故国的凭吊举动。从碑碣分布的情况而论,汉唐古碑多分布于北方地区,而印刷文化多发达于南方,故怀古踏勘的活动多发生在北方地区。但明末以后南方宗族和庙宇的兴盛却使得南方地区的碑碣出现的频度增高,故当代历史人类学把访碑作为主要的研究手段,亦可间接证明访碑作为象征行为的变化轨迹。

我们对历史事件发生的语境以及历史人物深藏不露心态的理解。这类艺术文本不但在形式上有别于传统史料的类型，而且在内容上也需要通过不同的阅读诠释手段以揭示其意义。

综合以上内容，我们可以大致归纳出"隐喻"解读如何彰显出历史书写中的另一层含义。首先，历史中所发生的非常规变化容易促成书写者使用隐晦委婉的手法表达自己的心绪，特别是在易代鼎革之际，这种情况出现得更加频繁和明显，例如明清易代时期，大量的遗民文字和绘画以及表现出的相关行为就充满了晦涩难辨的隐喻符号，此"隐语系统"包括各种复杂的典故和象征，读取它们显然不能按照常规的路径进行，必须透过其字面或形式的表达寻究背后的真义，还要注意其以隐喻表达心态的真正动机是什么。因为，易代之际的历史书写者与常态下的历史记录者之间肯定有着不小的差别，探析文本差异的同时，对其为何选取此一姿态的人生遭际也应加以认知。故"隐喻史"研究实乃是补充常规历史写作的利器。

其次，在历史的"常态"境况下，"隐喻"对历史书写也会发生微妙的干预作用，只不过这种作用与易代之际遗民对"隐喻"的使用在性质上完全不同。本文对士人隐逸诗词中自身境况曲折表达的分析，就是在没有发生历史剧变状况下的常态书写。透过对这些书写中隐喻象征含义的解读，我们至少可以知悉，所谓田园诗话语本身所蕴藏的虚幻性，以及士人与政治变化之间复杂的心理纠葛关系。

再次，即使在所谓的"盛世"时期，例如清朝的康雍乾时期，艺术作品中的隐喻也在不断频繁地被加以使用。艺术作品中的许多象征性要素，比如服饰、花草、器具、山水、建筑，都有可能成为满洲帝王建构其统治合法性的工具，如雍正通过自画像中不断变换的各种不同的族类服饰，昭示其多民族共主身份的重要，而《十二美人》中汉族女子形象的界定，可以验证满族皇帝对征服"江南"文化的渴望。乾隆帝则以多幅身着汉服的画像，暗示自己对汉人士大夫"道统"的据有。可以由此间接地验证清朝皇帝持续不断地希图把"道统"与"治统"合二为一的已经融入了汉人的生活,并实现了真正的控制,这种控制已超越了雍正仍视汉人为"他者"形象的束缚。[1]

这里仍涉及艺术表现中的"隐喻"与历史现实发生的事件和场景如何发生对应的问题。我们可以看到,《平安春信图》中身着汉服的雍正递给乾隆一枝梅花,在汉人语境中喻示着传递春天的消息,但艺术史家则把它解读成传递着"天命"继承及对汉人文化占有和挪用的合法化,特别是周围围绕着松与竹,以及乾隆握有竹子这一动作都昭示了以上含义,如果把这种艺术"隐喻"的解释置于思想史的脉络里寻找其依据,我们就会发现,清朝皇帝对"道统"与"治统"的同时占有达到了前所未有的巅峰,艺术绘画表现的正是这一"道统"转移的主题。[2]因为身着汉服昭示着作为异族统治者的雍正、乾隆皇帝对汉人统治的合法性,也挣脱了总被汉人视为"蛮夷"的尴尬处境,也就是说颠覆了宋明以来在汉人传统中早已根深蒂固的"夷夏之辨"的历史观。这些现象的发生过程非常复杂,除了以学理化的方式加以探讨之外,还可以从中国艺术所表现出的"隐喻"风格中加以感知。

结论:"隐喻"解读对于历史书写的意义

在以往的中国历史研究中,由于研究者大多关注公开发表的文本中所昭示出的信息,比如较为注重各类官修史书、学者文集和地方文献载存的史料,对其他类型的文本,如私密性日记、诗词、书法、碑刻、绘画中所表达出的各类人物之心态和情绪有所忽略,因此,对整体历史演进过程中发生于表面状态之下的微妙变化难以进行有效的分析。本文试图阐明,对各类艺术作品中所包含的"隐喻"意义的解析,有助于加深

---

[1] 巫鸿:《重屏》,页295—296。
[2] 参见黄进兴:"清初政权意识形态之探究:政治化的'道统观'",《中央研究院历史语言研究所集刊》第58本第1分,1987年。

绘画隐喻与历史进程之间具有对应关联的复杂性还表现在宫廷绘画中存在着一个内外有别的构造系统。在公开展示的宫廷画像中，清代皇帝对肖像画中的服饰都有相当严格的定制，特别是乾隆皇帝对宫廷画家的控制非常严格，皇室成员的肖像一律身着满族服装，即"朝服"，称为"容"，整体风格突出的是一种仪式感，没有任何个性可言。容像中对正式礼服的着重强调显示清朝皇帝对满洲身份的刻意认同，通过固守民族服装的特殊性，拒绝接受汉服以表达满族的优越感和统治地位。而一些宫廷中皇帝的私人藏画，笔触和风格则要灵活得多，比如雍正的《十二美人》屏风中的美人均着汉人服装，环境布置则选择江南园林景色，其实喻示的是皇室对"江南"美景文化的收藏，在这里，"女性空间"被想象为江南精致而又柔弱文化的象征，是激起征服和性幻想的对象。作为不同于满洲文化的汉族文化的精致、优雅和微妙华丽的特质被浓缩在美女和相关的景致之中加以收藏与鉴赏。皇帝爱慕美人也征服美人，美人成为"江南"乃至汉族文化的隐喻，她是一个"他者"，一个被禁锢的宝物。正如巫鸿所说："她的被动性、从属性和忍受着相思煎熬都具有明显的政治意义。创造她们，拥有她们和对她们的空间占有不仅满足了一种私密的幻想，而且满足了一种对被征服的文化与国家炫耀权力的欲望。"[1]

乾隆登基后，其宫廷画作中继续表现汉族美女的形象，只不过他与其父的区别在于，雍正帝还只是把汉族美女视为一种观赏和收藏的对象，自己并不置身其中。而乾隆皇帝则亲自显形于各种画作之中，比如在一幅《乾隆行乐图》中，乾隆身着传统汉族文人的服装倚坐于山中凉亭之内，注视着眼前列队从桥上走过的娇媚美人。整个山水构图颇类似于标准的文人画，似乎表现的是一种文人隐居的场景，实则人物的关系隐喻的却是皇家的另一种生活姿态。在一首题诗中，乾隆帝把这些汉族女子比作王昭君，以喻自己异族统治的身份，同时其汉服形象又喻示其

---

[1] 巫鸿：《重屏》，页189—195。

可从艺术作品所表现出的隐喻特征中寻求答案。目前争论较为激烈的一个问题是：清朝统治合法性的基础是建立在对中国文化的继承上，还是对满洲特性的刻意汲取上。要有效地回答这个问题，仅从宫廷制度（政治史）和基层运作（社会史）的角度观察仍显得说服力不够，还应深究皇帝如何通过对艺术的鉴赏品味凝聚和构建自身的权力基础。

比如康熙、乾隆南巡中对"江南"文化的改造吸纳过程就异常复杂，一方面士林阶层要重构被清军毁灭的城市文化记忆，如对晚明时期扬州繁华奢靡生活方式的复原成为一个相当重要的心理情结。与此同时，满洲皇帝也想通过南巡把自己对文化的理解灌输进江南地区，实现某种鉴赏品味的"殖民"。其结果是，皇帝的南巡与士林对往昔城市文明的记忆重构相互交织在一起，构成一个双向渗透的过程。一方面，"江南"文化诸如园林、建筑、书画和饮食被大量移植进北方地区，成为满洲帝王更新其生活方式的重要资源；另一方面，像扬州这样的典型江南城市为了迎合南巡皇帝的欣赏品味，也极力吸纳北方地区的艺术风格，以致于改变了原来较为纯粹的城市布局景观，在瘦西湖周围引入白塔式北方建筑造型即可看做是两种文化妥协互渗的结果。[1]

宫廷绘画的变迁也是个突出的例子。雍正曾经要求宫廷画师为自己绘制了不少各类着装画像。在画像中，雍正分别乔装成突厥王子、道教法师、蒙古贵族，甚至有西装假发的服饰扮相。不过出现最多的形象却仍是汉族文人，分别有倚石观瀑、悬崖题刻、静听涛声、竹林操琴等各式画面。有论者已指出，通过绘画，清朝皇帝得以表现出其多元君主的统治形象，他既是汉人的皇帝，也是蒙古、满洲甚至是更边远地区"蛮夷"的君王，其多元身份是通过绘画中服饰的不断更换，以"隐喻"的途径表达出来的。[2]

---

[1] 梅尔清：《清初扬州文化》，复旦大学出版社2004年版，页200—223。
[2] 巫鸿："清帝的假面舞会：雍正和乾隆的'变装肖像'"，载《时空中的美术：巫鸿中国美术史文编二集》，三联书店2009年版，页357—378。

果在于映射画中人的情感、思想和心绪等无形之物，可以为心态史研究提供某种佐证。巫鸿发现十四世纪七八十年代山水绘画中的草堂里往往摆设着一张素屏，即屏风上仅设计成无任何图案的白纸。这张"素屏"前的卧榻上空无一人，草堂往往掩映在松涛和山泉流淌的氛围里，这与两汉唐宋屏风中常饰以绚丽色彩的人物形象大为迥异。素白的屏风变成了士人高洁精神的"隐喻"，这个传统一直延续到明代，比如文徵明的画作中就大量使用素白屏风作为表现题材。如果进一步引申，即可视为士人"精神史"的一种书写形式加以看待，应该纳入我们的观察范围。[1]那么，在常规状态下，甚至在所谓"盛世"的境况下，各种艺术表现形式中的隐喻如何发挥其作用呢？

其实，绘画表现的场景往往对应着某些历史的演化和变迁，比如那幅最有名的《韩熙载夜宴图》，北宋顾闳中的摹本和明代唐寅摹本的最大差别是，人物的不变与周围景物布置的重新设色布置形成了巨大反差。唐寅的摹本明显受到"青楼文化"的影响，与明季消费文化的流行蔓延有关。在消费文化的际遇里，"素白屏风"的设置与周围奢华的宴饮景致交织在一起，就构成了大众消费主义与洁白操守之间的隐喻关系，这与文人画中的"素屏"形象完全是两个境象，在那里，"素屏"往往喻示着画中人精神的高洁。

与乱世中的隐士有所不同，处于相对稳定历史时期的人物对隐喻要素的处理往往显现出另一种风格，比如身处晚明奢靡风气蔓延状态下的唐寅，就更表现出狂人世俗的一面，他常流连于秦楼楚馆，不时会表现出卖画沽酒等狂放行为，与沉郁于国破家亡忧愤之中的隐士那含蓄低调的姿态明显不同，却并不妨碍其行动会交替表现出"消费主义"与"退隐主义"的双重意义。

对艺术风格变化中隐喻内涵的探寻也可为一些重大的历史命题是否成立提供某种新的佐证，比如清朝如何建立起它的统治合法性的问题就

---

[1] 巫鸿：《重屏：中国绘画中的媒材与再现》，文丹译，上海人民出版社2009年版，页151—157。

丑拙，其画面题诗昭显了"支离"的本意："古花如见古遗民，谁遣花枝照古人？阅历六朝惟隐逸，支离残腊倍精神。"明确昭示出"遗民"的主题。清初画家髡残则以干渴而短粗的笔触皴擦出粗野模糊的山水画面，这种"破笔"完全不同于以淡湿墨点营造的诗境，至此，"残"、"拙"、"丑"、"支离"等异类的范畴终于转换升格为清初的书画审美理想，"丑拙"美学观也可视为明末"尚奇"之审美品味的延伸。

  在清初向清中叶过渡的时期，"访碑"这样一种艺术活动所包含的复杂内涵也颇值得分析。傅山曾做过一首名为《碑梦》的五言古诗。傅山梦到的碑中残字可辨，其中有一个意象是"蜀葵"，让人联想到蜀地和三国时僻居此地的汉朝正朔蜀汉。在满人统治的初期，傅山以此梦境隐喻对明皇的忠诚。因此，清初金石学的勃兴与访碑问古行为的流行就与士人维系对前朝历史记忆的动机有关。读碑访碑变成了凭吊前朝的一种仪式与隐喻，也与明末在书斋庭院当中赏玩碑刻拓本的金石学风气有了本质的区别。晚明的消费文化讲究闲适与雅致，清初荒野访碑体现出的对残破拙朴意境的追求，显然有更加复杂的隐喻意义。

  金石学的复兴反映了清初士人由"尚奇"到"复古"品味的转变，当然这一转变是需要有一个过程的。十七世纪入清不久，怀旧气氛开始在艺术界酝酿发酵，引发由"奇"向"古"的转变。金石文字与经史考证的关系渐趋密切，但这时"奇"与"古"依然可以彼此兼容。然而到了十八世纪，艺术家逐渐将重点放在对"古"的追逐而非对"奇"的品赏之上。可以感觉到，金石学与考据学的结合以及对"三代"、"汉唐"风格的复归都带有君王品味的渗透痕迹，而且随着这种痕迹的加重，对于"古"的追寻完全压倒了对"奇"的品鉴。[1]

  再如"屏风"作为中国绘画中的媒材，可以作为一种视觉隐喻加以探讨。屏风中的"画中画"在画面内容与风格上往往与绘画场景中屏风前面的人物形象相互关联，还同时起着切割划分空间的功能，其装饰效

---

[1] 白谦慎：《傅山的世界：十七世纪中国书法的嬗变》，三联书店2006年版，页250。

立异之举受到鼓励和激扬。[1]

尚奇风气在晚明书法中的表现也是俯拾皆是,比如董其昌就提倡"试笔乱书",赋予作品以"生"的特质,以避免因习熟而蹈入僵死的书写风格。书法中"生"和率意、直觉相关,具有"奇"的特质。这还只是尚奇在相对平静年代的表现。

"尚奇"的行为在明清易代的鼎革多事之秋,就会具有更为特殊的"隐喻"意义。清初的傅山年轻时醉心于赵孟𫖯的书法,但经鼎革变故之后,深切意识到其道德品格与书法之间的对应关系。赵孟𫖯为宋朝宗室,却于宋亡后侍奉元朝,成为"贰臣",有此意识后再观赵氏书法就觉其"浅俗"、"无骨",开始回归唐朝颜真卿的书法,颜真卿在平叛中为国捐躯,成为忠臣的楷模。集体记忆中的象征资源由此成为校正艺术风格的标准。傅山认为颜真卿的书法具有"支离"的特质。他比较了赵孟𫖯和颜真卿的书法后,提出了"四宁四毋"的美学观。在《训子帖》中宣称写书法时要做到"宁拙毋巧,宁丑毋媚,宁支离毋轻滑,宁率直毋安排"。

在这种美学观中,颜真卿的风格属于"丑"、"拙"、"支离"、"率直",赵孟𫖯则体现了巧、媚、轻滑、安排。"支离"一词典出《庄子·人间世》中对"支离疏"这种人形异类怪物的描述。庄子把肢体的"支离"视为乱世中生存的一种寓言,是一种政治隐喻的表达。傅山在鼎革之际以书法"支离"为美,喻示着逃避政治,对退隐姿态的认同和对现政权的消极抵抗。[2] 与支离丑拙的书法相对应,傅山绘画中所表现出的狂放、粗野、荒率同样呈现出丑拙支离的一面,其荒疏之感折射的是遗民荒芜的心理世界。与傅山基本属同一时期的画家石涛在《梅》这一册页中明确用"支离"的形象表达遗民"残破"的心境。画面的梅枝断成三截,明显与传统的梅花完整的构图形象不同,显得破碎

---

1 白谦慎:《傅山的世界:十七世纪中国书法的嬗变》,三联书店2006年版,页25。
2 同上书,页144。

比如司徒琳就发现，十六至十七世纪与阳明学流行的主旨相适应，出现了大量叙事性以自我为主题的文献如自传、回忆录，这与明清交替时人们身处感时伤怀之中的特殊语境有关，亦和阳明学的"人格主义"对自我意识的刻意强调有关。但十八世纪以后，落笔直抒胸臆的作品显著减少，一方面说明阳明思想的支配力在减弱，另一方面也说明异族思想控制和治理技术的能力得到了强化，如十八世纪出现了许多按年月日的时间顺序撰写的自传，称为自订年谱或自撰年谱。《年谱》与清初自述体文类的重要区别在于其中充斥着大量对生活经历的流水账式记录。按司徒琳的观察，"清代年谱发展至顶峰时，年谱中记载家世、编年体例与记载真实经历的内容更多地反映了新古典主义的社会风尚、文本考据及对时代的观察，而非自我表达中的现代性萌芽"[1]。

由于大量使用了隐晦的笔记，真正的"自我"被隐藏了起来，这个观点与岛田虔次有关中国遭遇近代挫折的观点有相一致的地方。当然，对十八世纪以来中国所面临的"近代挫折"不能仅仅以探析思想文本的形式加以考察，而应该把人的意识觉醒及其遭到抑制的过程置放于多种艺术作品的表现形式中予以定位，特别是对这些作品中所深藏不露之"隐喻"意义的揭示，比如在晚明的书法和绘画艺术中，尚"奇"变成了一种彰显自我价值的风尚。在白谦慎看来，"奇"在晚明文化中具有多重的意义与功能，它既可以是文人的理想人格，一种高雅不俗的生活形式，或是社会上下关系浮动时代的精英分子用以重新界定自己社会身份与众不同的行为，或是知性上的好奇心和追求，也可以是文艺批评中使用的一个重要美学概念，它还可以是奇异新颖的物品，大众对异国风土人物的好奇心，或是印刷业用以招徕顾客的广告性语言，通俗文化的制作者用来制造大众娱乐生活中的戏剧性效果。总之，骇世惊俗的标新

---

[1] 司徒琳主编：《世界时间与东亚时间中的明清变迁：世界历史时间中清的形成》，三联书店2009年版，页441。

名为《渔村落照》的绘画中，暗示隐逸之幽与重被征召的欢愉是相辅相成的。姜斐德认为，作为"潇湘八景"的最后一个主题，尽管流离官场的士人在大自然中颐养着宁静的心性，他们其实仍在思念着朝廷。[1]

渔翁江雪钓鱼的意境更像是一种姿态，是为了重返官场获取更大的利益，甚至晚清时期袁世凯退隐漳德时，都有一幅独钓园林之中的照片，后人看来显然是蓄志以谋再起的写照，而与闲适的心境无关。

"隐喻史"表现之二：
不同艺术作品隐喻中所表现出的历史变迁

当艺术作品以"隐喻"的方式表达个人或群体的感受时，它的形式是带有主观色彩的，但其内容却与某个时代所表现出的特征有密切的关联，甚至从其"隐喻"样态的变异中可以窥知出历史演变的信息，比如从晚明到清初这样发生易代鼎革的剧变时期，士人心态的转化受两个极其重要而又相互冲突因素的支配，一个因素是晚明以阳明心学为代表的"人格主义"的兴起，"心学"比较强调个体主观的自觉对现实世界的介入和支配作用。狄百瑞甚至形容其为中国式的"自由主义"。[2] 岛田虔次也认为，人的概念和自我意识的展开使得人得以有限地区别于"社会"的控制，因此可以视为早期近代人性论在中国的发生甚至是近代市民社会的萌芽。[3] 但同时第二因素即满人的入侵和统治又使得人性的自由勃发受到抑制，最终使早期人性自我意识的觉醒遭遇了挫折。对这样的历史过渡期性质的判断，不少可以反映在公开发表或私下流传的各种回忆录、日记、自传、小品文、笔记、札记、游记、述略、逸史之中。

1　姜裴德：《宋代诗画中的政治隐情》，中华书局2009年版，页99。
2　狄百瑞：《中国的自由传统》，李弘祺译，贵州人民出版社2009年版，页102—121。
3　岛田虔次：《中国近代思维的挫折》，甘万萍译，江苏人民出版社2005年版，页23—25。

着士人所遭遇到的不同处境。飞行的鸿雁代表了朝臣的秩序，一旦降落犹如"平沙雁落"，则代表疏离了正常的官宦轨道，丧失了尊严端庄的地位。

关键在于，雁落平沙是由外力所害，故杜甫诗中有"伤了流落羽，行断不堪闻"的句子，描绘的是受惊鸿雁为射猎者的弓弦声所惊吓而跌落云间的故事。典出《战国策》，暗示自身被捕、受审和流放的经历。与之相对应的是，苏东坡第二次流放南方时也使用了相同的意象："雁落失东岭"。

在宋代的圆熟隐喻传统中，"鸿雁"凸显出的是"孤独"的主题，但士人对"孤独"的理解却并非可以单独处理，而恰恰是与"回归"相对应的中国士人的精神世界里，很少有对"孤独"痛入骨髓的深切理解和领会，而是浸淫在对回归的欲望之中，这从屈原对楚王的依恋情绪中可以加以体会。尽管在古代的传统诗词中，不时会出现所谓安适于田园生活的意向，最著名的当属陶渊明的《归去来兮》里面对"归"字的诠释，好像完全陶醉于田园牧歌式的意境，但是在大多数的艺术表达中，回归仕途的内在渴望远远大于对安逸生活的需求。大多数流放者期待的回归状况不是孤寂悠闲的田园生活，而是减刑后官复原职的荣耀，是与友人重聚，重新融入京城繁奢的都市文化的喜悦。"归返"并非远离尘嚣，而是渴望回归到政治活动的中心，获取朝廷的宽恕和罪名的赦免。

在表达这种意境方面，绘画和诗意的解释完全可以相通。"平沙落雁"和"远浦归帆"这样的诗词主题同样成为《潇湘八景》的创作素材，恰恰证明诗词文字所表达出的既疏离官场又期待回归的内涵是如何转换成意象加以表述的。又如潇湘八景中另一个绘画主题"江天暮雪"，是与唐代柳宗元被流放至潇湘地区时所作《江雪》一诗的意境为底本加以摹写的。"孤舟蓑笠翁，独钓寒江雪"中所表现老迈渔翁孤身一人处于纯净的雪景世界里，那著名的前两句"千山鸟飞绝，万径人踪灭"则喻示流放士人仕途的迷惘与落寞。渔夫隐逸的主题反映在另一幅全祖望曾做《南岳和尚退翁第二碑》，其中说："易姓之交，诸遗民多隐于浮屠，其人不肯以浮屠自待，宜也。退翁本国难以前之浮屠，而耿耿别有至性，遂为浮屠中之遗民，以收拾残山剩水之局，不亦奇乎！故余之为斯文也，不言退翁之祥，而言其大节。"[1] 全谢山拈出"收拾残山剩水之局"的特殊意义，说明遗民隐语中不仅有怀念故国之意，而且有复兴故土之志，其"隐语"的内容更加复杂。

如果说，"残山剩水"的意象大量借用了南宋遗民怀念故国的隐喻表述，那么在非鼎革易代的境况下，士人的言行中是否也会出现类似的"隐语"以表达他们的心绪呢？我们从北宋文人的诗词和绘画等艺术形式中同样会发现精神受到压抑后所隐晦表达出来的忧怨情绪，例如北宋诗人常常引述某一经典诗句的韵脚，却不指明它们来自何处，如果人们不具备与作者相同的认知能力，就很容易错过诗句的隐喻内涵，[2] 特别是与诗词意境相配合的山水画风格的转变，几乎直接配合了当时士人情绪的变化。

北宋从诗话到绘画风格的变异与当时政局的反复有关，神宗时期新旧党争造成大批文人遭到贬黜，抒写和挥洒内涵隐喻的诗画成为承载无声怨抑情绪的最佳媒介。与前文提及的"惶恐滩"隐语有些相连带的类似，北宋诗词中也往往以某一"地点"氛围的渲染作为积累和抒解怨怼之气的重要手段，比如以"潇湘"这一偏远地区的描述衬托"离别"的主题。"潇湘"北宋称"潇湘南路"，属楚国南部，今天的湖南一带地区，常为遭贬黜之人的流放地，也是屈原自沉的地点，容易引发出对故国忧思的联想。宋朝的"潇湘八景"绘画因此与讽喻离别之苦，责备君主听信谗言的诗词一道成为感伤艺术的代表作品，例如"孤雁"就被作为孤臣谪贬流放的隐喻频繁地加以描绘，北宋诗人大量借助杜甫诗作中的"孤雁"意象形容自身进退无据之状况。以"鸿雁"的姿态分别喻示

---

[1] 《鲒埼亭诗集》卷十四，册三。
[2] 姜斐德：《宋代诗画中的政治隐情》，中华书局2009年版，页1。

再有一个例子是对隐语的破解必须建立在对更远古史实掌故的熟稔基础之上，如方中履有《字老臣梅先生七十序》中曾复原其父于惶恐滩中的现场情境，时有"履兄弟亦惟止水相踵自勉"之句。"止水"从古意上讲当作"投水"解，隐含要随父亲投水自裁以全名节的意思。"止水"一词的相关出处在《宋史·文天祥传》中，有记载说的是宋臣江万里在襄樊失守后，曾筑亭题匾曰"止水"，当时无人辨其意，城破后，万里赴水而死，人们才明白"止水"的确切含义。方中履转用此意，隐喻密之投水全节之举，故余英时才有感叹"今之治史者已渐失昔人对古典文字所必有之敏感性，此诚令人不胜其今昔之感也"[1]。

故对"隐语"中所含象征意义的阐释，就不是一个简单的考据方法是否能够运用的问题，也非一般诠释学所能胜任。考据学只注意史料之有无，若拘泥于"求实"的标准，则无法洞悉隐语背后的象征意义，因为史料并无密之自沉的确实记载。必须回到康熙年间严酷的异族统治之相关语境中去理解士人心态，才能寻究到历史真相，否则拘守求实家法，反而视"虚"为"实"，未知"实"隐于"虚"之幕后的历史隐情。

关于如何从史料的"虚"、"实"关系中洞见隐喻的讨论，在我自身的研究当中也会遇到类似需要慎重处理的问题。在阅读明末清初士人的各类诗文集中，我曾不经意地发现，"残山剩水"这个词出现的频率相当高。通过撷取大量的诗文证据进行分析，我证明"残山剩水"是清初遗民在怀念前朝故国时所经常使用的一个"隐语"，以表达其对蛮族入侵后山水变色的不满情绪。比较有意思的是，"残山剩水"作为一种"遗民"典故，恰恰也大量出现在元初的南宋遗民诗词中，清初遗民正是借用了元初遗民的这个隐语来表达自身对易代处境的认知和感受。[2]

---

[1] 余英时：《方以智晚节考》，页167。
[2] 杨念群：《何处是江南？清朝正统观的建立与士人精神世界的变异》，三联书店2010年版。页20—58。

"论世"也往往为设定的意识形态规则所左右,里面难以窥见"人"之活动的踪迹。我们不妨仍以密之自沉死节一事作为讨论如何破解中国式隐语系统的例证。早年由于缺乏足够的文本史料,特别是密之及其亲属弟子述说其死节的证据,所以考证途径首先是从死亡地点的"隐喻性"表述特征开始的。密之辞世的地点叫"惶恐滩"。"惶恐滩"在古典诗词的传统里并非普通的地名,而是文人流放时吟咏抑郁不平心绪之地。苏东坡《入赣诗》有"山忆喜欢劳远梦,地名惶恐泣孤臣"句。惶恐滩遂成"孤臣"放逐的自叹之所。文天祥那首著名的《过零丁洋》更有"惶恐滩头说惶恐,零丁洋里叹零丁。人生自古谁无死,留取丹心照汗青"的豪言名句,更使惶恐滩进一步成为蹈死不屈之名节士人的圣地。密之作为明代遗民,其隐居的青原山就有文天祥手书的匾额,日日生活出入于此手书遗泽之下,其隐语发生的效力自然不可小觑,进而推测会建立起一种人格的"认同感"。遭捕之后以惶恐滩为慷慨殉难之地自然顺理成章。加之次子方中通以《惶恐集》命名其诗集,幼子方中履亦取名其住宅为汗青阁,都有隐为体谅其父死节的心思在。[1]

当然,只从地点出发揭示"地点感"包含的历史隐喻的做法显然还是不够的,必须进一步探析出更多密之自沉的相关隐语证据。故余英时又举其子方中通《惶恐集》中有"波涛忽变作莲花,五夜天归水一涯"之句,诗注则说:"夜分波涛忽作,老父即逝,而风浪息云。"对这句诗中所含隐语的解读是,佛家以往生极乐净土栖托于莲花台。诗中说波涛作莲花状,正是隐言密之逐波而逝,为佛接引而去,入水则风浪止息。[2] 这让人联想到方密之晚年哲学一直主张儒释道三教合一之说,其本人身份亦为隐居僧人,故以莲台托引入佛界暗喻其自沉殉节,也颇合其现实身份,可以起到障人耳目的作用。这就需要解读者对密之的佛徒身份和相关佛教典故颇为敏感,方可洞悉其与殉节语境的内在关联。

1　余英时:《方以智晚节考》,页83—84。
2　同上书,页162。

词内涵隐喻手法的解读正是一个突出的例证。方以智于清初避世青原，或诗或画，多作禅语。这些禅语多取"自喻"的风格，不希求人们真正悟解。但密之又多有俗缘，有一个很广泛的遗民朋友圈子；故其诗词中透露出的信息多元而复杂。

"遗民"心境和经历可以作为"情感史"最佳的素材加以处理，其鼎革期窘迫流离的境况与常态之下士人的行事风格大异。但明末清初，这些遗民身处异族统治之下，其自我情感的表达十分隐晦，无法使我们从表面上清晰解读其内心的真实感受，必须绕过他们公开发表的言论，深入背后的隐层含义，才能揭示历史的真相。余英时说解读方以智"死节"之谜犹如"译解暗码"（decoding），用的是西方诠释学的路径。在余氏看来，对密之"病死"还是"自沉"的考辨，非仅系一人之名节，而是关乎明清之际文化动态整体变迁的典型事件。他引述涂尔干《论自杀》中的说法，想通过透析密之"个人良知"的呈露，推断社会之"集体良知"的存在，即勘透"生死"意义之关节。

但中国史学中考据方法与诠释的关系迥异于西方，西方实证与诠释走的是两条道路，常互相排斥，中国史家则力求从疏解辨析史实中寻绎解释的可能，最显著的例子就是明清之际遗民"隐喻系统"的产生。明清易代，胜国遗民反清心绪不能明表，只能隐忍心中，不敢直道其事，所谓"物不得其平而又不能鸣，其声回荡曲折，于是隐语之系统出焉"[1]。清初遗民的隐语系统，因人因事而时有变化，往往借助古典的历史叙事传统中的大量典故表达心曲与对史事的看法，并非凭空臆想。因此，要明白其深意，必须挖掘隐语背后的古典史实与现实发生之历史事件之间的对应关系，从中揣测其形成委婉曲折之心态的深层理由，即"论世"与"知人"之间必须构成有机交融互渗的关系，其难度之大，可想而知。

现今史学研究的毛病出在详于"论世"而昧于"知人"，不过其

---

[1] 余英时：《方以智晚节考》，三联书店2004年，页4。

《理智与情感》,思想史是大姐,更严肃、更准确,而小妹比较含糊,但更富有想象力。[1] 广义上的"感觉史"更多强调人们的身体如何屈从于从声音到气味的变化所构成的现代世界,这样的描述可以无边地扩散出去,最终难以划界。我认为,解决此弊端的办法之一就是通过"隐喻"的解读收拢因感觉肆意铺陈弥散所造成的四处飘零的历史碎片。

"新文化史"强调"表象"的支配作用,意味着要研究者笔下的历史人物挣脱对环境的被迫反应,而对"建构"意义的阐明则更是强调历史人物的活动对各种"表象"形成的干预力。问题是,历史人物在多大程度上能够干预表象的构造,表象的建构与历史本身的构造之间发生区别的判断标准是什么?都要进行更加细致的具体分析。其实在我看来,"文化"在更多情况下仍然是一种政治利益委婉曲折的表达,这倒并非说"文化"无法完全脱离政治经济的制约脉络而保持独立品格,而是说必须在有能力回答其与政治如何发生关联这个问题时才能凸现出其运思的力量,否则就很有可能沦落成为当今消费主义合理性作辩护的从属角色。所以本文提倡"隐喻史"研究,就是想通过对中国历史上具有象征意味的一些现象的观察,拟以艺术实践中的某些个案为例,来聚拢"感觉史"研究所津津乐道的那些素材,并以此为基础,探索中国历史研究中政治史、社会史与文化史方法的再融合途径。

"隐喻史"表现之一:
诗词隐语与绘画主题中所表达的士人心态

"隐喻史"在诗词中的表达更与个人精神心理状态相互依存,其中所表现的个人情绪往往只是第一个层次,背后指向的往往是更深层的动机和抱负,这种通过捕捉情绪弥散中的象征意思的手法,完全可以弥补思想史研究之不足。余英时在《方以智晚节考》中对方以智(密之)诗

---

[1] 彼得·伯克:《什么是文化史》,页58。

偏失，同时从直观上也丰富了历史写作中场景描写的多样性，目前的"文化史"研究也越来越细致地触及了历史的微观层次，甚至环境里的光与影、声音、味觉乃至具体到体味嗅觉都有专题的著作予以揭示。如此一来，一些文学作品中的想象性描写同样可以被当成史料加以处理，因为它们可能言及到的是一部分珍贵的底层历史记忆。

举个例子，最近北岛撰写的回忆性随笔《城门开》中就有大量对老北京的记忆描述，比如他谈到儿时北京的夜晚很暗很暗，邻居家两居室单元三盏日光灯，还不如如今时髦穿衣镜环形灯泡中的一个亮，灯泡不带灯罩，昏黄柔润，罩有一圈神秘的光晕，抹掉黑暗的众多细节，突出某个高光点。他的结论是日光灯的出现是一种灾难，夺目刺眼，铺天盖地，无遮无拦。正如养鸡场夜间照明为了让母鸡多下蛋一样，日光灯创造的是白天的假象，人不下蛋，就更不得安宁，心烦意乱。受害最深的是孩子，在日光灯下，他们无处躲藏，失去了想象的空间。[1] 这已不是一种文学描述，分明是建立在记忆之上的一种历史感觉，或者是一种文化史观。不仅是光和影，在味觉上北岛也梳理出了几种北京的季节性气味儿，如冬储大白菜味儿、烟煤味儿、灰尘味儿，构成了北京城的味觉底色。嗅觉上则有鱼肝油味儿、大白兔奶糖味，甚至什刹海体校游泳池中的福尔马林味儿、漂白粉味儿和尿臊味儿等，构成了一种微观的身体知觉场。

不过，如果"文化史"仅凭这些分散的感觉架构出历史的场景，显然还不足以和传统的思想史、观念史相抗衡，因为对感觉的沉迷很容易流于一种表面的体验，从而肢解和碎片化了对历史整体演进态势的理解。对感觉的描述可以泛化成不同的分支如"感觉史"、"情感史"、"身体史"、"嗅觉史"，等等等等，其结果可能造成对历史叙事的多元解释越来越趋于分散，如何收束整合依然是个大问题。因此，彼得·伯克曾经把"思想史"和"文化史"的差异比为简·奥斯汀的名作

---

[1] 北岛：《城门开》，三联书店2010年版，页1—17。

维的最佳例子。余英时当年在《士与中国文化》这本论文集中的序言里就特别强调，士人所具有的遗世独立之品格，应该超越阶级的界线，达到普世尊崇的境地。反对大陆学界给士人研究强行贴上政治经济定位的标签。[1] 从这点观察，余英时的主张有点像布克哈特写作《希腊文化史》时所持有的看法，他认为"政治"充满不确定性，而"文化"则相对稳定，易于把握，不受利益驱使，不带意图，甚至是以不自觉的方式进行表达的。[2]

但余氏对士人阶层精神纯洁性的研究，又自动剔除了"文化"中的世俗表现这一面，仍局囿于精神观念史的分析框架之内。有关士精神价值的观念史描述显然只具"理想类型"的价值，和历史的实际境况相距甚远。因为中国历史上士人的非超越性行为恰恰以更为频繁的几率在发生着。"文化史"方法的介入显然有助于消解这方面的迷幻感觉，至少可以阐明士人精神价值的世俗基础。

其四，"思想史"研究面临不断衰落的命运，同时面对社会史和文化史的强力冲击，自身必须寻求新的突破点，其中对"感觉结构"的探寻应该是个较为有效的路径。

中国学者对此转型其实也有一定的认知，如王汎森曾借助雷蒙德·威廉斯（Raymond Williams）"感觉结构"（structure of feeling）的概念，倡导研究近代中国的感觉结构。他以南社为例，认为柳亚子、陈去病等人聚会饮酒，或流连于古墓遗迹所写出的诗文，可能表现张扬的更是一种较为私密的情绪，与他们在《民报》等刊物发表的公开思想论点有所不同，整体而言是在带动一种感觉结构的变化。因此，捕捉当时文人情绪与思想如何发生互动就成为一件有趣的事情。[3]

对"感觉结构"认知视角的介入无疑有利于修正思想史和观念史的

---

1 余英时：《士与中国文化》，上海人民出版社1987年版。
2 彼得·伯克：《什么是文化史》，北京大学出版社2007年版，页23。
3 王汎森："中国近代思想文化史研究的若干思考"，台湾《新史学》第14卷第4期，2003年12月。

艺术的表现形式寻究其中蕴藏的"时代精神",埃利亚斯开创的"物质文化"写作模式则更强调应从表面的礼仪举措中观察文化产生的意义,如他的著作《文明的进程》刻意集中表现餐桌礼仪的历史,揭示西欧宫廷内自我控制或情绪控制的渐次发展过程。在埃利亚斯的眼里,刀叉和餐巾的历史并非人类深层精神的历史,他是想通过宫廷礼仪的研究,为以往的"精神史"传统找到一个世俗的物质基础,以免因过度强调"思想"和"精神"超越性的一面而堕入某种虚幻的理想主义泥沼。这个思考路向直接促成了古代"消费主义"研究的热潮,这类研究还具有某种"时尚性",因为其关注课题可以直接与当代"消费主义"的表现分析形成对话关系。

最近国内对"物质文化"的关注热情渐趋高涨,有趋于白热化的态势。尤其是对明末清初士人生活样态的解释,力求从明末城市奢华的生活场景如园林建筑风格、印刷文化的普及、绘画艺术的岐变和宴饮雅集的演示等方面来定义"文化"的形态,但其研究思路并不十分明确,既非彻底疏离"精神史"的表达,也非如埃利亚斯那般透视社会与个人的自我控制方式的变化,而似乎仅仅想说明某个特殊历史阶段已出现了消费能量积聚与渐趋繁盛的迹象,或者展示一些疑似现代时尚的特征。这样的研究不过是在验证当今流行的消费文化早已在明末就已萌现出了兴盛的迹象,变成了为当代消费主义的流行提供某种历史合理依据而不是批判性的反思分析,也许其研究初衷是要回答"士大夫精神"如何以物质化的形式表现出来这类比较新颖的问题,但结果却变成末世士人奢靡浮华行为的大展汇。在我看来,"文化史"研究一旦流于为消费主义作合理性辩护,就几乎不承认士人具有思想史意义上的精神超越性,实际上也就间接否定掉了士人思想具有的精神价值。如此剑走偏锋的结果有可能遮蔽对历史最有力量部分的揭示。

自从上个世纪八十年代以来,中国史学一直在偏离宏大叙事的新路上疾走,大家都希图尽快从僵化的经济政治决定论束缚中解放出来。寻求士人超越世俗的品格和确认文化自身相对独立的价值大致成为逆向思去总是被认为不过是历史进程大叙事里的细枝末节，与"结构"、"规律"、"趋势"、"阶级"等这些范畴相比完全可以忽略不计，或者仅仅作为补充材料偶被提及。"文化"一旦可以被独立分析，史学界对民众日常生活加以持续关注的行为就立刻变得理直气壮起来。

格尔茨（Clifford Geetz）借韦伯的观念把人比喻成挂在意义之网上的动物以后，任何一些被结构化叙事所忽略的历史细节突然开始变得异常重要。人们服饰穿戴上的某一个图案、所举旗帜的颜色、闻到气味的表情都可能被放大为影响历史进程的制约性因素，甚至敏感到了人打个喷嚏都可能会改变历史的地步。如此一来，"符号"使用及其意义解读可怕地泛化到了几乎无所不在的角落。人们的言行处处都有可能是人为再造出的一种历史"真实"，这样一场运动甚至排除掉了原先铁定应该划归"文化史"圈子的一些传统领域，比如"思想史"和"观念史"。因为就"符号"意义上判断，它们的解释都太过"精英化"了，从"表象"上观察，它们又太具有一种"表演性"。因为所有"思想史"的材料都是公开发表的报纸杂志或个人著作，对这些文本的解读太容易受作者意识的暗示和导引，甚至根本就是个陷阱，因为这类文本表达的有可能和作者内心世界中深藏的私密性想法正好相反。一旦"思想"被串接连缀成了体系，历史的虚伪一面就被合法化了，这话听起来有些耸人听闻，却在"文化史"意义的表述中已司空见惯，成为他们另辟他途的理由。但"新社会史"和"新文化史"的肆虐也遭到了一些尖锐批评，我以为最有力的指控是说"区域社会史"和"文化史"研究日趋于琐碎无聊，使得历史学丧失了整体认知的视野，从而导致史学研究的民粹化，甚至由此更可能沦为"平庸化"。

其三，"物质文化"研究的拓展形成了对"时代精神"传统理念的超越格局，这个转变可以从布克哈特、赫伊津哈到埃利亚斯这条线索的变化中观察出来。从"文化史"的研究路径来看，对精英精神形态的关注与对大众日常生活的体察一直处于相互交织渗透的状态，也呈现出某种此消彼长的趋势。早期文化史研究者如布克哈特与赫伊津哈都通过

六 中国艺术表达中的"隐喻"传统与历史写作

史学危机与"隐喻史"研究的兴起

二十世纪九十年代以来的历史学方法至少发生了四个重大的转向。其一是从对历史整体结构性和长时段的探讨,转向区域性的局部日常生活研究,对历史中"人"之角色的关注,也从"上层精英"转向了"底层民众"。人类学在这个转向中起着重要的媒介作用。人类学采取的民族志分析方法似乎天生就有"反精英"的倾向,不但相对忽略传统历史文本的权威作用,而且对草根口述及各种即时表现的底层民众之日常行为均给予更为积极肯定的评价,如此叛逆的举动触及的恰是传统历史学所阙失的面相。

其二是"文化"的内涵终于有机会从整体的"功能"解释框架中脱离出来,具有相对独立的意义,可以独自加以界说。原来"文化"在历史研究中是没有独立地位的,必须从属于某个更为"重要"的领域。在政治经济学框架里,"文化"由生产力和生产关系的状态所决定;在传统功能主义的叙述里,"文化"从属于各种日常的政治、社会与经济活动。似乎没有太多人敢说,"文化"是一种可以自成体系、独立发挥作用的历史因素。

自上个世纪九十年代以后,"符号"(symbol)和"表象"(representation)这类术语开始流行,因为文化史家讨论问题的共同基础就是各种历史现象如何作为"符号"和"表象"呈现出来。从艺术作品到日常生活实践,处处可见"符号"的踪迹,比如情绪的流露、感觉的抒发和对微小刺激的反应,以及下意识的激情所引发的行为。只是这些方面过言,最低意义也至少可以多出一种选择。

因此,"边缘研究"认为,"中国人"之所以成立并不完全依赖内部的文化一致性加以凝聚,构成认同的最主要力量来自华夏边缘的维系,汉代华夏边缘形成以后,华夏政权便以通婚、贸易、征伐、封贡、赏赐等手段,羁縻各部族来维持这个边缘。[1] "边缘研究"消解了"新清史"拘泥于一味追寻满族民族性,以此企图极端解构满人受汉族之深刻影响的狭隘思路,同时也想超越"大一统"历史观仅仅从上层统治策略的角度安排族群秩序的旧观念,而强调族群的移动性对"中国"疆域形成的影响,其表述颇具穿透力。

不过我仍然以为,单单考量边缘族群认同的变化,并杂之以历史记忆和主观意念变化的观察还是不够的,仍需考察统治者的治理技术对这种主观意念形成的制约作用。只是我们不可如传统"大一统"观那样一味单纯强调行政治理的有效性,而完全忽略族群自身在这种治理技术过程中的挣扎反抗及其对争取自身权利进行斗争的正当性。

---

[1] 王明珂:《华夏边缘:历史记忆与族群认同》,页205。

展方式误植到十七、十八世纪的清朝统治策略上做貌似新奇的比附，显然难以服人。

关于族群特性和国家治理的关系问题，近些年的史学界受到了人类学界的深刻影响，其转变之一就是更多地考量不同族群对自身历史形成渊源的追寻与认同，同时又对民族内涵的确认过程表示审慎的怀疑。因为族群内涵的确认往往是由非少数族群出身的成员和政治势力加以表述的结果，未必真实地反映了边缘族群的历史演变过程，也很难表达出多元族群自身的真正要求。而貌似族群原始特征的一些民族溯源的要素，却可能仅是通过一些历史记忆而建构的表征，而非历史的事实。比如任何以体质特征的相似性来找寻匈奴人的祖先或后代的企图都是毫无意义的，故有人类学家建议用"边缘研究"取代"内涵研究"，理由是"内涵研究"很容易被"本质化"，如现在的族群研究就相当武断地把不同族群按照血缘、人种、体质、文化来加以界定，这套族群的客观特征论基本难以成立。在"边缘研究"的叙说框架下，"族群"被看做是一个人群主观的认同范畴，而非一个特定语言、文化与体质特征凝聚而成的综合体。族群边界既然由主观认同加以维系和选择，那么它就是可变的和移动的，常常具有多重的可被利用的意义。也就是说，族群的界定一定是受特定政治经济环境的制约，在掌握知识与权力之知识精英的引导和推动下，通过共同称号、族源历史，并以某些体质、语言、宗教或文化特征来强调内部的一体性、阶序性，以及对外设定族群边界以排除他人。[1] 如此一来，随着周边环境的变化，族群认同的边界也可随之改变。这样的叙述策略对传统"大一统"历史观仅仅强调因治理方面的行政规划需要而界定族群的思路是一种有益的修正，特别是把被界定族群的自我认知纳入了考察的范围，我以为这样亦可防止上层统治者和知识精英任意使用权力界定族群特质和边界的弊端。对于传统历史学界仅仅从国家治理的单一角度出发来衡量族群分合之历史脉络的认知路径而

---

[1] 王明珂：《华夏边缘：历史记忆与族群认同》，页44。

也就是说，民族识别更多的是一种传统边政的治理技术，是清朝"大一统"控制观念的延续。

学术界近些年流行的第二种看法是，不把清统治者看做是汉化的权威象征，或者有意淡化其受汉族影响的历史，而是强调满人入关前的族群特征及其对入主中原以后统治风格的影响。甚至认为在入继明朝大统后，其满族特性仍主导着统治策略，上个世纪九十年代爆发的何炳棣与罗友枝有关清史研究方法的争论，实际上就反映的是传统"一统观"与强调满族自身文化特性之修正思路的差异和冲突。在我看来，这个思路突出的是满族的族群特征，而淡化的是作为"中国"形象代表者之满族统治者的完整身份。这种在美国中国学界称为"新清史"的流派，有意化解清朝统治者作为"大一统"代言人的历史形象。从学术的意义观察，他们大量借助满文档案史料，对清朝本身具有的满族文化性格多有阐发，特别是对仅从统治者的角度，或仅从行政治理的角度，过度强调不同族群对清朝的认同具有不容置疑的合理性的看法有所修正。但这个思路又给人以矫枉过正的印象，即从相反的方向过度强调特定族群的文化内涵对政治治理的支配作用，而对清朝吸收融合汉族文化的史实，以及作为多民族代表的象征统合意义视而不见，显然缺欠说服力，而且其背后有一个以西方近代民族-国家的既定发展框架来裁量评判中国历史图景的威权倾向。

"新清史"还有一种说法是，把清朝对周边少数民族的规训和治理看做是一种类似近代西方帝国主义的海外殖民行为，比如对准噶尔部的征伐和对蒙古地区的多次征讨，都被看做是对中亚地区的殖民扩张行动，其理由是想把清史看做是世界历史进程的一个有机组成部分，想以此消解"大一统"观念的合理性，这样的解释有过度政治影射化的嫌疑，从而犯了"时代误置"的错误。西方在近代的海外扩张，其真正动因是寻求殖民地的工业资源，以发展国内的资本主义经济，从扩张方式、治理策略及思想依据等方面均与清朝开疆拓土的模式差异甚大，完全不宜做想象式比较，如果把这种西方以近代工业化为动力的殖民地拓逐渐渗透过程的体现,而少数民族对这种版图统一设计的接受和适应的态度成为其归化与"团结"程度的指标,少数民族由此变成了行政治理的对象。目前大多数的清史研究基本上仍秉持这样一种传统政治观,其原始的构思内核即源于乾隆时期遗留下来的政治理念。乾隆朝素持"因俗而治"的策略,曾经对边疆少数民族族群分别采取不同的治理机制,如对新疆采伯克制,对蒙古采盟旗制,对西藏采达赖喇嘛和班禅合治之宗教体制,西南边陲则采土司制度,但总的趋向是行政化的管理方式越来越成为主流。

表面上看,这种以藩部为疆域屏障的治理策略使得少数民族拥有了更多的自主权,清初帝王最初构想仍持"天子有道,守在四夷"的理念,康熙帝曾有言曰"本朝不设边防,以蒙古部落为之屏藩"(《承德府志》卷首),又说"我朝施恩于喀尔喀,使之防备朔方,较之长城更为坚固"(《清圣祖实录》卷一五一)。在政治权术上则采"众建以分其势"的方略,如对准噶尔地区曾一度分立四个汉王,分隔其游牧地区,以便于控制。后来经过准噶尔部阿睦尔撒纳的叛乱,乾隆决定采取直接驻兵的方式控驭边疆,并设将军和参赞、办事大臣进行管辖。西藏继廓尔喀之役后驻藏大臣的权力明显增加,达赖喇嘛等宗教领袖逐渐失去了藏区的行政权力,只负责处理宗教事务,从此清初帝王就开始实施一种以行政管辖逐渐取代"因俗分治"策略的治理思路。对这套治理思路的认定和继承不但作为国策一直延续到新中国的建立,而且也成为历史学界进行边疆民族研究的一种不可动摇的价值预设,甚至成为衡量"统一"与"分裂"的基本政治态度的主要依据。

这套价值预设的优点在于把"中华民族"看做是一个由各种民族聚合而成的统一体,同时又经过民族识别的程序对各个民族的内涵做了明确界定和限制,使之变得更加清晰,由此途径建立起了各个民族对国家的认同感。但问题仍然存在,民族内涵的识别更多是基于一种行政考虑的操作,在这种操作框架下,作为民族内涵之一的文化认同的特性是否被充分考虑尚是一个问题。我们不妨称此理念为"行政化的一统观";

好像和清廷势不两立，但在对明朝灭亡的原因解释方面却恰恰与清代皇帝所塑造的官方认知模式大致趋同，如对明末社团过度活跃招致"朋党"之讥同表厌恶，对"讲学"空谈误国的批评，对满洲"尚武"的羡慕等，反清遗民和清初帝王的舆论多趋一致。所以清初遗民的反清主张只是经过短暂的抵抗就在官方舆论的运作下被收编了。自清代延续到民国时期，统治者几乎都频繁地利用"大一统"的招牌来化解知识人的各种抵抗言论，而且屡获成功，知识界好像也从来没有对"大一统"的合法性提出过有分量的质疑，基本上都口径一致地予以支持，直到民国初年才在西方影响下短暂出现过所谓"联邦制"的政治改革设计，但很快即被孙中山变相的现代"大一统"政治改革构想所取代。我以为，现在的研究都比较赞赏清初"大一统"历史观对"中华民族"形成的正面作用，而很少关注"大一统"历史观对清朝乃至以后的中国文化再生能力的抑制作用，特别是对精英阶层精神气质的再塑造扮演的关键的角色。

以下问题似更须引起深思：为什么"大一统"具有超越清朝历史特定境遇的规训能力？而其他的历史理念则没有或相对只具有弱得多的统摄能力？直到今天，"大一统"都是凝聚大陆中国人进行社会动员或民族主义抗议的最佳口号，这与西方世界以民族国家的形式进行民族主义动员的模式完全不同，甚至有根本的差异。"大一统"确是一个节约统治成本的最有效模式，它的提出使得"中国"变成了一个为最大多数人群所认同的多元民族共同体，可我仍想逼出另一个问题："大一统"使包容在民族共同体内部不同族群类别的中国人付出了什么样的代价？包括个人精神意义上的自由以及在公共空间中表达情感和认识的自由意识，全都在此观念尺度的衡量下萎缩变形，那么，我们到底应该如何看待"大一统"这"成败萧何"般的惑人魔力呢？

"大一统"模式要处理的核心问题是"疆域"与"族群"的关系以及由此引发的国家认同问题。对此学术界大致有三种不同的看法，一是秉持传统的"大一统"政治观，把中央对少数民族的关系看做是行政规划涵盖的。可以猜想，如果在紫禁城内接见蒙古王公，清帝临位时的现场感难以和汉人帝王日常觐见臣子的礼仪框架相区别，势必与天下共主的帝王身份难以接榫。

再次是"文本建构"和历史书写，清初出现过多起文字狱事件，一般论者仅仅视之为是对汉族士人的迫害行为。我们可以换个角度观察，这些文字狱完全可以看做是"大一统"文化建设中的配套行为。明代谈疆域伸缩一直强调"夷夏之辨"，这种历史观是直接从南宋传下来的，不能说是一种常态。何出此言？因唐代帝王血统里还掺杂着蛮夷的成分，故在唐代语境里谈夷夏问题显然是荒诞的。但是，夷夏的差异在空间构造上又极易形成一个历史事实，这在南宋、明末疆域划界上表现得都很明显，以汉人为重心形成的史观实际上表达的是对疆域退缩状态难以控制的无奈反应。清朝要想确认在疆域拓展方面拥有正当性，就必须清除汉人以族群划分敌我疆界的传统思维，其中就包括要清算汉人对南宋的历史记忆和与之密切相关的晚明历史书写。集全国精英编纂《四库全书》、乾隆帝亲自撰写《御批通鉴纲目》里的历史评语、各地方志的纂修等，都是这场清算运动的若干步骤，我们不妨把它们看成是与地理疆域行政治理相配合的一套文化疆域规划设计，《四库全书》的编纂难道不可以看做是一种文化地图的别样构思吗？如此鲜活的行动地图构成了"大一统"历史观的基本支架，同时也是其区别于以往朝代的最明显的意识形态风格。

清代"大一统"观念自形成之后，就像一个巨大的磁场，几乎具有收编知识界各种不同异见的超强能力，它不但制约着中国政治秩序治理的模式，而且也形塑着中国人的基本心理状态，这种影响虽经清朝灭亡的剧烈变动却一直延续到今天。"大一统"意识形态对中国人的心理影响，不但锻造了中国人对来自上层呼唤的政治稳定重要性远大于其他因素的认同心态，而且成为抵抗西方入侵的近代民族主义最可依赖的政治文化源泉。"大一统"对舆论的收编历程从清初即已开始而且获得了空前的成功，比如晚明遗民虽一度依据"夷夏之辨"把清人视为禽兽，闲谈的话题。故我们今天谈"大一统",非能以历代帝王之自许或文臣之阿谀辞藻为标准,而当以疆域之实际控制规模为圭臬。以此标准而论,清朝似乎最有资格自诩为实现了历代帝王所未真正实现的"大一统"梦想。

"大一统"绝非舆图绘制术标识出的纸面地理概念,我始终认为,"大一统"是一套复杂的权力操作技术,其运作条件之繁冗远非一般朝代所能具备。比如在乾隆时期,"大一统"首先表现为一种"行动"的实效,乾隆帝自诩的官方宣传中心词——"十全武功",如平准、平回、大小金川之役等,即是绩效的表达。这些"武功"从"行动"效果上看效率有高有低,如平准即被公认是成本低廉的高效战争,因清军采取的是"因粮于敌"的战略,通俗说就是基本不带粮食,走到哪儿抢到哪儿,以节省军费。大小金川之役则被后世书生讥之为劳师糜饷,用数万之师累年攻打只有三万居民的川藏边境弹丸"小番",如狮子搏兔,得不偿失。但如果从建构疆域形状的一种政治文化手段这个角度通盘理解乾隆之谋,就可看出即使如征伐安南、缅甸之役,更像是劳师远行的败笔,不过"赔本赚吆喝"的买卖有时在疆域统一规划的一盘棋局中却是必要的,即如战后金川地名从此在地图上被抹去这一点来看,区区一隅地点在地图上的消失,实则使西南边陲基本底定,此举貌似简单,在乾隆眼里却完全值得用铁血和数万条人命作为抹平它的涂料,此实乃清帝国把边疆行政化的一个不可或缺的步骤,舍此王霸之道相杂糅的逻辑,似乎别无他途。

其次是围绕疆域的伸缩建立起一套调适自如的"礼仪"系统,清帝擅使远交近攻之术,怀柔策略运用得尤其娴熟,非前代所能比拟,如建立具有象征性的贸易进贡、年班朝觐制度等,清初帝王分别在紫禁城和避暑山庄接见来自不同地区的朝觐队伍,自有其行动象征的深意。紫禁城是汉人王朝的宫城,清帝坐拥紫禁城,表示的是对汉人权力的替代性占有,在避暑山庄蒙古包里受准噶尔部蒙古王公的膜拜,又是另一种对疆域一统格局的心理确认,这显然是紫禁城相对单一的象征意义所无法理论，以解构"中国"传统历史的叙述逻辑，而是兼采两者的优点予以涵化优容，寻求最为合理的创新性解释。

余论：我看"大一统"历史观

"大一统"作为一个古老的观念，《公羊传》即已首发其义。我无意于对"大一统"之词源进行细密考证，而是想对"大一统"作为一种历史观和治理策略造成了怎样的政治后果，以及这种后果对后人心理产生了怎样的致命性影响略陈己见。

"大一统"对中国现实人群的政治心理具有高度的制约能力，不过其支配内涵和方式却显得相当微妙暧昧。说得严重一点，一谈起"大一统"，中国人心情几可用又爱又恨加以形容。一方面，"大一统"在人们头脑中折射出的第一个印象肯定是拥有广阔无垠的疆域和由此引发的自豪之情，以及凝聚于此地域之中不同族群之间的和睦之态，遂成为弘扬现实爱国主义的最直观的心理动源。另一方面，"大一统"又被涂抹成黑色，与专制压抑的王朝统治风格始终脱离不了干系，很容易让人联想到君王打压异己的种种恶行，遂又成为黑暗年代的代名词。

其实，让"大一统"的古意承担此暧昧难辨的罪责显然是文不对题，我们不妨换个思路，如果把"大一统"看做是王政在具体实施过程中展现出的复杂治理技术和与之配行的政治文化观念，或许会从中开掘出更为丰富鲜活的诸多意蕴。

"大一统"之意虽出现尚早，但停留在字面上的历史最为悠久，历朝王者多以此为奋斗目标，却大多无法在实际层面上真正显现出混一天下的恢宏气象。汉与唐虽号称大帝国，汉代版图却与匈奴对峙，难成一统之局，唐晚期分裂成数部，藩乱成为唐末宿疾。宋朝与金朝南北分治，一统图景更成幻梦。元代拓域最广，兵锋直搠欧洲中亚，却多以松散羁縻的态势勉强成形，不具实际管理之效力。明代更惨，居然被蒙古瓦剌部掳走了皇帝，重蹈北宋靖康之辱，所谓"一统"功绩更沦为纸上历史发展过程中对多民族因素的包容品格。在何炳棣与"新清史"代表人物罗友枝的那场著名辩论中,何炳棣就认为罗友枝曲解了"汉化"的原意,他举出安禄山叛乱之后唐代听任东北地区"野蛮化",张开双臂欢迎中亚、西亚音乐、舞蹈、食物、魔术、杂技、马球、服饰和异域新兴宗教的大量涌入,初唐人还掀起了学习突厥语的热潮,皇子李承乾就是个例子,以此说明"汉化"固有力量的强大。不过他的论述却有些自相矛盾,他本想借此说明这些现象体现出了汉族开放博大的胸怀,其实效果却正好相反。何炳棣也提到唐太宗的蛮族血统问题,李世民血管中流淌的可能是更多的蛮族血液,他本人对西域文化的包容又被视为中华文明的辉煌象征,恰好证明唐朝正处于更多吸纳异民族文化的时期,也说明唐代文化处于一种高度混合杂糅的状态,而不是单向的"汉化"所能解释。史称唐代北方的游牧部落也把唐太宗当作他们自己的酋长,故《资治通鉴》中有记载说,唐太宗自诩:"自古皆贵中华,贱夷狄,朕独爱之如一,故其种落皆依朕如父母"。[1] 这段表白显然不是简单的"汉化"理论所能解释。

使用"汉化"一词更容易被理解为是一种单纯的"种族论"叙述,似乎任何外来民族只能单向接受汉民族的文化熏陶。如果改用"华化"一词则无问题,因为"华化"代表的是一种民族多元共同体的交融过程,至少在相互遭遇时呈现出双向交流的局面,也许是不同文明多向交流形成的后果,而非单一的种族对其他民族的单向文化塑造。

概括而言,"新清史"确实对旧的清史解释发出了有力的挑战,提醒我们不要仅仅从汉族文明的发展角度出发去衡量作为异族统治的清朝所具有的若干特点。但当"新清史"步向极端,力图建立起一种脱离传统"中国"历史叙事的新的"清史"体系时,其论述就很值得商榷。我认为,清史研究若要走出第三条道路就应该摒弃狭窄"汉化论"中的民族主义成分,同时也拒绝用凸显"满洲族性"的方式想象出另一种族群

---

[1] 《资治通鉴》卷198。

"新清史"比较倾向于把清朝的崛起纳入到一种"世界史"而非"中国史"的叙述脉络中重新予以定位,同时也受到西方有关"帝国"形成理论的影响,如把俄罗斯、准噶尔、清朝视为三大帝国,最后以准噶尔帝国的消失,以及俄罗斯与清朝两大帝国的博弈和冲突为终结。与之相关,清朝对西北地区的战争也被看做是一种"殖民征服",似乎这种军事征服颇类似于西方对全球殖民地的占领和治理,特别是与美国十九世纪的西进运动十分相似。[1] 由于和"世界史"的进程发生了有机的联系,"清朝"也渐被纳入"早期近代"的解释框架下予以认识,意即"清朝"已出现了类似欧洲近代变革的一些要素,尽管也许只是处于萌芽状态。[2]

这些论述不能不说都颇具新意,但也可能犯了过度诠释的毛病,把"清代"的平准平回战争与近代西方资本主义殖民的动机和做法混为一谈,显然是一种后殖民想象。因为清朝的战争理念是建立在传统"大一统"观念基础之上的,与建立在工业化时代的资源掠夺和社会控制之上的殖民逻辑毫不相关,如果把不同历史状态下的战争动机和规划设想生硬拉扯到一起,寻求其根本不存在的所谓"相似性",同样是一种"时代误置"。

最后可以讨论一下有关"汉化"的问题。"新清史"认为,过去的清史研究过度强调满人对汉人文化的吸收,弱化甚至取消了"满洲特性"在统治过程中所扮演的角色。当年何炳棣先生就直接以《捍卫"汉化"》为名著文反驳。[3] 其实"汉化"二字的使用确实值得商榷。陈垣先生当年撰写《元西域人华化考》时,也曾经过反复斟酌,最后决定摒弃"汉化"而改用"华化"的表述,自忖这样的说法更能体现中华文化在

---

[1] Peter C. Perdue, *China Marches West : The Qing Conquest of Central Eurasia*, Harvard University Press, 2005.
[2] William T. Rowe, *Saving The World: Chenhongmou and Elite Consciousness in Eighteenth Century China*, Stanford University 2001.
[3] 何炳棣:"捍卫"汉化":驳罗友枝之《再观清代》",《清史研究》2000年第1、2期。

统的"中原-江南"的主线叙事,颠覆"核心"与"边缘"的即定历史关系,最终消解传统"中国"的主体轮廓和叙述原则,显然不具足够的说服力。

相对而言,要兼容传统中国史与"新清史"的叙事同时不失其有效性,不如更多地借助古典历史文本中自然形成的语汇,作为我们讨论问题的基本工具。比如可以更加有效地澄清"大一统"、"天下"、"经世"、"文质"、"政教"、"教养"等这些传统文本中被反复使用的语汇意义。我们不要误解,好像这些语汇只是汉族士人垄断的一种表达历史观的工具,或者仅仅表现的是以"中原-江南"为主轴的语境中所发生的历史现象。其实,许多传统经典文本中的语汇恰恰经由清朝皇帝富有创造性的使用,才得以发扬光大。

比如"大一统"就是康熙、雍正和乾隆帝使用相当频繁的一个词汇。也许清朝是历史上真正实现了"大一统"实际统治格局的朝代,宋明疆域不整,故羞于奢谈"一统",元代疆域虽大,却缺乏对绵延广大领土的实际控制力。直到清帝自信地使用"大一统"一词,才真正表达出一个容纳多民族共存的整体"中国"形象由此诞生。清朝的"大一统"论述全面涵盖了"东西"横向与"南北"纵向历史发展的整体格局,其解释的包容度绝不是仅仅强调"东北-内亚"历史走向的人类学"族群"理论所能胜任。[1]

再如士人与皇家的言论中多有对"文质"关系的讨论。有关"文质之辨"的争论是中国古代一个相当古老的议题,早在先秦时期即已出现,但在清初异族征服和遗民反抗的语境下,士人与清帝如何讨论"文质"就被赋予了远为复杂的含义。其中不仅包括满人如何适应江南士人的奢靡风化的行为,以及汉人如何对待满人的节俭朴拙之风等问题,也必然涉及"新清史"所关注的有关族性冲突与融合的相关议论。[2]

---

[1] 杨念群:"我看'大一统'历史观",《读书》2008年第11期.
[2] 参见杨念群:《何处是江南?清朝正统观的确立与士林精神世界的变异》,三联书店2010年版.

但我仍以为，以"中原－江南"为纵向主轴的文明线索，自汉唐宋元明以来一直延循不绝，不仅逐渐构成了"中国"作为政治与社会共同体的基本轮廓，同时也是文化认同的核心价值地带之所在，也是清朝作为异族入主政权最终选择以确立自身统治合法性的核心区域与文化认同中心之所在，这是一个无法否认的历史事实，而绝非想象出的一个所谓无法证明的"虚幻共同体"。

一个突出的例子是，当臣子讨论"清朝"应接续哪个朝代作为正统传承线索时，有些大臣从族群继承的角度揣摩皇帝的心思，认为"清"本称"后金"，从族群血缘上自然应该接续的是"金"人的统治风格，或者从朝代上说应该接续辽金的正统脉络，这项提议却遭到了乾隆帝的严厉申斥，乾隆帝毫不犹豫地选择了以汉唐宋元明一脉为"大清"应该接续的正统线索，并在《评鉴阐要》等钦定史书中反复申说其价值和意义。乾隆帝的目的显然是想延续"中原－江南"为主轴的史观，而不是以"东北－内亚"这支附属轴线作为构造正统观的主要资源。即使清朝皇帝总是表现出其多维多面的形象，他首先也不断明确自己是生活在"中原－江南"纵向主轴之内人口密度极大之汉人群体的君主，其次才是东西横向侧轴内的满、蒙、回、藏等区域民众的君王，如此格局的形成具有一种历史的内在规定性，不是通过断裂的想象就可以轻易更改的。如果按照"新清史"的逻辑，把清帝南巡和对"江南"的控制看做是对西北战事的准备和补充，或者仅是向江南士子展示用兵西北中的"满洲特性"，显然是低估了江南文化的涵摄力量，以及清朝以"中原－江南"为主轴构造正统观的真正动机。

"新清史"把清朝的建立置于"东北－内亚"的横向轴线上加以观察，号称要重建"以清朝为中心"的历史，敦促史界更为同情地理解作为"征服精英"的满人所发挥的主体作用，这无疑对清朝统治中非汉人的异族特性阐发有重要贡献，在征服西北与必须加强满蒙联盟的历史境况下，"满洲特性"的发挥自然相当关键，然而"新清史"想走得更远，以至于极端到想用"东北－内亚"的叙述架构替代早已构成重要传在我看来，要避免"新清史"与"汉化论"的二元对立，就需要对各自论题的弱点展开辨析。既要避免"新清史"把疆域史研究"核心化"，以消解"中国"传统叙事的极端倾向，也要回避"汉化说"固守宋明"夷夏"区隔的界线，过度排斥边缘族群声音的偏颇之论。清朝立国的成功应被视为是针对广大帝国不同"核心"与"边缘"地区状况进行了一体两面的合理布局，才实现了有效的治理局面。"中心"与"边缘"的划分是一种辩证统一的关系，而非绝对相互隔离的对立态势。由此理解出发，或可避免盲目跌入以"边缘"（内亚－东北）解构"中心"（中原－江南）的后殖民论说陷阱，同样也可避免出现故意以僵化的"文化同一性"（汉化）的论述排斥边缘多样性的极端情况。

清朝皇帝所实施的政策既延续了传统"中国"的文化同一性，同时又把边缘民族的文化融入了自身的治理框架之中，丰富了其统治手段。例如"新清史"总以为对蒙古、满洲特性的重视好像是清朝皇帝的一大发明，与以往朝代对"中国"观念的理解没有什么直接关联。实际上，乾隆帝多次提出要返回"三代"、"汉唐"，其目的就是要反复申明，自己并没有把所谓"满洲特性"剥离出"中国"传统叙述而自成一系的意思。正相反，他恰恰是想通过这个反向迂回的解读途径，把满洲历史重新置回到"大中国"的叙事中，并终于消解了宋明"夷夏之辨"持续窄化"中国"观念的倾向。

通过以上论述，我们似乎依稀看到了清史研究走出第三条道路的希望，所谓"第三条道路"的提出，绝非意味着要躲回旧有"中国史"叙述的陈旧套路中去而不图自新，也非想随意附和清史"世界化"的浪潮而随波逐流，别出心裁地为清朝设置一个新的"内亚"主体，最终割裂其与"中原－江南"的纵向南北格局为依托框架的传统王朝之间的血脉联系。

以"东北－内亚"之东西横向为主轴的"新清史"叙述架构与以"中原－江南"之南北纵向为轴线的传统王朝史模式之间只具有相对的差异性。两者之间的互补关系也许恰恰可以构成观察清朝的整体图景。

在对以往历史观进行颠倒性叙述的基础之上的，改变了传统中国史研究处理"核心"（内地史）与"边缘"（边疆史地学）的旧有格局，甚至使边缘议题取代核心叙述，彻底改变了清朝历史的主流叙事结构。把传统中国史中的"江南"叙事重新想象成边疆军事征伐行动的附属故事，根本漠视"清朝"与传统"中原－江南"历史叙事模式之间的关联性，其结果是完全使"中国"概念"空心化"了。

"新清史"对"满洲特性"的强调确实在某种程度上开启了一扇洞悉清朝统治特征的窗户，特别是有利于修正以往史观忽略西北边疆民族历史发展特点的弊端。但如果强调过头而失之分寸把握，就会误把支流当主流，偏离了合理解释的轨道。比如"新清史"特别强调清朝皇帝多次发布谕旨倡导"国语骑射"和维系"八旗制度"的活力。但这些谕旨恰恰是在"满语"废弛，以致有些官员或不屑于讲"国语"或拼写错字频现的时刻下才颁布的，可能恰恰说明了"国语"衰落已成无法挽回的颓势。再如"八旗制度"的兴衰，实际与清朝日益融合进"王朝史"的发展逻辑有关。作为一种满洲入关前的地区性制度，当清朝统治全国以后，正是因为"八旗制度"过度强调满汉区隔的军事性质，才在清朝后期的历史进程中逐渐遭到抛弃，或者日益融入当地的习俗中，淡化了其满洲的特性。汪利平曾研究过旗营和旗人逐渐被"地方化"的问题，她指出，清末驻扎杭州的旗人开始不断在当地购置墓地，而不是选择把尸骨运回祖先所在地，即可看做是八旗制度"地方化"的表现。[1] 与之相反的历史后果却是，清朝倒是在保有族性特点的同时，比以往王朝更加善于推行儒家的"教化"策略，才延续了对内地核心地区如中原和江南以及岭南地区统治的辉煌历程。把区域性的治理技术和策略放大为一种持久的"国策"加以认识，以此消解清朝对"中华民族多元一体"历史进程所作出的贡献，无疑犯了后殖民史学以偏概全的毛病。

---

[1] 汪利平："杭州旗人和他们的汉人邻居：一个清代城市中民族关系的个案"，《中国社会科学》2007年第6期。

清史研究出现第三条道路的可能性

如上所述,"新清史"研究凸显西北、东北区域以及其他边疆区域的重要性,重点申明了满洲族群的特殊性在维系统治过程中所起的关键作用,无异于是在实施与传统"中国"相分离的切割手术。他们表面上承认只是在平等尊重传统中国历史叙事的基础上强调"内亚"和满洲特性的意义,以期引起学界重视,因此有意挑明:内亚地带与中原、江南地区在清代历史上应该拥有同等重要的地位。实际上,"新清史"却认为,西北的"内亚"地区并非和"中原"、"江南"一样同处于一个连续的历史共同体发展线索之内,因此无法也无意做出相同的叙述。结果,所谓"内亚"征服的历史和"满洲特性"所发挥的作用往往被抽离分割出了传统文明史的叙述框架,而被赋予了独立的意义,"中原"和"江南"的位置反而被边缘化了。一旦"西北"征服的故事被升格为主流叙事,即使话题偶及"中原"或"江南",也往往以"西北"征服故事的"连带物"形象出现。

突出的例子是张勉治最近出版的新著《马背上的朝廷》一书所表述的观点,和一般"新清史"论著有意忽略江南地区有所不同,这部著作中的相当一部分内容是叙述清帝南巡的影响。但他认为清帝南巡纯属旗人的事务,南巡完全按照满洲围猎的规制进行安排,反映的是北方游牧民族的行为特点,更像是"满洲特性"的另一种展现。特别是乾隆帝南巡更是针对西北战事而有意设计的行动,甚至有两次南巡更被看做是为平定西北准噶尔所做的后勤准备。这样,"南巡"和"西师"之间就建立起了一种似乎合理的呼应关系。[1] 但我认为,这种关系的构成是建立

---

[1] Michael.G.Chang, *A Court on Horseback: Imperial Touring & The Construction of Qing Rule, 1680—1785*, Harvard University Asia Center, 2007. 比较概括的评价可参见刘文鹏:"从内亚到江南:评张勉治《马背上的朝廷》",刘凤云、刘文鹏主编:《清代的国家认同:"新清史"的研究与争鸣》,中国人民大学出版社2010年版。

能力成功地破除了宋明儒学的羁绊，最终仍然只能选择另一条迂回路径，即仍然按照儒学所构筑的自"三代"，经过汉唐宋元明沿袭下来的政治思维路径来构筑自己的正统性基础。

由此看来，对"清朝"统治特性的理解不能脱离传统"中国"早已铸就的政治与文化共同体基本背景的制约，尤其不宜把"清朝"与"中国"做截然对立的划分。"清朝"实际上延续了以往朝代的许多政策，比如对"敬天法祖"意义的诠释与实施，"敬天法祖"无疑是儒典中包含的要素，尤其是宋代尤重"祖宗之法"。[1] 当然，清朝的"祖宗之法"并非简单地延伸了汉人理念，而是融入了不少满人特性，如祭祀仪式对萨满教和藏传佛教的汲取就有别于汉人祭典。[2] 乾隆朝以"乾纲独断"、"以孝治天下"为"家法"也是其独创之所在。[3] 但"敬天法祖"政策的另一面却恰恰强化了汉人传统中的许多要素，如只有在清代才真正实现了"敬宗收族"的整体社会规划，成功延续了明代才逐渐渗透到基层的宗族控制社会的功能。

进入清朝以后，宗族才开始大规模地在乡村社会里发挥着治安、抚贫和教化的作用，这与康熙年间在更为广大的范围内认真推行《圣谕十六条》所规定的内容有关。据考，《圣谕十六条》当时有汉语方言本、满文、蒙文等多种文字的版本，[4] 正说明在保持多民族语言特色的外貌下，清朝实施的核心价值恰恰传承的是宋明以来的儒家理念。又如清帝对"教化"重视的程度几达于极致，形成了独特的"教养观"。乾隆帝即对儒家"教养"的含义有连篇累牍的阐发，并在官僚实施的具体基层治理过程中如何操作有相当明确的指示，其谕令的密度和诠释深度均远超于宋明两个汉人皇帝执政的朝代，可见其对儒教政治文化浸淫之深及参悟之透。

---

1 邓小南：《祖宗之法：北宋前期政治述略》，三联书店2006年版。
2 罗友枝：《清代宫廷社会史》，第七章，中国人民大学出版社2009年版。
3 常建华：《清代的国家与社会研究》，人民出版社2006年版。页15—23。
4 周振鹤撰集：《圣谕广训：集解与研究》，上海书店出版社2006年版，页615—618。

颖，他觉得宋明理学的构成不仅仅是一种"学说"形态，更是一种"身份认同"，是类似于信仰团体的文人圈子，也可能发展成一种"社会运动"。这三者并非总是一致地反映在人们的具体行动中。[1]清朝皇帝对"理学"的态度也有一个微妙的变化。康熙帝以传承宋代理学"道统"自居，在文化身份上较为认同南宋朱子学，当然他有攫取"道统"以归于"政统"的特殊目的，但至少在表面上通过纂修《性理大全》、祭祀朱子为十哲的方式确认了自身对"理学"的尊崇。乾隆帝对待"理学"的态度则远为复杂和暧昧，他表面上虽延续了康熙帝崇尚宋明理学的国策，却有意从汉代经学入手重构清代的文化权威体系，乾隆帝还曾颁布大量谕旨谈及回归"三代"和效法汉唐的问题，其深层用意显然是想绕开已在士人思维中扎根定型的宋明"中国观"，重新开掘汉唐思想中对"大一统"中国的古典认识，建立有别于士林"理学"的"帝王经学"。

  我这里想表述的意思是，不能因为乾隆帝和一些士人一样讥刺宋朝为"陋宋"，也不能因为清初统治者高度重视"满洲特性"的发明与维系，强调对西北民族族群身份与宗教的尊重，就忽略了其对历史上另外一系"中国观"的阐发与推崇，从而有意把"清朝"与"中国"直接对立起来，希图另外构造出一个崭新的"想象共同体"。这个脱离了中国历史脉络的所谓"大清国"似乎与汉唐宋元明的文明连续体没有多少关联。尽管满人作为异族入主大统，其立国的基础不但肯定与满洲的独特传统息息相关，而且其建立在"东-西"横向而非"南-北"纵向基础上的"大一统"视野早已证明为前代所不及，但我仍固执地认为，清朝皇帝的历史观不可能脱离以往朝代所规定的若干前提限制，建立起一种脱离"中国"叙述的所谓"内亚"世界观体系，也不可能完全从"族群认同"的角度出发，按照满洲族性或满蒙联盟的路径建构自身统治的合法性，清朝君主再有想象力和超越前代的思想统治力，甚至凭此智慧和

---

[1] 包弼德：《历史上的理学》，浙江大学出版社2010年版，页97—98。

它们共同构成了"中国"观念形成的合法性资源。清朝帝王固然致力于破除宋代"夷夏之辨"对"大一统"观念形成的阻碍作用,包括否定了宋明士人对"中国"概念的狭隘理解,却并未否认宋代以前早已出现过另一种类型的"中国"观,即从先秦"三代"一直延续到汉唐的多元民族共存的"中国观"。

汉唐两朝特别是唐代以包容不同种族的多元文化而著称于史,这已为陈寅恪先生出色的研究所证明。唐代甚至是"胡化"与"汉化"相互交融并存,很难分出哪种"涵化"力量更具优势,而是处于高度杂糅的混合状态,甚至唐皇李世民的鲜卑血统不但不会成为其立国的障碍,反倒成了唐代多元繁荣的一种身份保证。[1] 近人傅斯年做《夷夏东西说》则更是把中国历史的早期叙述置于东西方向的移动脉络中进行重构,这很容易使人联想起雍正帝曾在《大义觉迷录》中引用孟子的话来描述"夷"的多变身份,那段话意思是说,东夷西夷在地理上的移动其实标识着族群身份也可以不断发生变化,并非如宋明士人所认定的那样必须洗刷干净自己身上的"夷狄"气味,才能获取合法身份。

由此可知,即使是近现代学者如钱穆、陈寅恪、傅斯年也是分别从不同的"中国"叙述中获取解读历史真相的资源,而并非一致固守某种特定僵化的历史观,更不用说清朝皇帝在建构正统观时采取了多么复杂多样的叙说策略了。并非对宋朝"夷夏观"的批判就一定意味着其必然要逸出"中国"叙述的其他脉络,或者似乎必须单单采取清朝自己独有的异样正统观念。

因此,我们不能说清朝破除了宋代"中国观"中夷夏之间的对立就同时意味着其彻底放弃了对"什么是中国"这个问题的传统理解,我更愿意视之为是对宋代以前"中国观"的一种复归。清朝君主恰恰有一个从最初崇尚宋朝的理学"道统"到返回"三代"、"汉唐"以寻求合法性资源的过程。关于"理学"的作用,包弼德有一个看法颇为新

---

[1] 陈寅恪:《唐代政治史述论稿》,上海古籍出版社1997年版。

汉人心目中的"中国"版图,这是带有明显政治目的的革命鼓动策略。不过,在我看来,"新清史"把"中国"观念形成的时间大大推后了,犯了时代错置的谬误。实际上,对"中国"认同的想象并非源于近代民族主义的兴起,近代所有反满的过激言论,毋宁说只是宋代以来就已形成的"夷夏之辨"正统观的一种自然延伸。例如,钱穆撰写《国史大纲》,在谈及明朝立国时仍使用的是"扫除胡尘,光复故土"等古旧字眼,在《中国历代政治得失》这部著作中则把清朝视为"部族政权"以别于汉人的"士人政权",使我们颇能感受到夷夏势不两立的历史情结仍存留在其心间,[1] 其撰史动机完全可以看做是宋朝以来"夷夏之辨"观念在近代的一种映射,只不过隐喻针砭的对象从历史上的旧"夷狄"变换成了屡次侵略入境的西洋东洋新"夷狄"。

"清朝"在多大意义上与传统"中国"的形态构造相叠合,还是从根本上就应该区分界定为两个对立的概念,不能仅仅依凭某个短暂的历史时期出现的现象加以认定,而必须置于更为长远的历史流程中进行分析。从表面上看,清朝帝王强化了"大一统"的历史内涵,更强调疆域扩展和有效控制的重要性,击破了宋明以来流行的"夷夏"对峙的历史模式,似乎这套叙述策略迥异于有关"中国"的传统界说,其实这是一个极大的误解,谬误之处在于把宋明以后以"夷夏之辨"为核心理念构造的历史观当作了历史上唯一的"中国"叙述模式,同时也把近代民族主义者对传统"夷夏观"的再度阐释看做是对"中国"概念的唯一陈述。这样一来,所谓"中国"论述就被裁剪压缩成了"宋"(明)与"清"关于"中国"内涵的理解相互激烈对峙的历史,甚至被简化成"清朝"坚持族性独立的见解与近代反满思潮相互对抗的历史。

"新清史"没有看到或者是故意忽略,在宋代以前中国历史的演变还存在着一个漫长的民族融合过程,这种民族融合与宋代强调民族差异与对抗的历史话语是相互接续的,但又是颇为异质的,不可混为一谈,

---

[1] 钱穆:《国史大纲》,商务印书馆1996年修订第3版,页12。

蠢，在他眼中，长城只不过是一条自然地理的边界而已，根本起不了什么实际作用，这就有意消解掉了长城强制隔离"南－北"文明的族群划分意义。乾隆帝的看法与拉铁摩尔所说农耕文明与游牧文明之间依长城为界发生自然互动的思路相当接近，都是为了化解"南－北"纵向汉化历史观的局限，希望在更广大的"内亚"视野中定位清朝的统治，"新清史"无疑继承了这种历史叙事的传统。

比较而言，从"区分"大于"涵化"的角度思考清代历史，就是对"中国"的重新想象和建构。在过去的历史观中，"清朝"和"中国"的概念是重叠在一起的，因为清朝的统治结构被认为是历朝历代政治文化的自然延续，甚至是"南－北"纵向历史观所构造出的"中国"叙事的一种另类表现，尽管其在疆域面积的实际控制能力上远超以往任何一个朝代，却也只不过是"中国"大一统历史观的实践后果而已。因此，两者作为同义语加以表述似乎毫无疑义。但在"新清史"研究者看来，"清朝"和"中国"却有可能是两个完全不同的概念，甚至必须加以分离。因为清朝早已突破了以长城界分南北并以此划分"野蛮"和"文明"的传统地理观，而是以平等的心态瞩目于西北内亚地区，并赋予其与对江南统治同等重要的含义。也就是说，清朝的统治不但在疆域上远远超出了传统"中国"的界线，而且在统治理念上也可能完全异质于以往"中国"以汉人为中心的同心圆式的文化辐射逻辑，对清朝统治的再研究也许能够改变对"中国"内涵的历史定义。

"新清史"研究的盲点之所在

"新清史"有一个重要论点是，以汉族的历史观为主体建立起来的"中国"认同是近代民族主义话语想象出来的结果。清朝的统治疆域远远超出了汉人控制的面积，真正实现了"大一统"的治理目标，也超出了近代民族主义者对"中国"含义的有限界定，因此才遭到清末反满人士的猛烈攻击，他们想通过重提"驱除鞑虏，恢复中华"的口号恢复异,以寻求其更为复杂的意义,[1]其独特的"内亚"视角经过"新清史"流派的不断借鉴和深化,颠覆了以"中原-江南"为纵向主轴的清朝历史叙事模式。比较极端的观点甚至认为,清朝的成功不但依赖其满洲特性,满清政权更是代表了蒙古传统的精华。有些学者普遍认为,只有站在满蒙联盟的立场上,才能理解清朝统治为什么对不同族群的政治社会文化习俗采取了比以往王朝更加包容的态度,并身体力行地使用多民族的语言、行为习惯和表达方式。

"新清史"把清朝置于"内亚"的环境甚至更为广阔的世界史视野中重新加以定位,在地理空间的描述上的确改变了传统史家观察历史的方式。比如过去的史家习惯以是否占据"中原"和递进攻取"江南"的纵贯层次勾画中国历史地图和解读统治合法性。北宋以前,一般情况下是谁占据了"中原"地带,谁就自然拥有了统治威权。随着北方中原地带被金人占据,宋代统治中心渐次南移,如此一来,仅仅从领土占有的角度论证拥有中原就天然具备政治合法性的论述显然对南宋皇权不利,故才有"文化涵摄说"的出现。这套学说认为,仅仅从地理上攫取汉人据有之地不足以证明其统治合法,最终还必须经由宋儒发明的思想"道统"对其文明开化的程度加以认定。金人虽占据中原,却需接受汉人的文化与制度,才能脱去"夷狄"之气,"夷夏之辨"在宋儒的言说中由此得出新解。南宋虽丢了"中原",被迫偏安"江南",却似乎反而替代金人维系了王朝正统。可见"汉化说"其实起源较晚。

这套以"文化优势"置换"地理优势"的替代言说策略显然是作为金人后裔的满人所深深厌憎的。他们一直在试图改变以"江南"为核心,以"南-北"历史纵向演变格局为参照依据的正统观。清朝君主对满洲族群的认同和对多民族统治身份的有意塑造,体现出以"东-西"地理格局颠覆汉人"南-北"空间叙事传统的强烈意愿。乾隆帝年轻时即作《长城说》一篇,大意是讥讽长城作为人为界线的设计构思颇为愚

---

[1] 参见拉铁摩尔:《中国的内陆亚洲边疆》,江苏人民出版社2005年版。

了多元文化结构中的共时性表达方式。[1]比如早期努尔哈赤的身份不仅是本族族长,而且还是蒙古可汗,以后乾隆帝所拥有的头衔更是繁复庞杂,他既是汉满族群的共同君主,又是蒙古人的"可汗",藏人的"文殊菩萨转世"。清朝皇帝本身拥有各种政治与宗教头衔,具备不同文化象征意义的多维品格,体现出对各类臣民复杂多样之宗教信仰的认可。虽然我们无法判断乾隆帝是否真正信奉喇嘛教,但清朝显然不是如前朝那般仅把儒教作为单一的立国意识形态。正是因为清朝对不同地域和族群的宗教信仰采取了较高的包容政策,才使之能够合理安排好各种异质文化因素的共存状态。

"新清史"第三个研究特点是在空间安排上强调清朝对"东-西"轴向广大疆域的控制,以打破旧清史以"南-北"纵向区域为主轴的叙事框架。他们注意到,属于清朝统治区的内亚腹地分布着草原、沙漠和森林地带,在横贯世界最大大陆的地理政治和军事历史,以及技术、宗教和物质文化方面的传播上,清朝统治者均扮演了极其重要的角色。但在以往的王朝史框架里,这一大片区域仅仅被视为是以"中原-江南"为核心的"中国"区域的边缘地带,其历史演变往往只是边疆史地研究专科所关注的对象。以往的王朝史还把草原游牧力量和农耕文明的发展截然对立起来,"长城"变成了界定两种力量的物质象征,由此诠释出一套农耕文明涵化和改造落后游牧民族的历史叙述模式。

近现代一些研究内亚历史的学者如拉铁摩尔首先打破了这种对立的阐述公式,他认为内陆和边疆地区族群势力的消长始终处于一种互动补充而非截然对立征伐的交往状态。长城只是划分定居农业和狩猎畜牧业的相对界线,两者可以不断形成转化。他们有意识地将中国传统的种族、族群、语言、宗教、政体形式的差异转化为生态与自然环境的差

---

[1] Pamela K.Crossley, *A Translucent Mirror:History and Identity in Qing Imperial Ideology*, University of California Press 1999.

传统汉化的历史观,对满人的统治得出了相当负面的评价,却恰从反向证明了满人在实施统治时具有和汉人王朝不一样的族性特征。这就涉及"新清史"与"旧清史"研究路径的第二个差异,即前者强调族性"区分",后者强调文化"涵化"。

以往的清史研究认为,满人统治成功的经验完全建立在对汉族文化的汲取之上,同时也完全取决于其在多大程度上摆脱了落后野蛮的生活方式和民族习惯,或者说完全取决于其"汉化"的程度。"新清史"则认为,满人之所以在疆域拓展的广度和幅度上超越前朝,并实行了有效统治,恰恰是依靠区别于"汉化"的所谓"满族特性"。"新清史"特别强调要从"种族性"的作用或"族群认同"的角度观察满洲的创建及其扩张。受人类学理论的影响,在他们的眼里,"族性"不仅是一个建构的过程,而且并非只具备认同融合"他者"文化的特性,还具有反抗中心统治霸权的抵御功能。这种自我建构和认同与"汉化说"所叙述的普遍主义式的历史解释有所区别,从而具有更大的灵活性。例如"满语"的发明即被认为是满人建立自身以"族性"为基础的意识形态的标志,它清晰地把满人与作为"他者"的其他族群隔离开来。"满语"创建的意义在于既隔离"他者",同时又凝聚"族人"。欧立德(Mark Elliott)更强调满人区别于汉人的共同认同感在其统治中所起的决定性作用,他称之为"满洲之道",内容包括娴熟骑射、秋狝围猎、通习满语及节俭之俗,还有如敬天法祖的国策等。[1]

欧立德提醒我们注意,清朝统治合法性建立的基础与前朝有所不同,正是因为清朝统治者一方面在巩固满洲自我认同的同时,善于兼容其他族群的信仰和习俗,才使之拥有远超前代的疆域和领土。[2] 柯娇燕(Pamela K.Crossley)称之为皇权在法令、实录及各种纪念物中体现出

---

[1] Elliott, Mark C, *The Manchu Way: The Eight Banners and Ethnic Identity in Late Imperial China*, Stanford University Press, 2001.
[2] 同上书。

外的"夷狄"居住地为边缘的"中国"疆域格局。满人作为一群智慧远超前代的"征服精英",则彻底摧毁了长城的隔离功能,改变了汉人政权对"中国"的狭隘定义,他们建立的新型王朝并非遵从以往汉族统治的传统,而是娴熟地运用了"满洲特性"。

如果较粗略地进行归纳,"新清史"观点和以往的清史研究相比较大致有以下三点区别:首先是"新清史"强调"断裂","旧清史"强调"延续"。"新清史"认为,满人采取的政治制度虽然在表面上延续了明代的若干传统,如对内阁六部制度的继承,但在更多的制度运作方面有所创新,比如军机处就从带有临时性的纯粹军事咨询组织转变成了一种常规的政治治理机构,由此提高了统治效率。再如密折制度的建立完全改变了君臣之间相互沟通的传统方式,使得君主控制臣下的能力大大增强。再如各地分布的八旗驻防使得汉人人口占绝大多数的城市染上了颇为浓厚的异族色彩。内务府的设置与运行,严格了宫廷内部的礼仪规范,与明代的内廷制度有了本质的区别,宦官外戚干政的现象在清代也由此完全绝迹。清宫中实施的萨满教和藏传佛教的礼仪也是明代宫廷中所阙失的。[1]

与"新清史"的观点不同,一些近代学人多从传统"夷夏之辨"与近代民族主义相结合的角度强调清朝的"断裂性"。如钱穆就认为,清朝是一种基于野蛮特性的"部族政权",与汉人建立的"士人政权"完全异质,这种政权的特点是由部族来控制政府,掌握政权,因此是私心的,他们实施的一些举措不算是政治制度,只能算是一种法术,与长期熏陶于儒教文化之中的汉人政权有天壤之别。钱穆在界定清朝的性质时显然是拿汉人文明的尺度衡量其价值的优劣,其背后的隐语是满人只有接受汉人的先进文化才能步入文明的境界,才具有延续前代王朝正统的资格,这种看法可以说是"汉化论"的极致表现。[2] 钱穆的论证虽基于

---

1 参见罗友枝:《清代宫廷社会史》第七章,中国人民大学出版社2009年版。
2 钱穆:《中国历代政治得失》,三联书店2001年版,页143。

五　超越"汉化论"与"满洲特性论"

"新清史"与"旧清史"研究路径的差异

总体而言，以往的中国史研究基本上是以"朝代更替论"作为阐释的框架和基础，虽然近代以来引进了进化论的视角，但按朝代划分观察中国历史演进的模式并无根本性的变化，即基本以汉唐宋元明清等统一王朝的交替变化作为叙事的主流线索，那些分裂割据的历史时期则被视为支流，大多只能依附于主流线索的叙述之下。这种主流叙事还认为，那些由异族入主的王朝要想获得统治合法性，必须经过汉人文明的熏陶与规训，才能真正有资格融合进"中国"的版图。汉人所具备的统治合法性，其优势并不在于占有多大面积的土地，而在于拥有改造其他族群的强势文化力量。即使当年中原被金人攫取，元代更是屈居蒙古人的统治之下，但汉人文明的辐射和同化能力仍是不容置疑的强大，故有人把此现象归纳为"汉化说"。在王朝历史演变序列中，清朝虽有明显不同于以往朝代的异族入主特征，但仍理所当然地在"汉化"的历史脉络里扮演着一个接续传统的角色。

最近几年美国出现了一个称之为"新清史"的研究派别，他们所提出的观点却彻底改变了"清朝"历史在传统朝代接续脉络中的位置，构成了与"旧清史"叙事截然对峙的探索风格。"新清史"认为，满人崛起于东北，却仅以二十万之众征服了中原和江南，这绝不是一个简单的朝代更替问题，更为重要的是满人的崛起改变了我们对什么是"中国"的传统认识。传统"中国"的范围约定俗成地以长城为界，人为隔离了农耕民族与游牧民族的交往关系，进而形成以汉人文明为中心，以长城份，而赵堡人则突出太极拳源于武当的"隐逸"色彩，说明在太极拳播衍流传过程中也存在"皇权"与"隐士"交融对立的二元结构。

近几年，随着形形色色的"身体史"研究进入学界的视野。人们注意到政治、军事乃至医疗过程对近代中国人"身体"的形塑作用，但尚未充分注意商业和消费在近代中国人身体建构中的影响。张仲民的文章以推销艾罗补脑汁这一商业行为为例，细致解读出以广告为媒介的消费滋补品在营销过程中如何挪用强种强国的改造国民性话语，以增强其商业运营的效果。与以往的广告宣传完全不同，推销艾罗补脑汁的行为大量使用了泛政治化的修辞，将药品的疗效与种族兴衰、国家兴亡的政治关怀勾连在了一起，似乎只要将消费的理由与救国爱国的主题相关联，其行为就具有更为高尚的合法性，这无异于是商家与消费者的一次共谋，这样的共谋固然可以为商家的赢利行为增添正面形象，更为顾客消费提供了正当性，然而如此牵强的比附一旦泛滥开来，就使得民族主义的宏大叙述在经营商品的过程中彻底庸俗化、形式化和空洞化，最后的结果是非但不能促进民族主义及种族认同，反倒消解了民族主义论述及实践的意义。

稍作总结，清史研究要辟出新境大致可以考虑在如下几个方向上有所掘进。一是"大一统"观念的变化及其与早期全球化历程之间的关系；二是在区分"政治合法性"与"政治能力"的基础上，注意皇权与中层官僚系统之间如何进行协调互动，以强化其治理技术的应用效果；三是身体与形象的微观形塑如何影响到了政治人物的气质和行为变化。

者"的张三丰,其双重隐喻形象与皇权的权威系统之间存在着微妙的对应关系。

作者有一个很有意思的观点是,隐士与皇帝之间犹如嫁娶的关系,皇帝以科举诱惑士人,但一个隐士若脱离山林,应召于朝廷,往往为同道所不齿,犹如女性的失贞。故"隐士"必须与帝王建立起另外一种"隐性"的姻亲关系,以别于进入宫廷的士人。隐士和皇室的关系不仅是精神性的,还是物质性的。明代皇室曾经向武当山赐赠了大量物品和封号,武当道宫不但在皇室支持下才得以建立,其中的神像、道像、供签、神幡等不计其数的日常用品与土地用度均由皇室赐予,犹如婚娶的嫁妆,隐士(道士)给予皇帝的物质回报,一是"方药",二是"贡物"。明成祖寻访张三丰的目的中就包含有寻药的动机,武当山还有向皇帝进献榔梅的惯例。

武当山的空间秩序也是被朝廷按照官府科署的方式加以营造的。张三丰的坐像位置被安排于遇真宫中,遇真宫之上是真武殿即最高金殿,在空间格局上,通过张三年身体坐像划分内/外之别。其坐像身体的另一个特征是右手裸露,左手藏于襟袖之内,按右尊左卑的原则,隐喻着张三丰沟通神界(右)与俗界(左)的媒介功能,而皇室对武当山宫观格局与张三丰坐像位置及身体姿势的安排,又喻示着张三丰成为沟通皇权与真武大帝的媒介。张三丰的身体于是被赋予了诸多意义:一方面它游离于世俗日常生活之外,代表隐逸的士人,其道士的身份也昭示着其在野的形象;另一方面,由于张三丰代表着玄天上帝,这表明皇权只有在对道士与隐士表现出足够的敬意时,它才能获得来自神意授予的统治合法性。

隐士和皇权的关系绝非固定不变,在皇权更迭之时,他们之间的交换关系会转变为继嗣关系,张三丰的传人王征南在明亡清兴的过程中继续以隐士的身份和身怀内家拳的武艺效忠前朝即是例子。这种隐士与皇权的关系,在民间社会中也同样存在。作者在调查太极拳之乡河南滉县赵堡镇和陈家沟时发现,陈氏太极传人一直强调其始祖的武生和官员身家":中国"身体社会"之变化,以张三丰神话为例》一文,则别开生面地从"武术史"和"神话学"的角度出发,重构了明清时期"隐士"张三丰传说的再造流传过程及其与皇权政治的互动关系。此文虽处理的是武术太极宗师张三丰的题材,却突破了正统武术史的研究框架,为我们提供了一幅民间与朝廷关系相互依存和转化的生动图景。

在武艺、身体及其相关的技术方面,明清时代的一个重大变化是出现了内/外之分,武艺技术的内外之分据说始于隐士张三丰(峰),而最早记录张三丰内家拳技术和源流的人则是黄宗羲、黄百家父子。因之,"内家"与"外家"的技术之分,又不可避免地与明末清初的鼎革之变发生了关联。赵丙祥发现,武艺、武术内外家区分的"技术区域"首先出现于浙东地区,后来才逐渐波衍到华北,这与明清之际思想学术领域发生转型的大背景有关。明中叶以后,阳明心学颇为流行,十分注重内心世界的自省,以有别于宋学对外部之"理"的认知路径,故影响到了对武林技击技术的理解。内家拳强调"以静制动",区别于北方外家拳的刚猛理念,当与此大背景有关。武术技击中隐喻的"内"、"外"之分甚至投射到了明清之际遗民素持的"夷夏之辨"传统言说中,即华夏世界的"内敛"刚毅与外番"满人"的外向野蛮气质构成了一种对峙关系,对"内家拳"谱系的弘扬成为哀挽明代自由讲学风格的一种寄托记忆的方式,对张三丰形象的重塑即有此悲凉之心结在。

当然对武学内外之别区域背景的考察只是文章的主题之一,其论证的核心之处乃是在于通过对张三丰"身体"形象的细致观察,重构明清"隐士"与"皇权"政治的互动图景,作者仔细分析了由文字、肖像和碑刻所塑造出的张三丰的两个身体。在武当山道士的笔下,张三丰是道士仙人,其重要的身体特征是手握一把"矩"(方尺)。在古代代表"方",其手中之矩喻示着沟通天地的能力。它和道士头上的髻(代表圆)相对应,实现天地阴阳的交会。而张三丰的另一幅画像则头戴斗笠,手持行杖,杖头是个尖嘴锄,可能具有药锄的功能。这些特征说明张三丰还扮演着"隐士"的角色,从而引申出作为道士(仙人)及"隐人这样的重罪，或累世积压的世仇诉讼，也往往能够通过中介人的协调，以物质赔付（如牛马）的形式加以解决。苗人聚居区有"生苗"、"熟苗"之分，"苗俗"在"生苗"聚居处较为流行，后转化成王朝认可的"苗例"，收入《大清律例》。其实，苗地法律制度的实行是与其行政区划既因俗而设又适当融入统一治理的分层架构有关。湖南苗人聚居区之最基层组织保留了传统的"寨"、"里"等名目，"寨"设苗目，"里"置百户，百户之上则按清朝统一模式科层式地设置巡检、经历和同知等官员。在具体的法律实践中，作者通过对《湖南省例成案》中若干案件的解析，深入阐明了清朝官员如何在湖南运用"苗例"与汉律杂糅的审判程序进行双重宰制的具体过程，说明清廷在灵活处理苗地案件时，并非完全不变地依苗俗治苗人，即使已依苗例定案审结的案件中，清王朝仍然可以根据汉律对案件主体进行额外惩处，以此表明清朝在苗疆拥有完全的法律权威。

当然，维系这种既因俗而治又强调王朝权威的法律体系，是需要地方官员加以实力推行的。陈宏谋任湖广总督时就曾专门制订弹压治罪条款，要求地方官在苗地定期巡查并亲办案件，不得转委。这也恰好验证了杨念群文章中所述"学者型官僚"在乾隆帝的督促下所形成的定期巡历制度同样也适用于苗地。这样一套兼顾"化内"的普遍性与"化外"的特殊性功能的法律体系曾经有效地维系了湘西新开苗疆地区较长时间的稳定局面。

如何从新的角度观察"身体政治"

目前，"身体史"研究在中国处于方兴未艾的阶段，特别是随着后现代、后殖民理论的勃兴，如何从更为微观而非外在结构的方面观察中国历史的变化，日益成为焦点问题。但据我的观察，从身体角度切入历史的分析方法目前只初步被运用于医疗史和性别史的研究中，并且已初显僵硬化模式化的迹象。《新史学》第五卷所收入的《"内家"与"外定,在实践领域具备较全面的行政职能,少数地区佐杂甚至与知县毫无区别。有些地区佐杂管辖的地区可以被视为独立的行政区划自行运作。特别是清代经历废县、并县的调整后,佐杂管理区域甚至可与县级政区之间进行嬗替。

学者们早就注意到,清代人口虽大量增长,但官僚部门的人数却并未相应增加,人们对清代何以在不增加行政人员的情况下管理如此庞大的疆域和人口形成了数种解释。其中最有影响力的模式是"乡绅社会"理论。这种理论认为,正是因为县级以下那些没有正式行政头衔和职能的"乡绅"阶层承担起了治理社会和调解纠纷的责任,官方通过"无讼"尽量避免民众对行政资源的利用,以免增加人口压力而带来的管理难度,乡间才有机会形成自治的态势。而胡恒则提出了另一种解释路径:即清廷采取了区别式管理的策略,最大限度地调动和利用了现有之行政资源,除政区分等和酌情添设县丞、主簿、巡检司等佐贰官,最重要的举措就是佐杂派驻乡间划定区域,承担部分或全部行政职能,从而有效分担县级行政的责任。

事实证明,雍正以后,佐杂移驻乡村的速度逐渐加快,规模亦有扩大,成为国家向乡村社会进行权力渗透的最重要根据,从而修正了国家权力向地方大规模扩张始于清末新政的刻板论断。

清朝在履行"大一统"治理实践过程中,比以往朝代面临着更为复杂的多元民族混居共融的局面,故而在少数民族聚居的边远地区实行"因俗而治"的政策。以往学术界对此一取向多有关注评说,但在具体治理过程中,如何既尊重边远疆域旧有习俗所具备之解决纠纷的功能,同时又与王朝内地整体的律法体系相协调等问题,多数研究仍语焉不详。黄国信的文章则通过对湖南苗族习俗如何转化为"苗例",并予以实施的研究,探讨了清朝"因俗而治"政策如何被灵活运用于处理纠纷的具体审案之中,从而为从民族立法向民族地区法律实践研究的转移辟出了新境。

清朝以前,苗民中往往以"苗俗"作为调解纠纷的依据。即使如杀级行政以下的社会组织，存在的意义已不只是行政权力的补充，而且几乎并行发挥着社会管理的作用。

"双轨制"理论曾经对中国社会史研究的转向产生过重大影响。上个世纪九十年代以后，学者纷纷转而从事对县级以下社会组织如宗族、乡约、里甲等制度的研究，或者对其运行主体如乡绅、族长等角色的作用加以分析。当代经济学和"三农"问题研究者如温铁军、张维迎等人也都从节约运行成本的角度复述了"双轨制"的原则，进一步强化了人们对古代县级以下社会处于行政真空状态的印象。[1] 这些假设似乎都不加考据地先天设定县级以下不曾设有正式的职官，也不曾有过任何行政机构，自然也就谈不上官僚在县级以下拥有行政治理的能力。胡恒的文章则对此提出了反证。在他看来，以往的地方官制研究由于过度关注"正印官"的作用，而相对忽略了佐贰官、杂职官的研究，对僚属官重视的程度甚至不及衙役、书吏等低级吏员。

实际上，清代开始从分防设置的角度在县以下布置任命僚属官或佐杂官，这类分防行为与宋元明专门用于治安的巡检司的布局设置完全不同。清代府州县的佐贰官与明代的最大差别即在于其不一定与正印官一起驻扎于府城县城，而是开始向乡村分流。至晚清，大部分佐贰官都分防到了乡间，甚至在一些乡镇要冲，出现了佐贰官与巡检司同驻一地的现象，有些地方还会临时添设佐杂协防，县以下还不时设置教谕、训导管理一区的乡学，也是权力向县级以下延伸的例子。另外，税课司大使、驿丞、典史、吏同等官员也有驻扎乡村者。至于分防佐杂的职能是否单一的问题，文章也做了较为细致的辨析。从职能范围来看，佐杂官负责的事务非常广泛，诸如解送钱粮、监察平粜、编查保甲、训诫教化、代官查验、市镇管理、赈济灾民、刑名词讼等诸事，不一而足，均有涉及。可见，佐杂的行政职能并非单一不定，而是逐渐超越了制度规

---

[1] 张维迎：《信息、激励与连带责任：对中国古代连坐、保甲制度的法和经济学解释》，《信息、责任与法律》，三联书店2003年版，页185。

层,在基层通过建构宗族网络贯彻教化意旨。因明代皇权出现真空状态,下层教化的自发行为反而能相对自由地舒展开来。不过其无序和散漫的特征还是相当明显的。直到清初至中叶,皇帝主动在谕旨中详细规定"教养观"的内涵,并敦促地方大吏推而广之,遂构成了一系新型的弼德明刑的治理技术,其要旨涉及成为一名合格官员的标准,明确指出教化的职责应高于刑名簿书的俗吏事务,把古循吏的条教正规化。督抚州县官都要游历辖境、亲民劝课,同时须自觉厘正道德修养与官僚行政职责之间的依存关系,官员须具备学者的涵养,并善于转化为政治实践,故最终形成了"学者型官僚"的规范要求。行政与教化职能从此融为一体,实现了"政-教"交融的统治格局。一方面,"政教"关系在治理层面上的进一步交集,说明帝王攫取"道统"、"政统"于一身的程度不断加深,从士人对"道统"守先待后的理想传承角度而言,此过程多被鄙为负面之举。不过从另一个角度观察,士人承担官僚职责时,"政教"在治理技术层面的进一步交融,实有助于政治执行力的提高,也可能恰恰昭示了士人在事功经世方面的优异表现。

有人认为,清中叶士人中可能存在一个"经世学派",其思想内涵不同于清初与清末的"经世派"。我以为,无论持"经世"思想的人群是否能构成一个派别,清中叶官僚所具备的"经世"素质和能力都是应该仔细加以检视的,特别是这种政治治理能力往往以深厚的儒学道德教化作为资源,甚至成为构建"大一统"统治格局的基石,其对清代政治合法性和政治能力的探求均具有相当重要的启迪意义。

《新史学》第五卷所收胡恒的论文则直面近年学术界奉为公理信条的"皇权不下县"理论,质疑其在基层社会史研究中的普遍意义。"皇权不下县"理论其实源自费孝通先生早年提出的中国社会统治的"双轨制"原则。当年费先生在《乡土重建》一书中指出,由于国家不断加快自身的现代化进程,需要把行政权力不断向基层延伸渗透,以榨取公共资源用于各类新型的国家建设,故而打破了行政权力运作止步于县级的传统治理格局,造成了原有政治秩序的失衡,言外之意是,一些传统县的"非行政化"现象成为其有别于清朝"政治合法性"研究取向的最重要议题。但我以为，对基层"非行政化"治理风格的探索无法取代对清朝政治治理技术（或者更明确的表达是对"行政治理技术"）的研究，否则就会出现或者死守僵硬的宫廷探秘式的老套路子不放，或者干脆一头扎进汪洋大海般的基层社会累积无穷无尽的个案，以求观察基层组织末端的动态。从而忽略了对清朝统治中层系统运作的观察。

据我的理解，对中层政治治理技术的观察，其实涉及的关键问题是如何诠释地方官员的"政治执行力"，督抚、县令和佐贰等人员无疑在政治合法性的建立方面起着作用。不过他们更重要的职责应该是贯彻帝王在管理国家方面的总体构想，同时又不使之流于单调的刑律威慑，而必须辅之以道德的内涵，其职能特征迥异于宫廷中的阁部官员，也颇异于基层草根之中的乡绅首领，但却是观察清朝"政治执行力"实施程度的重要对象。杨念群的文章从地方官如何回应乾隆帝有关"教养"的一份谕旨说起，深入讨论了清朝帝王的"教养观"如何通过官僚的具体实施转化为一套政治治理技术。

中国自古就有"儒生"与"文吏"之别，两者的身份角色既对峙又交融，互不可少。如只有"儒生"抽象论道，王朝的行政管理必然匮乏无计，若只任"文吏"为所欲为，则王权统治又缺乏合理的道德基础。道理虽然显明，但要使两者精密地协调在一起，各得其位地协调运转，难度可想而知。最重要的关节是，官员的行动既要具备效率，同时又不沾染酷吏的恶名，分寸感极难把握更不易被制度化。古人时或歌颂"循吏"具有平衡行政与道德角色的双重能力，然"循吏"在执法的同时推行教化大多是兴之所至、断断续续，没有外在的力量督促和使之常规化。

宋代以后，儒士的地位略有提高，其表现是凸现了道德教化在建立政治合法性方面的作用，甚至帝王都会沦为儒士"教化"的对象，但那只是思想意识层面的宣示和儒家地方流派的自我揄扬，无法真正落实到政治治理层面。明代的情况略有不同，一批士人把目光从宫廷转入下影像公开昭示出清朝行刑的严酷场面,才诱发了沈家本对"公开"还是"隐秘"行刑的思考,其变革路向的构想中,有些思路十分接近于西方法律的原则。可见,西人通过各种影像对中国法律的建构就有了多重的现代性意义,值得细致解读。

清朝的治理技术与官员的政治执行力

《新史学》第五卷第二部分收入的文章更多关注的是帝王与官僚的"政治执行力"或称之为"政治能力"问题,这和以往清代政治史大多比较关注清朝统治合法性问题的研究取向迥然不同。传统政治史研究相对比较侧重宫廷内部对"朋党"的清剿或围绕清帝帝位的接替所造成的秩序变动,虽然也涉及帝王在稳固政权时采取的一系列措施,包括礼仪的恢复与制作、敬天法祖以孝治天下国策的实施、对边疆的军事征服与管理,以及粮食政策的调整等。但我以为,这些研究思路仍属于"政治合法性"的思考范畴,更深层的问题应该是,当一个王朝建立起其基本的外形架构后,特别是一个异族接替了汉人王朝的大统后,除了需要艰难地论证其自身的统治合法性,同样迫切的任务是要建立起独特的政治治理秩序,同时还要注意如何使新朝的治理技术趋于合理。

"政治治理技术"与"政治合法性"的建立之间存在着关联性,但两者实有相当大的差异,必须做出甄别。特别是"区域社会史"研究兴起以后,有些学者批评清史研究只静态地关注"政治合法性"问题,特别是拘泥于上层政争的事件性解读,而没有看到在宫廷范围之外存在着更大的政治运作空间需要加以辨识。"区域社会史"的贡献在于从地方历史的脉络中细致入微地把握"政治"发生的具体氛围和实践效果,对地方社会网络如宗族、庙宇和村庄一级资源的开掘和利用居功至伟,但其主要问题是过度受限于"皇权不下县"或政治运行双轨制等传统命题的制约。因此,对国家行政治理无法延伸至县以下的历史现状的考察恰恰成为地方史发挥作用的前提和契机,由此形成了如何理解清朝地方治理罚犯人的想象，其中一个表现是，梅森所主持绘制的刑罚图完全删除了围观的人群，而突出了刑罚本身的酷虐形象，这就说明，欧洲观众只关心身体规训所构成的抽象信息，而不关心清代司法实践的具体过程及其实施效果。因为在中国的语境中，刑罚处置的"示众"意义更为重要，它是对企图反抗律法之民众的一种警示和震慑，这种震慑作用和示范效果的意义甚至超过了刑罚行为本身。然而早期西方绘制的刑罚图像却恰恰把观众的存在虚置了起来，仅仅聚焦于刑罚本身残酷施虐时所发生的震撼效果，因此，其想象中的"科学真实性"无疑会大打折扣。

特别有意思的是，有些貌似出自西洋画家之手的画作其实是出自广州中国画匠的手笔。这类外销画即所谓通草片水彩画受到西洋画技法的影响，成为西人了解中国风貌的媒介。但外销画中所描绘的刑罚规程甚至枷号上的文字均不符合于清朝的律例规定，甚至整个画册中合法的刑罚和非法的酷刑浑然难分，过时的法条与正在发生的司法变革信息杂糅难辨，讹误与难见的材料交织互见。又如某些图像对早在顺治三年即已明令革除的"割脚筋法"津津乐道地加以描绘，则更有猎奇之嫌。尽管有些画作所昭示出的基层官衙法外滥施酷刑的真实性毋庸置疑，具有一定的草根批判精神，而且得到了清朝司法改革文字的佐证，但仍难以掩饰其迎合西人口味的用意。

一个现象同样有趣，这些外销画虽然都缺乏背景描绘，但那些商人、传教士和外交官带回去的大量文字记述却构成了西人认识中国的基本意念框架。隐然成了这些绘画背景的补充，塑造了西人想象和观看中国的方式。作者特别提醒到，对清朝刑律规则的理解，一定要考虑满汉多元一体的法律结构特性，否则就会闹出笑话。比如一幅画作表现的是在定海街道上鞭责处罚犯人的画作，因定海并无驻防八旗，故显然是一种场景误置。如果从相反的方向观察，西人对中国法律形象的建构也并非都是一种虚幻的恣意想象和歪曲，特别是摄影技术中呈现出的比绘画更加逼真惨烈的图景，被反向传播于中国知识界后，成为诱发近代法律变革的触媒。文章指出，正是因为看到了西人在庚子国变后所拍摄的史研究者的观点。实际上清朝统治者对前朝遗产和对汉民族的认知有其自己的独到之处。清朝统治者不是从汉族血统论的角度出发吸纳传统文化，而是从王朝伦理宗法认同的角度强化自身统治的合法性，或者强调的是一种广义上的"中国"认同[1]，其实从另一个方向上接续了"大一统"观念构造的实践过程。作者还发现，即使是身处易代鼎革之际的汉族士人本身，也明显表现出民族意识的匮乏，他们对清朝统治的接受所持的标准往往是政治的而非种族的。如此看来，无论是在清朝帝王还是汉族士人的心目中，中国认同总是大于种族认同。"新清史"拘泥于从族性差异的角度批评"汉化说"而强调满族特性的作用，恰恰跌入了他们所不予认同的近代民族主义叙事所构设的陷阱。

近些年，大量图像资料的出现和整理为清史研究的转型提供了新的可能性，即便如国家出面主修的大型清史工程亦增加"图录"一门，并被认为是超越二十四史传统纂史框架的新亮点。中国传统官史对王朝统治的阴暗面多有讳言，更不用说以图像的形式予以展示了。晚清以来，大量西方外交人员和游客涌入沿海与内地，纷纷展开探险之旅，留下了大量文字和影像资料。与中国文人仅仅耽于描绘江南楼阁帘栊、小桥流水飞红及才子佳人行踪有所不同，他们的目标视野要宽广复杂得多，不仅瞩目于宫廷生活的奢华图景，而且对市井百态乃至文人所不齿过问的刑讯拷问、杖责徒流等场面均有细致描摹，特别是相机被发明以后，使得对形形色色动态影像的瞬间捕捉变得简易和真实，故晚清影像（绘画、照相）资料成为弥补史料阙如的一个重要来源。甚至有些中国学者对西人所绘制或拍摄的各种影像的真实性深信不疑，其缘由在于，中国传统主流史学对刑罚阴暗面的曲笔掩饰与对西人素持"科学"态度的主观想象均造就出了新的迷信心理。

《拆穿西洋镜》一文却对此种迷信态度提出了质疑。张世明认为，西人描摹的晚清中国刑罚图录很大程度上是为了满足自身对清代公开处

---

[1] 参见黄兴涛："清代满人的'中国认同'"，《中华读书报》2010年10月27日。

以内的中国内地地区，这与中原王朝与境外民族持续征战、始终疆域未定而无法真正实现一统之局的历史现状有关。也就是说，清朝以前超出"九州"的开疆拓土之举未必具有合法化的意义，这是因历代王朝很难把势力延伸到蒙古新疆等"九州"以外更为广大的地区，故对"九州"为范围的地域控制就成为划定统治疆域的实际依据。

清朝疆域一旦突破以往的畛域之限，就必然要重构"天下观"，于是借用早期的"大一统"理念把疆域拓展和控制厘定为"本朝之制"，从而使之合法化，遂成为清朝构造统治话语的特色举措之一。一般人认为，《四裔考》仅是简单重复了儒家的朝贡表述，故常被作为乾隆帝自我孤立封闭的证据。此文则认为，《四裔考》将传统朝贡国家和有贸易往来的国家分别以"朝贡之国"和"互市之国"做出了划分。所谓"互市之国"分别指日本和东南亚国家以及像英国、丹麦和瑞典这样的西方国家，说明朝贡关系在这一历史时期已渐居次要地位。清廷在地理观念上已具备了"早期全球化"的视野。

所谓"早期全球化"，在赵刚看来与十九世纪初叶以后西欧工业革命增长所引起的全球化过程有所不同，1800年前长达三百年的时间中，西方势力在美洲地区之外的世界各地并不占上风，恰恰相反，他们是通过接受和遵循非西方社会的地方性游戏规则，才加入到区域性贸易体系之中的。在此期间的全球化进程是西方主导和非西方主导的区域体系多元并存与相互整合的时代，与后期全球化席卷世界一家独享的格局完全不同。因此，乾隆朝所表述出的"大一统"话语恰恰是"早期全球化"的表现之一。这确实是个具有相当震撼力的观点。

这样的讨论不禁让我们对以下武断的历史解释生出疑问：清朝是否按照以往教科书所描述的那样一直处于一种让人不堪言及的闭关锁国状态？以至于只是僵化地等待着西方炮舰轰开大门才从睡梦中被唤醒？

这篇文章还批评了"新清史"过度从种族区分的角度自设立场的表现。作者认为，新清史所极力拒斥的"汉化说"是二十世纪民族主义思潮兴起的产物，也是革命党反满话语的组成部分，并不能代表后来清学术眼光。《新史学》第五卷所收文章即希望在新的探索视界下有所创获。

清朝"大一统"话语与早期全球化视野

如上所述，对"大一统"观念及其实践的认识是审视清朝统治特征的关键因素。《新史学》第五卷所收赵刚的文章通过对乾隆年间编纂的《皇朝文献通考》中之《舆地考》《四裔考》《象律考》等文献内容进行别具一格的分析；在早期全球化的背景下重新考察了清朝鼎盛时期"大一统"话语的构造。赵刚发现，尽管清朝基本遵循着中国传统的"大一统"言说的三个要素，即"天下归一"的理想，直接管辖的疆域和间接控制的"四夷"，但在"大一统"话语的构造方面却与前代差异甚大。这反映在《皇朝文献通考》虽在名义上是宋元之际马端临所撰《文献通考》的续编，但在内涵表述上却更多地具有早期全球化的特征，具体表现是：有关天文部分的《象纬考》用"经纬度"取代了"分野"的传统模式，描述疆域的《舆地考》开始用"本朝之制"取代历代遵循的"九州"模式，阐述间接控制区域的《四裔考》则采取了朝贡与互市两分的叙述框架记述与中国交往的海外诸国。

清朝开疆拓土与实际控制广大区域的能力远超于历代王朝，因此，传承于以往汉人控制范围之内的天文地理知识无法涵盖大一统帝国新版图的内容，具体表现在儒家经典天文系统的"分野"架构与大一统帝国版图的内涵相互脱节。"分野"说讲究星宿与人间区域的一一对应关系，以此为据的分野占星术在政治军事活动中仍占据重要位置，但传统分野说显然无法涵盖清朝的新边疆。乾隆则依据康熙以来传入的西方科学知识来批驳"分野说"的陈腐不经，注明蒙古、新疆、东北等数百个地点之经纬度，尝试用西法构建的参照坐标取代分野系统。

乾隆底定边疆以后，商周以来即开始流行的地理认知架构显然与清朝多民族的"大一统"格局并不吻合，"九州"的概念基本局限于长城则更属意于新朝在政治格局的设计上与前朝发生断裂的一面，特别是认为新朝开疆拓土，整合多民族于一体的"大一统"之功绝非前朝所能比拟，强调的是前朝"无"的一面。它提示我们，清朝统治合法性的建立绝不可能依赖于单纯的宫廷政治斗争即能实现，还牵涉到复杂的族群关系调整与治理技术的更新。

传统清史遭遇到的另一个挑战是"区域社会史"研究的兴起。区域社会史的观察路径基本上是一种把整体史缩小为区域单位加以分析的方法，即试图在地方脉络里发现"政治"的演变走向和态势。原有"政治史"的主体从宫廷皇帝与上层制度的分析转移到了相对基层的士绅阶层及其制度安排。在崇尚区域历史探索的史家看来，"地方史"研究虽以"社会史"的面目出现，其实质仍是一种缩微化的"政治史"研究，只不过是政治主体发生了变化而已。尽管如此，"区域社会史"研究仍常被人诟病为缺乏整体史的视野。他们自身对此的辩解是，任何政治行为的运作都必须以一定的空间作为平台，"地方"既然是一个"场域"，就可作为一个完整的具体对象加以认识，以避免总是漂浮在上层拘泥地思索帝王将相的政治举动。政治在"地方"的表现一旦揭示得更加具体，也就有望部分解决政治在"社会"这样的场域里如何进行实际运作的走向和态势问题。然而，"政治史"研究一旦被"地方化"也会造成难以避免的困局，即从"社会"（地方）的角度观察清代历史，隐藏着一种倾向，那就是自动排除从整体的意义上理解"国家"的统治形态，而只是关注其在"地方"为单位的格局下如何片段地发生作用。"社会史"是打着反叛传统"政治史"的旗号"起事"，并"占山为王"的，所谓"眼光向下"的诉求，其实就是从"国家"步入"社会"的过程。此举推到极致就会面临如下危险，即容易过度机械地使用"国家-社会"的二元对立框架，粗暴地把上下层打成两撅，只热心聚焦政治的"地方化"形态，而无法真正洞悉上层政治的复杂变化。因此，清史研究要寻求突破，就必须既避免拘限于阐释宫廷政治和上层决策的狭路，又要避免把"政治"理解为缩微化的"地方性事务"，而必须具有整合通达的遵循"华夷之辨"的古训，构造出的是一个"多民族共同体"的疆域格局，这恰是以往朝代所阙失的状态。从此点切入观察，清朝作为一种新型王朝的设计确实有别于一般意义上的"汉化"逻辑，在不少方面确实可与前朝做出某种切割而自成一体。"新清史"把清朝置于世界历史上各类"帝国"体系中加以比较，把它看做是"帝国"构造的一种形态进行分析也不能说完全没有道理，如此可以避免仅仅把清朝看做是中国封闭式王朝自我嬗变脉络中的一个环节。下面一段话即为典型的"新清史"表述："在比较的视角下，清朝看起来更像一个殖民帝国，其形态与早期现代世界上其他的海洋或大陆帝国有关联。民族主义者却否认中国类似其他帝国，因为在'多民族国家'的支持下，他们把中国各民族视为'统一的'，而不是被征服的。继承了清代史学家遗产的传统人士同样把非汉族视为被文明优越性的力量同化到占支配地位的儒家文化中来的。二者都否认偶然性和胁迫的作用；二者都强调清朝的独有的特征。"[1]

这段话清晰地强调应该把清史纳入世界帝国的比较框架之下进行分析，这固然是个崭新的视域，不过在我看来，清朝"大一统"的治理方式更多具有自身的特点，不能仅仅把军事征服与移民迁徙这两个指标作为清朝与其他帝国的扩张行为甚至近代殖民相一致的过程加以简单地类比，甚至混为一谈。所谓"因其教不易其俗，齐其民不易其政"统治方略的实施特点显然要更加复杂。

"新清史"与"旧清史"之争是个太庞大的话题，非一言半语所能说清，但我认为，两者也共享着一个重要的特性，那就是集中处理的都是有关清朝统治的"合法性"问题，只不过诠释的角度有所不同。传统清史把统治合法性的成立更多归结为对前朝制度和文化的继承，是一种"线性"的思考，关注与前朝政治相交集的"有"的一面；"新清史"

---

[1] 卜德培："欧亚时空里的清帝国：噶尔丹之战的教训"，司徒琳主编：《世界时间与东亚时间中的明清变迁》下卷，三联书店2009年版，页102。

的实录和各类文件相当完整，能够为揭示宫廷政争的内幕提供翔实亲近的史料。另一方面，对明代朋党聚集、讲学过盛的担忧，又使得帝王倍加关注如何处理好自身与近臣的关系以及满汉朝臣之间的关系。对史家而言，他们常常是根据研究对象显形的丰富性与开掘程度，才能决定自身思考的方向与深度，而非预先设想出理论分析架构去裁量史实，清代档案又披露出皇帝与近臣沟通交流所使用的"密折"制度的相关史料，为历朝记载所无，展示出皇帝与近臣关系相当私人化的一面。故宫廷内斗成为清史研究最显赫的视"点"，乃是事出有因。康熙斗鳌拜、平三藩，雍正篡位秘闻的流行与澄清，乾隆帝平定张廷玉、鄂尔泰之争，均成为清代政治史处理的焦点问题。

与此同时，满汉一体"大一统"格局的形成又常常被释读为汲取汉人经验的后果，以此连缀起清朝和前朝（主要是明朝）的关联线索，此乃是缀珠成线的叙述策略。近几年美国兴起的"新清史"则反其道而行之，基本漠视宫廷斗争的意义，而刻意强调清代宫廷制度与统治秩序的非汉族特征，如罗友枝就从宫廷物质文化和宫廷礼仪的角度全面展示清朝的"满族性"[1]，其目的就是要剪断清朝与明代的连线关系。"新清史"特别强调"大一统"扩展方略在统摄多民族于一体的过程中所发挥的整合作用，突出的是"面"（统治在空间上的延展性与包容性），剪断的是"线"（淡化对汉族文化的传承性）。

如何评价"大一统"观念的作用一直是新旧清史聚焦讨论的核心问题，在传统思想史的脉络中，"大一统"观念虽蕴藏着罩合宇内的恢宏内涵，却在具体的政治实践中屡屡遭到挫败，其核心症结在于农耕民族和游牧民族之间形成的长期冲突对峙，迫使历代王朝边界均无法稳定准确地加以规划设置。汉唐的北部边界即始终不断处在移动之中，宋朝更面临辽金元的压迫，终为元人所灭，明朝则始终受制于蒙古瓦剌和满人的威胁，疆域控制范围相当有限。满人入主大统的成功在于并未

---

[1] 罗友枝：《清代宫廷社会史》，中国人民大学出版社2009年版。

四　清朝统治的合法性及其治理技术

清朝统治合法性的阐释与清史研究新境的拓展

孟森先生曾经在《明清史讲义》中针对民初某些视清朝为仇敌的"浅学之士"说过一段话："尊重现代，必并不厌薄于所继承之代，而后觉承统之有自。清一代武功文治，幅员人材，皆有可观。明初代元，以胡俗为厌，天下既定，即表章元世祖之治，惜其子孙不能遵守。后代于前代，评量政治之得失，以为法戒，乃所以为史学。故史学上之清史，自当占中国累朝史中较盛之一朝，不应故为贬抑，自失学者态度。"[1]

孟先生所虑乃在于清末革命以"反满"为口号，作为激发民族主义情绪的燃料，民国肇建之后学者极易延续其情绪化的思路，以致丧失史家应有之洞识能力。孟先生的担心不是没有道理，即使如钱穆先生这样的大史家，在《中国历代政治得失》中也讥刺清朝为"部族政权"，与前代汉人王朝的特质迥异，其实内心和骨子里持续激荡着的仍是"夷夏之辨"的传统思绪。民族差异导致统治者在掌控历史之态势时必然彰显出优劣之别，此情结蓄积已久，清史研究者在审视清朝的整体作为时，即使对其制度举措有正面评价，也往往视之为不过是汉人王朝格局的余绪而已，甚至以之作为清朝建构合法性的最重要理由，此乃是"汉化说"的由来。

传统清史研究比较关注宫廷政争中的复杂纠结状态，特别是帝王对满汉官员统治策略的布局及其调整，其原因是一方面内阁大库档案保存

---

[1] 孟森：《明清史讲义》(下)，中华书局1981年版，页364。

清朝学人借助"文质"概念理解上古历史的方式比较特别，却与清初帝王构造"大一统"意识形态的过程难脱干系，而绝非一种单纯的由"尊德性"转向"道问学"的内在理路的自然发生过程。这里的关键之处在于，清人把孔子废弃为一个传承周公旨意的文献裁剪者，其"私家之言"的有效性也遭到了质疑。与此同时，"三代"重新被描绘成"文质合一"的黄金时代，但"文质合一"的代价即是周公式的"官守之学"的全面复兴，"文质说"在这里变成了维护"大一统"意识形态的工具，借助一位学者的说法，这也是无法回避的一个真实的"思想史事件"[1]。

---

[1] 陈少明：《什么是思想史事件？》，《经典世界中的人、事、物》，上海三联书店2008年版，页45—58。

指出过一个很有意思的现象,即"朝代间的比赛",中国古代王朝新的君主登基,总是把自己的功绩与前代做比较,一些文人士子也会随声应和,提出若干本朝超越前代的要素作为论证依据。其中有一条经常使用的标准就是本朝与"三代"黄金期比较到底优越在哪里?他们使用的最重要概念之一就是"文质",当然还有"五德"、"三统"等概念。在运用这些概念时,"三代"似乎是个决定性的标尺,故西人总误解说,中国人是一种单纯的好古复古,是完全意义上的"退化论者",或者是简单的"朝代循环论者",缺少西方的进步观念。

其实,历代对黄金期的向往只是树立一个实现的目标而已,在具体的"朝代间比赛"的论述框架里,对历史的认识程度要远为复杂。如余英时先生指出,宋代文人曾形容汉唐宋为"后三代",可是却认为宋代文化远超汉唐,自成一系。这就很难用单纯的"退化论"加以解释,如果放在"文质论"的叙述框架里就比较容易得到说明,因为"文质观"讲究的是一损一益,汉初承秦朝"文敝"的遗绪,自然要讲"质朴",崇尚返回自然,故黄老之学大兴。唐代士林风气中又出现了过度文饰的痕迹,故一些士人开始主张"以质救文",但在宋人看来,唐朝人仍不过是由"文"趋"质"的过渡期,只有到了宋代才达到"文质合一"的均衡状态。

不同朝代对"文质"的表述曾经深刻影响到了当时对历史变化与知识积累之关系的认识,进而可以由此估测一代学风骤变的根源。如明代王阳明对"知识"的态度就可在"文质"的框架里予以分析。阳明把多读书理解为知识过剩的表现,即所谓"文敝"现象的再现,故提倡简明直白,直逼人类心灵深处的悟证方法,认为这才是"质"的表达。明清易代之际的学者对"文质"的解释则恰好相反,认为阳明学简捷问学的方式,恰是导致"文敝"衰相的祸根,而学者对知识积累的尊重才是质朴无华的表征,甚至指责其过度尊崇良知自觉而导致士人"不学"的草率形同"蛮夷"的习气,应该为满人入关的历史悲剧负责。"文质"关系的讨论又一次出现逆转。

止的方式，甚至可以讲是一种微妙难喻的生活细节。人们用"文质"概念作为工具来描述这些现象所呈现出的对立、差异乃至互补的状态。如以现代社会科学的角度加以观察，"文质"所表现出来的种种描摹状态可能相当模糊泛化，往往在解读时不易掌握其精髓，而这恰恰可能是中国古代许多概念在表达自身意思时所彰显的特征。关于"文质"在不同时代的表现形式，已有相当成熟的研究作为范例。[1]本文在以往研究的基础上拟从"历史观的构造"这个角度进一步深化对"文质"概念的解读。

本文认为，要想较为深入地理解中国古代的历史演进及其观念，似乎应从历史本身形成的一些核心概念入手选择进行分析，而不宜过多依赖近代以来形成的西方支配下的概念框架和论证手段。当然，这样的选择也是有条件的，并非随意为之，要挑选那些真正在历史构造上有巨大影响力的概念，结合当时的使用语境加以辨析才能奏效。我以为，"文质"概念就具备这样的认知资格，当然，历史上堪与之比肩的概念仍有不少，还有待于我们去进一步地认识和发掘。

本文业已指出，不是从日常生活形态，而是从"历史观的构造"角度理解"文质"之辨，可以展现出一些新的分析视野。从历史观的构造而言，对"文质"关系的理解可谓贯穿于中国古代历史观演变的始终，不同时期都有对"文质"关系的丰富议论。

早在先秦时期，"文质"的议论就与"三代"黄金期的构造密不可分。"文质"的交替演进成为如何描述那个时代特征的重要表述手段。孔子在《论语》中表示要捍卫周代的声誉时，就用崇"文"的方式加以描述。周秦易代之际，士人亦以"文敝"概括历史现状。杨联陞先生曾

---

[1] 关于明清之际有关"文质论"的议论，参见赵园：《制度·言论·心态：明清士大夫研究续编》第七章《文质》，北京大学出版社2006年版。关于汉代有关"文质"讨论的情况，请参见阎步克：《士大夫政治演生史稿》中第八章《独尊儒术下的汉政变迁》第1、2节"文敝的救治：'反质'"和"文质彬彬"，北京大学出版社1998年版。魏晋时期"文质"讨论的状态，参见阎步克："魏晋南北朝的质文论"，《乐师与史官：传统政治文化与政治论集》，三联书店2001年版。

的救世人物，是存周公之典章、衍治化之迹的无奈之举，所谓"失官守"而"存师教"是也。"存师教"是一种"私家之言"，和官守意义上的典章政教是有区别的，"私家之言"不能作为"治世"的依据，所以孔子的地位比周公要低很多，原因就是，周公是"文质合一"状态的守护者，孔子只能以"文饰"的姿态出场。另外两人折射出的是"官守之言"与"私家之言"的对立，背后透出的逻辑是，"私家之言"泛滥乃是"文敝"的表现，只有恢复"官守"的局面，才能返归"文质合一"的境况。学诚以下这段文字把这层意思表达得十分清楚："后世竹帛之功胜于口耳，而古人声音之传胜于文字，则古今时异而理势亦殊也。自古圣王以礼乐治天下，三代文质出于一也。世之盛也，典章存于官守，礼之质也；情志和于声诗，乐之文也。迨其衰也，典章散而诸子以术鸣，故专门治术，皆为官礼之变也，情志荡而处士以横议，故百家驰说，皆为声诗之变也。"[1]

　　章学诚强调摒除"私家之言"而重归"三代"一统的"文质观"，大致与乾隆皇帝"大一统"意识形态思维中对文化的要求是相当契合的，反映出的是清朝"文质论"与政治意识形态之间开始达成了默契的协调关系。也使得明末以来由"私家之言"构成的活跃的言论场最终宣告消失殆尽。[2]

"文质"之辨仅仅是对历史黄金期的复归吗？

　　"文质"概念在中国古代常识范围内已经关涉到了许多不同层面的历史现象，被赋予了复杂的内涵。在较为一般的意义上，谈"文质"可能是在说一种"文体"的变化轨迹，或者是谈一种做人的风格与行为举

---

[1] 《文史通义·内篇一·诗教下》，页59。
[2] 详细的观察可参见杨念群："章学诚的经世观与清初'大一统'意识形态的建构"，《社会学研究》2008年第4期。

品斯立矣。品立而后学可得而言也。"¹ 李二曲也因厌恶"文人",故特别以尚"质"的姿态警示后人,与魏叔子的观点不谋而合,甚至提升到了"立品"的高度加以认识。对"文人"的理解似乎在清初遗民中较为一致,但对"学"的理解差异却很大。比如从"文质论"的角度说,对"质"的理解就有差异,魏叔子把"质"理解为朴学考据;因此"学"亦与之相关,而在李二曲的眼里,"质"往往和善于践履的风格有关,而"学"也是指日用伦常的践行。这个"质"恰恰是与"朴学"的质朴相对立的一种解读。

尽管"文质"的讨论起源于民间自发的言论,可是到了清代中叶,学者对"文质"关系的看法往往与清帝"大一统"的意识形态建构过程有密切的关联,很少能在独立的学术氛围里单纯进行探讨。即以章学诚的言论为例,他也赞成清代应是"由文返质"的年代,说:"事屡变而复初,文饰穷而反质,天下自然之理也。"² 不过在对"三代"以来"文质"变化,特别是对孔子作用的评价上却有一套自己独特的看法。他认为,"三代"的文献全部聚于"官守"之门,这是一种典型的"文质合一"状态,可是后来文献流失,官失其守,许多文人各逞私意,思想就不那么单纯统一了,这就是所谓"周衰文敝之效"。³

正因为战国时代"著述不能不衍为文辞,而文辞不能不生其好尚。后人无前人之不得已,而惟以好尚逐于文辞焉,然犹自命为著述,是以战国为文章之盛,而衰端亦已兆于战国也"⁴。

学诚的核心思路是,"三代"文质合一,周公是个枢纽人物,使典章礼仪文献聚合为一体。孔子被认为是三代衰落之后,治教已分局面下

---

1 《二曲集》,中华书局1996年版,页233。
2 《文史通义·内篇一·书教下》,页38,浙江古籍出版社2005年版。
3 原文为:"九流之学,承官曲于六典,虽或原于《书》《易》《春秋》,其质多本于《礼教》,为其体之有所该也。及其出而用世,必兼纵横,所以文其质也。古之文质合一,至战国而各具之质,当其用也,必兼纵横之辞以文之,周衰文敝之效也。故曰,战国者,纵横之世也。"(《内篇一·诗教上》,页46)
4 《文史通义·内篇一·诗教上》,页47—48。

"姚江之言,质厚者闻之,犹可以薄,薄者闻之,则不难无父无君矣。为其长敖也,饰诈也,充此无所不至。"[1] 所谓"质厚者"当指对礼仪举止有度的那些拥有道德克制力的人而言,批评的是姚江之学因为尚"文"过度而削弱了人性素朴的一面。

在明清鼎革之际,"文质"的区分还表现为对治学风格评价方式的转变,特别是以"文-质"区分士人身份彰显出的是清代学术风气的特征。如魏禧就以"文-质"的框架划分"文人"与"学者",说:"文人之文文胜其质,学者之文质胜其文,然得其一皆足以自名。"在这个评价系统中,"文人"(文)与"学者"(质)是相互对立的。魏禧在给吴门学者张无择文集做叙时说:"张子无择,吴门之学者也,博极群书,好考据,所著书数百卷,他杂文亦百数十,而皆以质胜。玉必璞而珪璋出,木必朴而钟虡成。"下面他又描述了张无择的行事风格云:"夫张子之人,亦以质胜者也。张子性忠信,好儒先之书,弃诸生三十年,无日不学问。处乎城市,若不知有人,必无所慕乎名,名亦不至。"其结论是:"张子之书具在,读其书,盖亦以知吾言之质也。"[2] 这段话明显把治考据学者的地位和价值给提高了,那些明末以来的士人则有可能被纳入"文而不质"之列。

这种看法恐怕在清初的士林言论中相当普遍,我们可以再看一段李二曲的议论,他在《立品说别荔城张生》中讲了一段话:"昔人谓大丈夫一号为文人,便无足观。若以诗文而博名谋利,仆仆于公府,尤不足观矣……余尝概习俗文盛质寡,沈溺于章句,葛藤于口耳,芒昧一生,而究无当乎实际,以故深以为惩,生平未尝从事语言文字,亦绝不以语言文字待人……"因请"立品"之实,曰:"无他,惟在不以文人竟其生平。凡文人之所营逐,时藉以为鉴戒,他人如是,而己独不如是,

---

[1] 《杨园先生全集》卷之四十一,《备忘三》,页1157。
[2] 《张无择文集叙》,《魏书子文集·外篇》卷八,中华书局2003年版,页403。

期士人认为正是因为对经典的疏忽才导致了"夷狄"得势的后果,反过来重视经义则有驱除夷狄之功效,甚至是一条自古形成的定律,如张履祥所言:"经义晦蚀,其效为夷狄之祸,自古以然。杨、墨充塞仁义,而秦以西戎荼毒天下,楚汉之际死者无算,晋室清谈,以老乱易,而五胡云扰,中原沦没,王安石立新义,黜《春秋》,而靖康之祸作。"[1]

杨园显然是在暗示经义研读的废弛间接引来了满人的入侵,满人属于"质而不文"的另类,故需要汉人文化中的"文"的一面加以规训,同时他又认为,正是因为明末空疏厌学的风气败坏了汉人的淳朴气质,因此,在面对江南地区的士林时,他的心理实际上处于相当矛盾不安的状态,如下面一段对南方士林学问风格的看法就透露出了这种紧张的情绪:"南方之学,终是文胜其质,亦风气使然,虽有贤者,亦不能免。先之以笃行,乃无流失之患。"[2] 语气里面带有一些惋惜,也有些许无奈。

江南士林"文胜质"的风气如果放在明清交替的学风中评价,自然被认为是过于浮薄,但如果要摆在南北夷夏格局中衡量,特别是从种族文化保存延续之角度考虑,当然应该肯定其"文胜于质"的传承风格。"文质"区别的分寸感甚至涉及一种交友状态的调整,故云:"人能忠信为质,而亲贤取友以文之,则庶几矣。此'绘事后素'之义。"[3]《论语》中孔子所云"绘事后素"的意思是以画工为喻,说的是在白底上施彩作画。"文"犹如绘画的文彩,是画在"礼"的白底之上的。可见遵守基本的行为礼仪应该属于"质"的规范之一面,是人类行为最基本的底色,周围亲友的作用不过是对这种"质朴"施之以一种外表的炫饰,使其变得更加精致而已。可见,"质"、"文"从原意上并无好坏之分,而是要看在具体历史情境中如何表现。再看一段对阳明的评价:

---

1 《杨园先生全集》卷之二十七,《愿学记二》,页747。
2 同上书。
3 《杨园先生全集》卷之三十九,《备忘一》,页1076。

理解大有不同，周秦之际由于对礼仪的强调过于繁琐，导致秦朝苛法抑人，因民变而迅速败亡。"文敝"乃是因礼仪过繁，导致社会秩序失衡。清初的情况则恰恰相反，因满人作为"蛮族"入侵而继承大统，导致山河异色的后果，使士林含有强烈的种族冲突的意识，在他们看来，明末学风中由于对"知识"积累和习学的忽视，尽管使每个人都有成为圣贤的可能性，却因为缺乏礼仪的约束而显得粗鄙质陋，正好让夷狄钻了空子，甚至成为变相的夷狄之道。张杨园就明确说："良知之教，使人直情而径行，其敝至于废灭礼教，播弃先典，《记》所谓'戎狄之道'也。"[1] 姚江之学近于"戎狄之道"的原因即在于其"不学"之症。因为"不学，则即有美处，终是直情径行，言乎'文之礼乐'，即节节为病"[2]。只有通过"学"才能培植良好的"心术"，因为"学术坏而心术因之，心术坏而世道因之，古今不易之理也"，故"欲正人心，先正学术"。[3]

那么何谓"学术"呢？就是要使自己的内心感悟契合于经典的解释，而不可随意恣肆驰骋，且看下面这段对何为"学术"的解释："读圣贤之书，而不能有得于中，深信不疑，甚或所见有同有异，是吾心之义理不能与圣贤同也。非为物蔽，必为气拘。可惧滋甚，能不汲汲焉以求其合乎？若任己之偏见而轻著为论说，以肆其欺罔，则诐淫邪遁之病，终不得免而为小人之无忌惮矣。哀哉！"[4] 甚至那些染有明末风气的清初学人也遭到了批评："不信古先贤而信此心，蔽陷离穷，何所不有？"[5]

对经典的态度在清初士林中也起了很大的变化，如果说明末士人对"经典"做的是"减法"，那么清初士人对经典则做的是"加法"。鼎革

---

[1]《杨园先生全集》卷之四十一，《备忘三》，页1135。
[2]《杨园先生全集》卷之四十，《备忘二》，页1107。
[3]《杨园先生全集》卷之二十七，《愿学记二》，页759。
[4]《杨园先生全集》卷之二十八，《愿学记三》，页772。
[5] 同上书。

识"使之变得直捷易行是阳明的核心思想，他说："但圣人教人，只怕人不简易，他说的皆是简易之规。以今人好博之心观之，却似圣人教人差了。"[1]

"文质"辨析与明清易代

对"文质"关系辨析最激烈的时期往往发生在易代之际，比如周秦交替的时期，文人总结秦代迅速灭亡的一个重要原因，就往往归结为"文敝"，故才有汉初的"返质"之论。明清易代之际同样是一个非常重要的鼎革转换年代，在这期间，充满了各种激愤的声音，不少言论的目的似乎是再现了衰世源于"文敝"的古旧议题，如有以下之论："天下文敝极矣，唯敦本尚实可以救之。夫子所以有从先之志也。"又如："文敝而作伪生，诈伪生而争夺起，自古及今，无不然也。"[2] 类似的议论弥漫在清初学界。

至于对"文敝"含义的认识，清初学者确有自己独特的解读方式。直接针对的是明末士人的狂狷之气横行所造成的礼崩乐坏的局面，"文敝"、"不学"与丧失"礼"的威仪举动有关。张履祥（杨园）曾有一段话是这样概括的："其愤时嫉俗一种偏激之论，不得不距而绝之也……若此之人适以明其不学而已。"[3] 在杨园的这段议论中，"文敝"的表现表面是蔑视礼教，其实更核心的问题是"荡夷简率"的言行，根源却在"不学"，由于废弃礼仪导致言行的粗鄙不文。针对的都是明末文坛的颓风，也涉及对"文质"关系的相逆理解。其实，在明末士人看来，行事风格简约直捷，思维直达心灵秘境而规避知识的繁琐，恰是质朴的表现。杨园的思路分明是要"以文救质"，这与周秦之际对"文敝"的

---

[1] 陈荣捷著：《王阳明传习录详注集解》，卷下，《黄省曾录》，学生书局1983年版，页45。
[2] 《杨园先生全集》卷之三十九，《备忘一》，中华书局2002年版，页1067。
[3] 《杨园先生全集》卷之四十一，《备忘三》，页1135。

代暴政的根源。如果按此逻辑推断，孔子岂不成了罪人？于是才出现了阳明为孔子辩护的如下说法，那意思是说，把孔子理解为"以文教之"的教师爷形象完全错了，孔子是怕天下士人过度陷溺在繁文的泥沼之中，所以才提倡简捷的实行方法以悟"道"，这恰是一种舍弃"繁文"的表现。阳明有一段对乱世原因的总结，特意提到天下不治的原因是"只因文盛实衰。人出己见，新奇相高，以眩俗取誉，徒以乱天下之聪明，涂天下之耳目，使天下靡然争务修饰文词，以求知于世，而不复知有敦本尚实、反朴还淳之行，是皆著述者有以启之"[1]。

阳明在这里显然是伪托孔子的声音为自己的良知之教辩护。明代论学讲道时"语录体"流行，文本对话简捷直白，其背后的意思是，人人皆可以不依赖于经典的指引直达内心深处的悟证之途，也是一种"由文返质"的途径。下面这段话可以看出阳明更注重经典文本中透露出的圣人形神，而不是纯粹的"知识"传承。他面对弟子"后世著述之多，恐亦有乱正学"的疑问，回答说："人心天理浑然，圣贤笔之书，如写真传神，不过示人以形状大略，使之因此而讨求其真耳。其精神意气，言笑动止，固有所不能传也。后世著述，是又将圣人所画摹仿誊写，而妄自分析加增以逞其技，其失真愈远矣。"[2]

著述示人以形状大略，才是"质朴"纯真的表现，稍有冗繁，即犯了"文敝"之病。在阳明的眼中，训诂之学、记诵之学与词章之学均是奢谈渊博，雕饰华丽的学问，很容易造成"世之学者，如入百戏之场，欢谑跳踉，骋奇斗巧，献笑争妍者，四面而竞出，前瞻后盼，应接不遑而耳目眩瞀，精神恍惑，日夜遨游淹息其间，如病狂丧心之人，莫自知其家业之所归"。阳明讥之为"无用之虚文，莫自知其所谓"。[3] 也就是说越是具有繁复的知识结构的学问就越离"质"的境界越远。简化"知

---

1 陈荣捷著：《王阳明传习录详注集解》，卷上，《徐爱录》，学生书局1983年版，页45。
2 同上书，卷上，《陆澄录》，页59。
3 同上书，卷中，《答顾东桥书》，页197—198。

识"直接勾连可能是近代以来西方的看法,认为"知识"的累积程度往往决定了智慧的程度,但这却不是中国士人的思维方式。阳明曾有一段话说到圣人与"知识"的关系,他质疑说:"天下事物如名物度数、草木鸟兽之类,不胜其烦。圣人虽是本体明了,亦何缘能尽知得?"他的结论是:"圣人于礼乐名物不必尽知。然他知得一个天理,便自有许多节文度数出来。"[1]故我认为用"反智主义"概括阳明思想值得商榷。

如果再深入一步讨论,从"文质论"的角度说整体的中国历史和社会由"质"趋"文",变得不够质朴而奢华毕现,慢慢呈现衰颓之势,大致已成士林共识,但作为时代转折枢纽的重要人物孔子在"文质"历史观中所起的作用却大有争议。比如对孔子传述《六经》删削经典作品的评价在明清两朝就变得大相径庭。

阳明承认:"天下大乱,由虚文胜实行衰也。使道明于天下,则六经不必述,删述六经,孔子不得已也。"[2]在阳明的眼里,践"道"的实际行动更加重要,孔子删述六经的行为实属不必,表达的是对孔子保存前世典籍的有限尊重。阳明认为,孔子做的是减法,其对古代典章制度进行删削,走的是简易便行的路径,是一种废弃其说的用意。阳明认为,《礼》《乐》之名物度数,至是亦不可胜穷。孔子皆删削而述正之,淫哇逸荡之词才随之消灭。对这种"减法"的另一种表述是:"孔子述六经,惧繁文之乱天下,惟简之而不得。使天下务去其文以求其实,非以文教之也。"[3]所谓"由文趋质"的"质"被理解为简洁、直截了当地舍弃以往的"知识",直接逼视自己的内心世界。

可是这里面出现了一个问题,以往孔子的典型形象恰是为周代保留礼仪文献,删削复述经典在"文质"的标准框架里都是属于"文"的行为,而周代礼仪的保存因过于繁琐导致"文敝",后人直接批评为是秦

---

[1] 陈荣捷著:《王阳明传习录详注集解》,卷下,《黄直录》,学生书局1983年版,页303—304。
[2] 同上书,卷上,《徐爱录》,页44。
[3] 同上,页45。

间内保存了其古意,如"一文一质"相互损益的论说结构,以及因为现实社会渐趋奢靡,而应折返古代淳朴世界的理想。但不同时代对"文质"的理解仍因历史境况的变化而出现微妙的差异,折射出的是时代变革中士林群体的精神状态,其中明清之际的思想转型与明清两代所显示出的不同思想差异均可以透过"文质"的讨论彰显出来,本节拟以王阳明的思想为例对此作些分析。

王阳明的思想在明代居于核心位置的原因即是其区别于两宋理学对"心"与"物"关系的认知,而依恃心灵中良知的呈现,这套心理主义的教诲涉及复杂的"知识"与"经验"的关系问题,即所谓"闻见之知"与"德性之知"的差别,以往学界对此讨论甚多,如果我们换一个说法,从"文质"之别的角度对此加以解读,则又会得到另一番感受。

就"文质"关系的古意而言,时代的发展渐渐"由文趋质"是以后士林阶层达成的共识,大致没有什么疑问,但是对"文"与"质"交替演变到底是何内容的理解却差异极大,甚至南辕北辙。明代的王阳明同样认为"质"优于"文",基本的认知前提似与前代一致,但在阳明的语境里,"文"劣于"质"更多地是指"文"中所包括的"学"的内蕴在形式上过于繁琐,妨害了"证道"的实施,遮蔽了心灵对真实世界的认识。认为"质"所包含的认知事物的方式显得简朴直捷,通过这个途径,可以使更多的人领悟到"道"的真谛,这是光凭对"知识"的积累和学习所难以做到的。

余英时先生认为这种取向是一种"反智主义"。[1] 我倒是觉得阳明并非"反智",而仅是"反学"而已,阳明并没有想让人变成傻瓜,相反,他是想通过更直截了当的方式使人变得更加智慧,只不过这种智慧不完全是通过"知识"的习学和渐进式的积累获得的,把"智"与"知

---

[1] 余英时在"从宋明儒学的发展论清代思想史:宋明儒学中智识主义的传统"一文中就说:"白沙、阳明所代表的反智识主义,在明代儒学史上诚占有主导的地位。"《历史与思想》,台湾联经出版公司1976年版,页98。

非完全的"退化论",即好像从周代退回到夏代就万事大吉了。这种历史观讲究的是用不同时代的历史优势去弥补当下社会呈现出的不足。比如在"三代"框架中,夏代远鬼神,注重人际关系的紧密联系,属"亲而不尊"的态势,商代强调敬鬼神,由此树立的是国主的威权,是"尊而不亲",周代则是用严格的礼仪确认了人际关系的准则,却导致社会运作过度复杂,落下了"文敝"之讥。

我们看到的情形是,"三代"之中的任何一代都无法完全垄断所谓完美社会的全部要素,但却各自拥有一些引以为傲的特点,构成了时代的标识,只不过这些特点由于和其他要素的搭配不时会出现问题,故常常被后代历史学家所指摘诟病,并不断提出修正方案,批评和修正的主要工具就是"文质论"。

第三,"文质论"作为一种相当独特的中国历史观的分析框架,它提供了一种不同于后来西方历史观那样非此即彼式的极端解释,或者是一种直线般的毋庸置疑的递进演化图像,同时也不是人们所常常误解的是一种"退化论"的循环历史观,或者是对远古"黄金时代"的盲目向往。我宁可把"文质论"看做是一种平衡理论,即通过透视"三代"历史中不同时期的社会构成的长短优劣之处,施之以具体的变革方案。这种纠错方式当然不是固定不变的,尽管其最初发挥作用是面对周秦的时代变故。汉初倡导的是"以质救文",但"质"并未被僵化地理解为可以据有绝对优势的正面范畴,而是在一损一益的过程中构成与"文"的互补关系。这种历史观具有巨大的灵活性,绝非现在的社会科学术语所能精确地加以描述。

是"反智"还是"反知"?

"文质论"在中国历史中的早期运用显示出了极具灵活的特征,故很难用现代社会科学的尺度和眼光加以衡量,我们必须更加贴近历史的现场语境去仔细分梳其中的蕴意。"文质"观念尽管在相当长的一段时理了人际关系网络以及"人"与"鬼"、"国主"之间应该采取什么样的关系等大问题。

在《礼记》的历史解释框架里,夏代的情形是远离鬼神祭祀,比较亲近人事,注意先赐予民众好处,再施予威严,人际关系较为密切,互相释放着善意,人情显得质朴无文。殷人重视祭神拜神,主张先侍奉好鬼神,惩罚优先于赏赐,以树立威严,以尊崇权威为时尚,人情就相对显得淡漠,社会容易陷于无序。周人有一套崇尚礼仪的规范,虽尊奉鬼神却又要保持距离,按照等级定赏罚标准,恢复了人情的亲近关系,但由于礼仪制度过于繁琐,过度讲究精致,所以使民众学会了取巧的本领,民风于是趋于油滑。

《礼记》注释中有一段话解释说:"礼文委曲而徇人,礼繁文胜,利巧而贼,其敝又有甚者焉,凡此非特见风气既开,而浇漓之日异,抑亦至德之不复见而已欤。"[1]完全持的是一派悲观的论调。这可能就是后来说周代为"文敝"的先声,秦朝把繁琐礼仪和从中延伸出的法制推到极致,自然是"文敝"的极端表现。在《礼记》的历史观框架里,比较好的理想社会是恢复夏代"亲而不尊"的淳朴风气,按照这个标准,殷商尊而不亲,周代礼仪繁富导致民性浮华,似乎都不是理想的状态。

我们不妨对"三代"概念作为历史观构造的一些特点略作小结。首先,"三代"这个历史符号实际蕴藏了后来的学者、君主和历史学家对"什么是完美的社会?"这个问题的一些期待和想象。当然,最终结论是这些社会并非完美,却呈现出了"非质即文"的特点。因此需要对各自社会的过度"文"和"质"的内容加以损益才能达到一种平衡。因此,用现代的进化史观去看待它是无效的。

其次,在"三代"内部而言,并非越往后就越美好。后代与前代相比不是一种递进关系,比如周代就不一定比夏商社会更加美好,但也并

---

[1] [明]胡广撰:《礼记大全》,卷二十六,页24,收于《钦定四库全书·经部四·礼类三·礼记之属》。

周代礼乐趋于繁盛，董仲舒等汉儒并没有完全否认和摒弃孔子的解释，而只是攻其过度繁缛，以求简化之意，特别是揭示了"亲亲"一层以补"尊尊"的不足，延伸一点说，是要提倡在政治统治中节省成本。这点孔子也有预感，在《论语·为政》一节中说过："殷因于夏礼，所损益可知也；周因于殷礼，所损益可知也。其或继周者，虽百世可知也。"对后世周代的继承状况似有预感，故损益非弃绝之意。

从以上的描述观察，"文质论"框架里的夏商周"三代"在后来的文献表述里，并非绝对不可动摇的黄金时期。他们在描述民众和社会运作的关系时各显出利弊的特征，只不过其表述高明的地方在于指出"三代"的特征可以相互弥补，在相互"损益"之间达到一种平衡，也许这才是孔子所向往的"文质彬彬"的效果吧。

我们且来看一段《礼记》中对夏商周三代社会状况的评价，这段话依然是借了孔子的口气在发言。文中说："子曰，夏道尊命，事鬼敬神而远之，近人而忠焉，先禄而后威，先赏而后罚，亲而不尊，其民之敝，蠢而愚，乔而野，朴而不文。殷人尊神，率民以事神，先鬼而后礼，先罚而后赏，尊而不亲，其民之敝荡而不静，胜而无耻，周人尊礼尚施，事鬼神而远之，近人而忠焉，其赏罚用爵列，亲而不尊，其民之敝，利而巧，文而不惭，贼而蔽。"[1]

这段话借用的是孔子的语气，但显然已不是孔子的本意，所以后来也有人说，未敢信以为孔子之言。因为这段话把夏商周的情形并列起来分析，认为各有利弊，这显然与孔子坚持"吾从周"的态度大相径庭。我们再看下面一段谈"文质"的话："子曰：虞夏之质，殷周之文至矣，虞夏之文不胜其质，殷周之质，不胜其文。"[2]这段貌似孔子的话同时批评了虞夏与殷周，显然不符孔子在《论语》中的本意。我们再回到上引《礼记》这段话，这段话分别描述的是夏商周三代的社会状况，特别处

---

[1] "表记第三十二"，《礼记全译》，卷九，贵州人民出版社1998年版，页983—984。
[2] 同上书，页985。

化，比如魏晋时期文士放诞之风被认为是不够"质朴"的行为方式导致蔑弃礼法所致，但"礼法"在秦汉甚至在早期先师如孔子的言辞框架里却是和"文"相联系的，故放诞之风本应是弃"文"的表示，在魏晋却被改变了意思，可见"文质"的含义也会随着时代的需求而变。

有些奇怪的是，孔子崇周，但秦政的苛酷却至少从表面上看是延续周代的礼仪而来，以致最终走向崩溃，"周代"即因秦亡而被视为"文敝"的来源，那么我们如何解释汉初经历了短暂的黄老之治却转而又尊崇儒学这个演变过程呢？"由质救文"在儒家文献里频频出现，似乎与道家的"返朴"思想完全趋于一致，其实差别甚大，道家要求复归最为原始的生活状态，不但弃绝礼法，而且拒绝基本的文明样态所带来的变化。而儒家的"由质救文"却严格限定了范围，并非要求回到生活的原始状态，而是要从"尊尊"的单面强调，回到"亲亲"、"贤贤"的日常状态之中，在他们看来，秦朝动用"礼法"过了头，只强调自上而下实施官僚科层的严刑峻法实施统治，而没有考虑不同地区和上下层次情况的差别，也没有关注民众内心的道德要求，一味强压胁迫，导致民怨沸腾，统治难以维系。儒家"由质救文"的思路则考虑到了礼法之下的道德和心态因素，即"亲亲"的原则。董仲舒在《春秋繁露·三代改制质文》中就说："王者以制，一商一夏，一质一文……主天法商而王，其道佚阳，亲亲而多仁朴……主地法夏而王，其道进阴，尊尊而多义节。"[1] 在董氏看来，"尊尊"和"亲亲"是"文"、"质"交替而动的表现。董氏理解《春秋》的大义是"先质而后文"[2] 或者说"救文以质"[3]。如果按今文经学的路子讲，《春秋》乃孔子所作，孔子的话里却没有如上的意思，反而是对周代的"文盛"大加赞词。如此说来，是否孔子的形象和话语前后发生了矛盾？其实不然，孔子谈"文"是讲

---

[1] [西汉]董仲舒撰："三代改制质文第二十三"，《春秋繁露》，卷七，上海古籍出版社1989年版，页43。
[2] 同上书，卷一，《玉杯第二》，页12。
[3] 同上书，卷四，《王道第六》，页28。

偶被提及，却远未像"文质论"那样拥有强大的影响力。

然而，令人有些意想不到的是，当我们仔细考察"文质论"中对"三代"的描写时，就会发现，"三代"在"文质论"的叙述框架里并非完美无缺的典范时代。比如在《论语》中，孔子是比较尚"文"的，"郁郁乎文哉，吾从周！"这句话已经表明了他的态度。但在那个时代的观念里，"文"与"质"并非有决然的高下之分，而是"一文一质"相互损益，呈现出的是交替演化的态势，两者可以相互弥补。在《论语》中，孔子唯一把"文质"并列而论的例子是这段话："质胜文则野，文胜质则史。文质彬彬，然后君子。"[1] 可见"质"的内涵并非弱于"文"，谁占优势完全看它面对的历史对象如何。比如有一段时间，孔子所提倡的周代之"文"似乎并没有得到多少人支持，关键在于东周乱世之后紧接着就是秦朝，史家认为正是因为东周礼仪的繁琐，使人们的生活方式过于"文饰"而发生变异，间接导致了秦朝的灭亡，所以汉初才奉行"黄老之学"，推崇简约的生活方式，实际上是想走回到"质"的老路上去。

从历史观的构造角度而言，"质"和"文"有相当大的差异，但并非截然对立的两极概念，"文质"的交替出现往往与中国历史上"一损一益"的现实状态密切配合，其中充满了变数。"质"往往与"损"相应，"文"往往与"益"相当。比如朝代礼仪若过于繁缛，需要适当删减时，文人往往会频发"质"的议论，反之若社会发展过于质朴简陋，缺乏一种华贵气象时，又多益之以"文"。

有意思的是，新朝皇帝登台，一般都会崇"质"而抑"文"，如秦朝之亡的原因之一就被总结为"文敝"，甚至到了唐代，白居易还在用"文质损益说"警告王者。[2] 可是在个别朝代也出现了一些奇怪的变

---

[1] 杨伯峻著：《论语译注》，中华书局1980年版，页61；或者张燕婴译注：《论语》，中华书局2006年版，页78。
[2] "策林十五·忠敬质文损益"，《白居易集》第四册，卷六十二，中华书局2005年版，页1301—1303。

模本，这个模本具有无可争议的不变的权威性，以为裁量后代历史演进的参照物，由此可对比出后代与之保持的差距。这与欧洲的近代历史观非常不同，欧洲现代史学预设了一种历史的普遍意义，依据这种"意义"去建构特殊的符合进化原则的历史事实。但这个普遍意义并不是先天的、不可讨论的，故它重视后来已成"结果"的"历史事实"对重建过去之真相的支配作用，成为"后代优于前代"的标准。这就是我们后来常说的"后世之师"式的观察历史的方式，"后世之师"的眼光永远支配着对过去历史的塑造和评价。

在上述历史观的参照下，人们又会产生一个误解，即总以为中国古代史家早已预先把一套完满实现了宇宙道德秩序的"三代"社会孤悬在那里供后人瞻仰。"三代"的完美是无条件的，完全没有商量的余地。史学家的任务就是要指出这个秩序在历史上实现完满的程度及其表现出的各种样态，并以此为准衡量各个朝代价值的高低，或借此帮助那些背离"三代"理想秩序的王者适时进行调整，以恢复符合"三代"理想的正常状态。传统史学不是从时代变动的世界观中寻究对历史的解释，而是捍卫以往史家早已构造出的永恒不变的价值，并以此作为评价人们对当下时代认知状态的标尺。[1]

真实的情况是，后人总谈"三代"是因为"三代"重要到似乎只要把握了其更替嬗变的历史脉络，就得到了一把解决全部未来历史的钥匙。"三代"蕴藏了中国历史演替的全部秘密和程序，以后的历史学家只要把它们重新编码，即可拼贴出新的符合现实的历史图像。重新从事编码的最重要工具就是"文质"损益之论。还有一种编码程序叫"三教"，它的基本表述是："夏尚忠、商尚敬、周尚文。"历史的演进程序应该是"由文返忠"，这也是一种返回古典的说法。[2] 但这套说法后来虽

---

1 参见施耐德：《真理与历史：傅斯年、陈寅恪的史学思想与民族认同》，社会科学文献出版社2008年版，页7。
2 [东汉]荀悦撰 张烈点校："前汉孝皇帝记二"，《两汉纪》，卷十一，中华书局2002年版，页175。

三 "文质"之辨与中国历史观之构造

"文质"之辨与"三代"黄金期的建构

当人们习以为常地使用西方概念观察中国历史时,就会很不适应地发现,仿佛中国历史中到处充斥着"退化论"的思维痕迹,中国人始终充满了对远古黄金时代不容置疑的美好想象。这种"朝代循环"的思路不是螺旋上升式的,而是以不断追慕模仿前代的程度作为衡量是否优秀的标准,如此的思维不但与西方近代的"进化史观"背道而驰,而且似乎也应为近代中国落后于西方负起文化的责任。

我以为,把中国历史观单纯地用"循环退化论"加以解读,并把它和"进化史观"进行二元对立的比较思路是有缺陷的,是过度以西方社会科学概念观察中国历史造成的后果。要合理地理解中国历史观的内在演进脉络,就必须从古人使用的许多概念入手进行精细的解读,方能比较贴近历史文本呈现出的发展轨迹。本文即挑选出"文"和"质"这两个概念(或合而观之为"文质")予以分析,由此观察中国历史观自身形成的真实构造及其内在纹理。

当代人似乎有一个根深蒂固的成见,即认为中国历史观有一个一成不变的特点,那就是史家总是会夸耀"三代"成绩的不可逾越,历史记录不是为记载后代的境况好于前代,而是在不断抱怨后代历史劣于前代的窘境中次第展开的。这种记叙历史的模式与现代历史叙事技术恰好相反。西方的现代历史总是记录后来时代如何超越过去达致辉煌之境的过程,往昔历史自然成为验证现时代之优越感的一种佐证。

在当代史家的眼里,中国古代史家总是预先悬设了一个更加远古的

中编

道统·政统的历史构造与兴衰轨迹

这才是建立"东亚"认同的心理基础之一。当然这里仍需强调的是,韩国对儒学的持守完全是适应自身制度变革的一个合理结果,不能一厢情愿地认为此举乃是中国文化辐射作用发挥效力的又一个实例,否则就很难理解韩国自身变革的意义。

近代中国在步入现代民族国家行列时，采取的是直接面对世界的方式，而没有像周边的日本和朝鲜那样必须通过"去中国化"的过程以实现现代化的目标，这必然造成如下后果：中国知识人在认同西方的现代化普世标准的同时，仍想以笼统的"中华性"作为统摄周边国家的认同标准，这样不仅无助于认识周边国家内部历史与现实的复杂状况，同样也无助于认识中国境内多民族文化的构成及其与汉民族之间的复杂纠葛关系。

同时，中国知识人也应醒悟到，即使"东亚"的某个国家在某个特定的历史情境下对所谓"中华文化"有所认识和持守，也是与其本民族内部的制度资源的安排相配合时才有意义，而且这种配合和改造也往往已经内化或转变为与"中华性"没有什么必然联系的本土属性，而并非是一种万能的"文化"辐射源荫泽恩赐的结果，否则，中国知识人会永远对"东亚"各国变革的内在动力及其成因视而不见，仍莫名其妙地持守着那种虚骄的老大"帝国"心态。

日本的"脱亚"情结可以看做是其进行现代化变革的一个必经步骤，如果不对以中国为首的"朝贡体系"等文化遗产进行清算和疏离，日本就很难发展成为一个现代化意义上的富强国家。但这种清算和疏离也造成了负面的后果，那就是对儒家学说的功利性运用，以及对富强意义的狭窄理解，使得日本对东亚国家进行侵略具有合理性的口实。因此，对战争记忆和责任的理解也应放到一个更加复杂的体系中加以把握。

韩国的情况可能更加特殊，它既曾经是中国的模范朝贡国，又曾经是日本的殖民地。也就是说，韩国要找到自己的现代位置和确认所谓"韩国性"，必须既经过"去中国化"也要经过"去日本化"的双重过程。韩国的近代历史经验告诉我们，韩国在摆脱了"朝贡体系"的制约后，仍能在儒学礼仪的持守方面保持着其象征的凝聚意义，这种礼仪又是人民在日常生活中奉行的伦理基础，同时韩国并没有模仿西方在实现富强过程中把一些侵略过程进行合理化，这点和日本有很大差异，也许这可以和台湾地区的被殖民经验形成比较，台湾有被日本殖民的更长历史，长达五十多年，但台湾作为大陆的一个组成部分，并不具有进行国族想象的空间，由于视台湾为日本的一个省，日本对台湾的占领往往被视为是现代化的开拓者和殖民者相互纠缠混杂的形象，日本在甲午战争后曾对台湾的抗日武装进行残酷镇压，但为时与长达五十年的统治相比较短，而殖民建设的工作却深深浸透进了台湾的社会结构中，发生着支配性影响。[1] 尤其是与二二八事件之后的国民党相比，日本虽以侵略者的面目进入，却在台湾民众和知识人的心目中构成了相对正面的历史形象，甚至成为一些台湾学者和政客解构"中国性"的历史资源。

结论："东亚"想象的谱系

从上文的分析可知，"东亚"的形成的确与西方现代历史的演变及其对东方的殖民化过程有相当密切的关系。但"东亚"的形成也往往与两个过程的交错演进有关：一个是中国周边地区在形成自身的民族国家轮廓时所进行的"去中国化"过程；另一个是所谓"东亚"内部的相互"殖民"和"被殖民"的过程，甚至还包括中国自身的"去中国化"过程。所谓"中国自身的去中国化过程"是指在面对西方世界的时候，中国知识人应该意识到需承担这样的一个历史使命：如何在内部使多民族地区的人民树立起现代"国民"的意识，同时又要为其确认自身的民族身份和文化留下适当的空间，这两个过程往往是处于一种相互纠缠的悖论式状态。在传统帝国崩溃之后，中国还面临着如何不再盲目地把周边地区仍想象成"朝贡体系"的文化遗留形态等问题。

---

[1] 参见姚人多："认识台湾：知识、权力与日本在台之殖民治理性"，《台湾社会研究季刊》第四十二期，2001年6月。

现在东亚三国中颇为突出的"殖民地"经历，而且这种殖民地经历不是面对西方造成的扩张后果，而是经历了一种在近代"东亚"地缘政治中"内部殖民化"的特殊过程，即被日本殖民的过程。在"东亚"的范围内，只有台湾地区的经历可以与之相比。在这个历史框架中，日本没有被殖民的经验，中国则仅有被"双重半殖民"的经验，即西方列强和近邻日本对之进行部分殖民的经历，这种"殖民经验"的差异性会相当严重地影响到对"东亚"构成的认识。

比如对中国而言，虽然与日本进行了长达八年的战争，以及拥有"南京大屠杀"的血腥记忆及"伪满洲国"的殖民经历可以作为反思的资源，但无论是源于西方还是东亚内部的殖民压迫体验，都会迅速被转化为一个内部的"社会革命"问题。也就是说，对中国而言，民族自决和解放的主题在半殖民的状态下很容易被置换为内部的社会改造运动，这种社会改造运动直接依赖于对殖民经历进行反思的程度可能是十分有限的，外来侵略只是扮演了内部变革的动力来源的角色。而韩国有长达三十六年被邻国日本殖民的历史，同时这个历史又是以解构以中国为中心的"朝贡体系"作为出发点的，因此，很容易直接承继着一些日本的殖民遗产。正如赵惠净所说，对于韩国人来说，日本带走了"古代政权"，干涉了韩国的主权与独立、本土的初期现代化等应该独立完成的任务；更重要的是它的国族尊严长期笼罩在日本的殖民统治之下。韩国人被迫在学校只能说日语，取日本名字，并且对在韩国新盖的日本神社表示虔敬，甚至改变了人口结构，约三分之一的韩人被迫迁徙至日本及东北九省，由于存活在一种多重殖民的"危急状态"中，恢复朝鲜人的民族文化自尊在构筑韩国的现代性过程中就难免变成了一个持续的主题，并深刻影响到其心理的构成方式，很易发展为一种防御性国族主义的极端形式。[1]

---

[1] 赵惠净：" 建构与解构九十年代南韩的'韩国性'"，《台湾社会研究季刊》第三十三期，1999年3月，页83—84。又见马场公彦："日本的殖民、脱殖民与战后东亚的民族主义"，贺照田主编：《东亚现代性的曲折与展开》，吉林人民出版社2002年版。

山真男所言,朱子学在日本经过了一个从"自然"到"制作"的过程,也就是说,朱子学本身的原意在这个转变中已变得十分次要,其解释已完全服从于幕府改革的需要,与朱子学的原生态基本脱离了关系。而朝鲜却以新儒学(基本上是朱子学)作为国家意识形态达五百年之久。透过该意识形态的成功运用,统治阶级的地位和各种举措才得以正当化,朝鲜的儒家精英甚至比中国人更加严格地恪遵朱熹的新儒学传统。当中国学者将朱熹学说改革至如阳明学派的较实际的版本,韩国学者仍固守朱熹教诲,极为强调仪式的举行。[1]

这种情况的发生甚至与中国的情形恰恰相反,中国本土在明代以后,由于王阳明哲学注重对内心世界的体验和"知行合一"哲学的提倡,比较强调内心世界的修炼对外在事务的统领作用,由此引发出形形色色个性解放的思潮,但却相对忽略了对儒家礼仪的严格强调。因此,在明清时期,对儒家礼仪的遵循总体而言越来越趋向于没落。当然,这种没落的原因可能十分复杂,比如和清朝刻意提倡满族的民族认同,从而使汉族的文化认同边缘化的策略有关。[2]

我个人以为,韩国对朱子学所倡导之规范礼仪的强调与持守恰恰可以成为构筑"东亚"文化认同的一个精神支点和制度基础,所谓有"礼失求诸野"的意味在里边,因为中国本身经国民革命之后推翻皇帝,又经过历次残酷政治运动的洗礼,使儒学的复兴特别是礼仪的重建彻底失去了制度基础,日本则是以功利的态度肆意裁剪儒学,使之变成"脱亚"的思想资源,韩国则基本沿袭了儒学礼仪的内涵,从而基本没有中断"制度"与"精神"层面的衔接点和结合面,因此也最有可能在儒学的现代转型方面作出贡献。

在"东亚"的政治地理学范围内,韩国具有其特殊性,其特殊性表

---

[1] 赵惠净:"建构与解构九十年代南韩的'韩国性'",《台湾社会研究季刊》第三十三期,1999年3月,页71。
[2] 欧立德:"清代满洲人的民族主体意识与满洲人的中国统治",《清史研究》2002年第四期。

中的暴力行为以优胜劣汰的理由加以合法化，比如认为"诸恶"的存在是历史的必然，"战争"、"暴政"可以使文明过程加快等，战争变成了文明的一种实现手段。同时，日本在形成其"帝国主义"策略时，又极力想区别于西方的"帝国主义"形态，为在"东亚"内部的扩张寻找文化理由，使本属"霸道"的行为有了"王道"的根基，但结果却恰恰相反，"区域主义"的政策尽管包装上了"王道"的外壳，却是以"霸道"的终极面目实现的。[1]

韩国的位置

韩国在亚洲历史中的位置尽管与中国的"朝贡关系"制度密切相关，但又有很大的不同，特别是和日本颇有差别，前现代时期韩国对中国统治秩序的认同比日本维持得更久，而且具有更为密切的依赖关系。在中国明朝的统治下，朝鲜王朝是模范纳贡国，封建国家或族裔根据对中国文化源头的接受度与密切度，在宇宙中依序排列，接受天子的统治，甚至有一种说法：韩国人比中国人还要中国化。正是因为在众纳贡国中享有特殊的礼遇，韩国人能够享有实际上的自主。文人官员们也展现了极大的国族自尊，因为他们相信除中国外没有比他们更能善用儒家法则的国家了。[2]

更为有趣的是，当明朝为满人推翻，清朝确立其统治地位以后，儒者文人官员及他们的后裔认为清朝是未开化的蛮族，因此拒绝向清朝纳贡，继续使用明历，最终导致与清朝的冲突。其实正是出于对清朝"非正统"地位的反抗，才使朝鲜更为坚定和自尊地保留了儒学的延续性和规范性。这可以从韩国和日本对朱子学的不同态度中感觉出来。正如丸

---

[1] 王屏：《近代日本的亚细亚主义》，商务印书馆2004年版，页310。
[2] 赵惠净："建构与解构九十年代南韩的'韩国性'"，《台湾社会研究季刊》第三十三期，1999年3月，页81—82。

"帝国主义"呢？我们发现，"区域主义"从政治经济和军事意义上在"东亚"内部实施联合，虽然有超越民族国家的愿望，却缺乏一种文化上的根据，特别是对"东亚"内部文化民族主义的冲击感到无能为力，因为日本在传统的朝贡秩序中本来属于边缘地带，一旦成为民族国家时是很容易把"中国"他者化的，但要取而代之却缺乏像"中国"那样的主体意义上的文化支配力，或者说在文化上缺乏主体的合法性，这是实现所谓"华夷变态"的最大障碍。出于弥补此缺陷的考虑，一些日本知识人提出以"王道"和"仁义"作为基础，借此遮蔽区域主义的暴力倾向。

近代日本对孙中山"大亚洲主义"演讲中提倡"王道"和"仁义"的曲解和利用即是个例子。上个世纪三十年代，日本政治家石原莞尔曾提出了"东亚联盟论"的设想，并把"王道主义"作为"东亚联盟"的指导理念。他在《昭和维新论》与《东亚联盟建设纲要》两个文件中，就提出"王道主义"和"霸道主义"二元对立的概念，认为"王道主义"是东方文明特有的思想体系，是东洋民族觉醒和统一为前提的东洋理想社会的理念，而西方文化是霸道文化。但他又把这个理念简单归结为以日本为中心和对天皇最高价值的信赖。东亚各国只要信仰天皇，从事与西方霸道的决战，就能取得"王道主义"的胜利。"东亚联盟论"一直不回避其观念来源于孙中山的"大亚洲主义"，认为"孙文思想虽然不明确，但包含着王道思想和大亚洲主义"，只不过中国没有资格去实现这个理想。[1] 可见，"游魂"式的"伦理儒学"至此变成了伤害中国自身的一把利刃，而且外面包装的还是以"区域主义"对抗西方的所谓"亚洲"理念。

因此，日本建立近代"亚洲"乃至"东亚"理念的过程一直存在着深刻的悖论关系。从"脱亚论"开始到论证日本社会结构与西方的相似性，似乎都蕴含着全面奉行西方进化论原则的迹象，甚至把进化过程

---

1 参见史桂芳：《"东亚联盟论"研究》，首都师范大学出版社2001年版，页40—41。

之，则日本当先用积极手段，使列强无干涉之必要。"[1] 日本在亚洲现代化的过程中争夺领袖位置的行为，基本模仿了西方的殖民扩张模式，同时又掺杂着企图摆脱中华"朝贡体系"制约时的复杂怨恨情绪，这两种情感和策略使用交汇在一起，就使得日本现代帝国主义的形成同西欧帝国主义崛起和扩张的内容有相当大的差异，需要做出细致的分析和区别。

更为关键的是，一旦认为日本和欧洲有相似的社会结构，一些日本知识人就不会满足于在民族国家的意义上和"中国"这样的大国处于平起平坐的地位，那种"华夷变态"的心情就会通过暴力使之合法化。"区域主义"的提出就意味着日本试图超越"国家主义"的努力。它说明一方面具有普遍意义上的国际法无法说明日本在"东亚"的特殊位置，同时也无法使日本在民族国家的形态上区别于现代"中国"，更无法对抗"中国"携内部多民族之力量所形成的近代民族主义压力。日本当时的设想是，"区域主义"的设计可以超越"东亚"内部已形成的西方式民族国家理念，因为这种理念是导致"东亚"内部发生民族主义的缘由之一。依据"区域主义"倡导者的观点，中华民族要想生存下去就必须清醒地认识到超越民族的区域连衡的必要性，可是，中国的反日民族主义妨碍了这种合作，这正是日本发动中日战争的重要理由。总之，中日战争的最终目的在于超越现代国家式的民族主义，形成区域性的联合态势。

"区域主义"的阐释者意识到，一旦把"区域主义"的策略付诸行动就会带有明显的"帝国主义"特征，并试图加以避免。他们认为日本有必要制订出与欧美帝国主义有所区别的大陆政策。但是，当时"区域主义"中反帝国主义的因素远比反民族主义的因素弱，而反民族主义的因素又成为形成帝国主义的因素之一。[2] 那么，"区域主义"如何区别于

---

1 浮田和民："新亚细亚主义"，《东方杂志》第十五卷，第十一号，页16。
2 三谷太一郎："序"，王屏：《近代日本的亚细亚主义》，商务印书馆2004年版，页7。

程来看存有诸多相通之处，如从古代起，两者就分别处于罗马帝国和秦汉等中华帝国的边缘地带，进入中世纪时期，全世界中只有这两个地区建立了军事封建制度，并经过绝对君主制的统治产生了近代国家。

就是说，位于东西两端的日本和欧洲这两个地区，相互之间没有任何关联而达到了平行进化这一结果。因此理解日本文明性质的关键是把日本当作另一个欧洲来看。[1] 那么梅棹忠夫的"文明"标准到底是什么呢？其实无外乎是强大的工业生产力，由此而建立的遍及全国的庞大交通通信网，完备的行政组织、教育制度，教育之普及，物资之丰富，生活水平之高，平均寿命之高，死亡率之低，发达的科学和艺术等要素。[2]

强调"文明"的物质层面乃是对西方现代性变革经验的一种肯定，它可以直接导致日本及其他东亚国家对其进行模仿。但问题的关键还不在这里，因为现代"文明"的传播不是温情脉脉的过程，而是掺杂着暴力和血腥的行为，最为致命的是，这种暴力和血腥行为处于不断被合理化的过程之中。正如鲍曼在研究纳粹大屠杀时所指出的：大屠杀并不是与犹太人和纳粹相关联的个别事件，也不是现代文明与它所代表的一切事务的一个对立面，而是在现代理性社会，在人类文明的高度发展阶段和人类文化成就的最高峰中酝酿和执行的，甚至可以说就是现代人类文明发生的一个后果。[3]

也正因如此，当日本在试图置换其自身在中华"朝贡体系"中所扮演的角色时，并没有采取东方式的怀柔政策，反而采取了极度暴力和血腥的手段。如在一篇名为《新亚细亚主义》的文章中，一位日本人说："国际关系为实力关系，不能始终采用消极主义，故有时不可不出以积极之手段。设令亚细亚中之一国，发生内乱，欧美列强，欲出而干涉

---

[1] 梅棹忠夫：《何谓日本》，百花文艺出版社2001年版，页31。
[2] 梅棹忠夫：《文明生态史观：梅棹忠夫文集》，页75。
[3] 鲍曼：《现代性与大屠杀》，译林出版社2002年版，页5—10。

体上"[1]。

近代日本学者逐渐意识到，若要真正达到"去中国化"的目的，只能从社会结构的比较上寻求与欧洲的相似性，借此超越中国文明的强大辐射作用。对日本前近代"封建制"与欧洲相似程度的论证，恰恰能达到这个目的，因为在中国历史上，真正的"封建制度"早已消失。这样的论证方式对于还希图用"王道"和"仁义"寻求所谓东亚共同价值的中国知识人而言几乎是致命的打击。如梅棹忠夫在划分文明国家时，把日本和西欧数国相提并论，属于第一地区，而中国、东南亚各国、印度、苏联、伊斯兰诸国、东欧各国等则称第二地区。

梅棹忠夫认为第一地区国家发生革命以前，资产阶级已经在这些国家成长起来，它们的共同特征是"封建体制"。所谓第一地区，是曾存在着封建体制的地区，第一地区和第二地区的划分同革命以前的体制是否存在封建制有着密切的关系。第二地区革命所造成的大致是专制体制，革命以前的体制并不是封建制，而主要是专制君主制或者是殖民地体制。日本之所以与其他亚洲国家不同，即在于与第一地区的欧洲国家平行出现了一些历史现象，如中世纪的庶民宗教，接着出现的市民阶层，形成基尔特，发展一系列的自由城市，海外贸易、农民战争在日本和西欧都是曾发生过的现象。[2]

所以梅棹忠夫坚持把"日本文明"和东方文明区分开来，而强调其与欧洲文明的相似性，这种划分方法的核心观念就是要把"文明"和古代中国式的"文化"区别开来。日本文明就文化要素来看，虽然带有中国和朝鲜等远东地区诸文明的特点，但在文明体系的总体构成上观察，则完全独树一帜。日本只能在与远东文明相互关联的角度加以探讨，但不可从比较文明学的角度和远东文明摆在一起。原因是能称得上比较对象的只有西北欧和日本这两个文明。而这两个地区，从历史的发展进

---

1 托克维尔：《旧制度与大革命》，商务印书馆1996年版，页240。
2 梅棹忠夫：《文明生态史观：梅棹忠夫文集》，上海三联书店1988年版，页84—85。

置换中国。从这个意义上讲,明治日本的西化可以说是"为脱离中国的西化"。[1]

正是因为日本在几百年的历史演变中有很强烈的"去中国化"情结,所以在论述自身的近代成功经验时,并不像中国的改革者那样刻意强调近代化成功的关键在于对传统的拒斥和清算的程度,而是恰恰相反地强调自身的独特传统对变革的促进作用。日本对传统的尊崇态度和中国人对传统的激烈批判构成了一个极为鲜明的对比。这种独特性的表现,其基础恰恰建立于中日两国社会结构的差异比较这种论述策略之上,却特别突出日本社会结构中的"封建制"与西欧"封建制"的相似性。

这种"去中国化"的策略反映在许多思想家的论述中,如丸山真男就指出,到了德川幕府时代,尽管同以往的政权相比,已具有强烈的中央集权特色,但实质仍然是一个封建领主,对于皇室领地以外的地域,最终是要通过直属将军的诸侯间接地进行统治。二百七十个屏藩,分别形成了封闭性的政治单位,诸侯对于自己的领地,行使独立的立法权和裁判权。在各藩内部,藩士被划分为数十个等级,各自的身份由此被大致固定下来。[2] 所以说,德川时期的"攘夷论"与"尊皇论"合为一体后:"哪里还谈得上它同封建的身份等级制相抵触,实际上它恰恰为等级制赋予了基础"。[3] 这很容易让人想起托克维尔对法国大革命与旧制度关系的经典论述。

关于"革命"对以往制度的继承关系,托克维尔在分析法国革命时曾说过,旧制度所拥有的整套规章制度和中央集权的特性,均被"革命"继承了下来,其行政机构却继续活着,"从那以后,人们多少次想打倒专制政府,但都仅仅限于将自由的头颅安放在一个受奴役的躯

---

[1] 茂木敏夫:"东亚的中心·边缘构造及世界观的变化",贺照田主编:《东亚现代性的曲折与展开》,页323。
[2] 丸山真男:《日本政治思想史研究》,三联书店2000年版,页273。
[3] 同上书,页292。

其不能自守时，又迅速地把这种冲击看做是昔日帝国与整个西方世界的冲突，因为"东亚"区域的构成和发明本身就被中国知识人看做是西方向世界进行整体扩张的一个后果，"东亚"问题自然也被放在和西方的关系链条之中进行处理，这些朝贡地区其实并不具备单独的外交价值。即使是甲午战争后被日本彻底击败，中国知识人也是把战败归结为西方整体入侵计划的一种反映，即日本只不过是比中国更早地接受了西方价值而领先一步，其思维实质实仍未脱离日本是中华文明圈之一员的传统认知框架。

实际上，近代日本和中国所面对的问题差异越来越大，日本始终需两难性地处理自身与中华帝国和西方的双重关系，甚至认为如果日本要真正实现近代的转换就必须完成"去中国化"的过程。这种"去中国化"的过程实际已进行了几百年的时间。正如茂木敏夫所言，日本在十三世纪击退蒙古入侵以后，产生了自古以来不曾屈服于外国的"神国"意识，同时还意识到，与中国的不断改朝换代有所不同，天皇的"万世一系"性表现出了自身的独特价值，经过这样的思维逆转，产生了虽处边缘仍能保持独自价值理念的信念，进而反映了16世纪末武士政权下全国统一的现状，作为其统治根据的"武威"是作为与"文"的朝鲜、中国相对比的日本独特性而被称赞着，从而构筑了"日本型华夷秩序"。[1]

前已述及，到清代时，日本已试图把作为象征含义的"中华文化"与作为制度和政治形态的"中华帝国"区分开来，但长期以来似乎仍无法摆脱一个历史"魔咒"的制约，这个"魔咒"就是，即使日本成为日本自己，也难逃成为中国影子的命运。因此，近代以来，日本除继续延续着区别"制度中国"和"文化中国"的思考路径，以克服对中国历史的隶属关系外，还试图通过将西洋视为另一个"中华"，以此来

---

[1] 茂木敏夫：《东亚的中心·边缘构造及世界观的变化》，贺照田主编：《东亚现代性的曲折与展开》，页321。

开来的认识，进而抱有一种"现实的中国"已经由中华之地转变为夷狄之地的认识。[1] 其实这样的区分，在清朝灭亡之后的中国内部也同样发生了，只不过其思路更强调"文化"的现实意义。直到民国初期，中国知识人仍认为清朝灭亡后，"文化"的根基与"道德"的价值尚存，尽管大多是以"游魂"的形式出现。孙中山、李大钊直至当代的新儒家们都一直抱持着这个"神话"不放，好像是故意与之相呼应似的，周边各国也曾一度小心翼翼地维系着这个"神话"，生怕美好的梦境被打碎，如日本人涩泽荣一就比喻说"论语加算盘"乃是日本近代腾飞的双轮。

其实，朱子学在近代日本的地位只能说是其"国体思想"的附庸而已，最终又沦落为对抗西方物质文明的一支后援力量。如十九世纪末，日本成立了儒学组织"斯文学会"，涩泽荣一作为顾问就意识到，神道还没有在社会上取得对儒学的优越地位，所以还需加以利用。等到1918年，斯文学会与另一个儒学组织研经会合并后成立了斯文会，此时日本已实现了近代化目标，并把近代化成功的原因归结为天皇制和国体思想，儒学也就降到了物质主义解毒剂，和教育敕语注脚的实践道德即"儒道"的地位。[2] 涩泽荣一研读《论语》的目的是想把孔子之学改造成"经世济民"的学问，以对抗朱子学对经济谋利行为的蔑视。因为在日本旧式汉学家的思想里，《论语》是道德上的经典，算盘是与之正相反对的货殖之道的工具。[3]

在近代化浪潮的催逼中，日本和中国处理周边事务时面对的对象颇为不同，中国始终把周边地区看做是朝贡圈的组成部分，当西方入侵使

---

1 茂木敏夫："东亚的中心·边缘构造及世界观的变化"，贺照田主编：《东亚现代性的曲折与展开》，吉林人民出版社2002年版，页320。
2 袁方："论语算盘：涩泽荣一经济伦理思想研究"，《中国社会科学季刊》第三卷，1993年8月，页121—123。关于"斯文会"的历史演变情况，及儒学与军国主义的关系方面的梳理，可以参见刘岳兵：《日本近代儒学》，商务印书馆2003年版，页102—116。
3 同上。

中，德川家族被具体化为代表王权的"圣人"，完成了封建社会内部向近代社会结构的转变。这样的一个转变和欧洲非常相似，欧洲也是通过对"封建社会"的王权世俗化过程而否定了"神权"的"自然"作用，最终完成了资产阶级革命。

中国本身根本就不存在严格意义上的"封建社会"，汉代以后基本上就像一个上下流动的流质性社会，阶级的等级观念不分明，所以无论完成改朝换代的使命还是近代革命的任务，恰恰都是由这些"流民"加以实施的，并不具备等级制社会所赋予的"革命"合法性。[1] 如此说来，"朱子学"乃至儒学在日本的运用可以说与其本来的意义已没有什么关联，甚至可以说对儒学的改造恰恰成为日本近代变革中"去中国化"步骤的一个组成部分。

如前所说，中国近代知识人一直处于一种极度的心理紧张状态，即在寻求富强的同时，致力寻找"东亚"内部的认同机制，以克服有可能由"民族主义"情绪大爆发激起的相互伤害，但这种相互伤害其实在日本力图不断"去中国化"的过程中就已经开始了。尽管长期以来，日本作为中国周边区域中的一员，一直察言观色地勉强维系着与中国的朝贡关系，但从内心而言，其终极目的却是"为脱离中国的中国化"，即他们认定，只要与中国确保贸易等必要范围之内的交流，就可以保持自己的习俗文化。与日本相似，周边诸民族也是为了保持自己的独特性而与中国结成朝贡关系的。由此一来，中国王朝与周边区域之间的交往礼仪，也可以说是一个通过将双方的意图隐蔽起来而维持双方的边界的一种装置。[2]

明朝灭亡以后，满族入主中原，由于看不起异族统治"中国"的局面，这些国家开始抱有将"现实的中国"和"作为理念的中华"区分

---

[1] 杨念群："儒学作为传统中国'意识形态'合法性的历史及其终结"，赵汀阳主编：《年度学术2003：人们对世界的想象》，中国人民大学出版社2002年版，页8—66。
[2] 茂木敏夫："东亚的中心·边缘构造及世界观的变化"，贺照田主编：《东亚现代性的曲折与展开》，吉林人民出版社2002年版，页319—320。

"仁义"的价值。对于这种猜想的谬误性，我们只要从丸山真男的论述中就可清楚地看出。丸山在分析日本徂徕学对"朱子学"的改造过程时认为，这个过程把"朱子学"从"自然"转向"制作"的诠释为日本的变革提供了思想前提。这样的一个论述很可能会使某些中国学者沾沾自喜，觉得验证了日本人对中国文化的认同心态。然而，实际上徂徕学对朱子学的改造所表现出来的历史后果和中国人的想象完全相反，丸山的论述恰恰包含着近代以来日本知识界一直倡导的"脱亚"话语，"朱子学"不过充当了这种论述棋局中的一个棋子而已。

在丸山看来，把"朱子学"视为"自然"产生"秩序"的思想，恰恰是与日本封建社会的特征特别是其严格的上下等级观念相适应的，这与中国知识界对"朱子学"的理解和运用截然不同。而徂徕学强调"圣人"制作秩序的目的，也是为完成日本向近代转换提供一种动力，是一种"有机论"思维，和西方由"神"来安排良好的社会秩序的观点是相当吻合的。[1]丸山特意指出了这种转换所具有的"意识形态性"，这种"意识形态性"说明，作为儒学伦理前提的中国社会关系与德川时期的社会关系在内容上颇不一致，内容上的异同以及把儒学伦理安插到德川期的社会关系中，其实质上的妥当性如何都不重要，重要的是儒学伦理在现实中所履行的任务在中日社会历史框架中有所不同。[2]同时，徂徕学的"制作"立场包容了利益社会的逻辑，这又与西方政治思想中的逻辑十分相近。朱子学在中国语境里虽然亦强调"礼"的功能，却却是特别着意于把"礼"庶民化这个路径，这条路径为"士"阶层的上下流动提供了一种历史和理论的前提，而不是使原有的"礼"的秩序固化。

中国和日本在近代化进程中呈现出了相当大的差异，日本的明治维新是从"封建社会"瓦解的结构中"内在化"地加以完成的，"自然"向"圣人"制作的过渡本是个思想史的命题，但是在实际的政治运作

---

[1] 丸山真男：《日本政治思想史研究》，三联书店2000年版，页194。
[2] 同上书，页195。

本、朝鲜无疑只能扮演边缘的角色,而且也只能依据和中华帝国之间的互动关系来确认自己的位置。一旦步入近代,由于整个中华帝国和周边地区都是西方全球政治经济规划的一个组成部分,何谓"大国"的标准自然要发生变化,它基本取决于自身按西方标准所达致的"富强"程度,而不是与传统中国王朝的依附关系。所以"富强"几乎同时成了中国和日本复兴的近代主题,也为日本超越中国的羁縻创造了最佳的历史机遇。至于在民族国家的框架内,追求富强的行为与东亚区域曾经共享过的儒学历史价值到底有多少关系,在日本思想界往往没有什么人在更深的层次上真正加以理会。

可问题也许就恰恰出在这里,中日双方在近代以来形成的思想差异同时源于对"富强"与"文化"关系理解的不同。中国知识人有关"东亚"问题的思考包含着十分复杂的心理困境,他们在民族国家理念的支配下梦寐以求地想要建立类似西方的现代政治经济制度,同时又非常忧虑地担心,西式启蒙观念中包含的霸权因素一旦渗透到周边区域,会导致"东亚"内部的自相残杀,因此总想通过提醒对昔日"文化"的共享来化解"东亚"内部因"民族主义"锋芒过盛造成的相互伤害。[1]

当然,这样的所谓"文化共享"仍只能来源于对传统朝贡秩序的追慕,从孙中山和李大钊对"亚细亚主义"的描述中就能清楚地感受到这种心理状态。但是,中国知识人希图在民族国家的框架内安置传统"华夷文化秩序"的构想显然多出于一厢情愿,这可以从日本知识人的认知角度得到一些印证。

在中国知识人的主观想象里,近代日本虽然比中国实现"富强"目标的速度更快,却始终在"文化"层面上认同于儒学中的"王道"和

---

[1] 帕尔萨·查特杰曾经这样概括东方出现的"民族主义"的两难困境:"事实上,是两种排斥,两者都自相矛盾:拒斥外来入侵者和统治者,然而,它自己的标准又以模仿和超越这些入侵者和统治者为目标;拒斥被视为进步的障碍的祖传的方式,却又把这种祖传的方式当作身份的标志而抱住不放。"("作为政治观念史上的一个问题的民族主义",载贺照田主编:《东亚现代性的曲折与展开》,吉林人民出版社2002年版,页219。)

即可看出此迹象，在这样的语境中，重提儒家精神的普世性显然是文不对题。

进入九十年代，资本主义市场的合法化使得国家需要一种和西方话语有别的"文化主体性"作为改革依据，因此开始有意把"儒家文化"吸摄进市场经济的运行框架内加以重新解读，使之具有意识形态的合法性含义。其实新儒家最吸引人的地方即在于其与资本主义之间建立起了一种姻缘关系，而且这种关系正好为中国和"东亚"的知识人所共有，"新儒学"表面上似乎与西方无关，也没发现其中有什么相互合谋的关系，同时又满足了中国作为大国对周边地区所拥有的文化优越感。在儒学对"东亚"社会具有普世意义这个前提之下，"国家"与新儒学终于共享了一种可以对抗西方的强势话语力量。因为新儒学上升为"国家意识形态"的组成成分后，不仅制约着民间学术交流的导向，而且不断通过国家资本的注入使之具有更为合法化的力量，比如《儒藏》工程作为国家重点扶持的对象即是证明。

日本的"脱亚"心态及其历史根源

与近代中国知识人相对忽略周边地区历史经验的"大国心态"有所不同，日本始终把中国作为步入现代化必须超越的对象，并以此为据与西方进行对话。日本近代化过程中一直存在着两条平行的主线，一条主线是通过在政治文化结构上认同西方以摆脱传统中国王朝体系的控制；另一条线索是通过清算"朝贡制度"的影响，使自身彻底完成与中国文化之间的"断乳"过程。

近代以来，在周边地区的视野里，中国越来越作为一个衰落"帝国"形象被加以感觉和认知，这种衰相的形成显然与其不具备强大的民族国家资格有关。对于中国知识人而言，在"东亚"的地区格局中，"近代"与"前近代"的基本分野在于，"前近代"是以是否具备"帝国"的资格来判断其强弱的，如果按这个标准衡量，除中国以外，日层面的价值，就能使之成为存之久远的普世精神。在杜氏新儒学的框架里，这样的一个区分尤其对"东亚"区域更为有效，因为它是在当代资本主义社会的条件下唯一区别于西方的精神资源。[1]可在我看来，这种区分其实与一百年前张之洞的"体用之分"没有太大的区别。张之洞的意思是作为中国文化的"体"是可以不受西方器技之道的支配而独立发挥作用的，都属于对儒学做了一种本质主义式的规定。德里克曾经不无讽刺地评价说："杜所鼓吹的精神没有社会性，没有历史性，无论何种背景，对任何人都适用，极像商店出售的消费品。"[2]

从另一方面看，"政治儒学"和"伦理儒学"的区分使儒学与王权支配下的意识形态和制度安排实现了脱钩，使儒学能自由地成为一种普世的精神形态，实际上，把儒学的价值与东亚文明的精神内涵等同起来，同时又把原生态儒学与"中华性"等同起来，无非是想证明，儒学虽然作为历史文化象征与政治意识形态建构者的形象已经死亡，却仍然会在东亚各国的社会政治生活中造成不可磨灭的印记，甚至会成为经济腾飞的文化基因，这样的论说丝毫不考虑"东亚"内部各国文化所具备的活力对其社会演变的影响，即使儒学有某种独特的作用，也是在一种"非中华性"的语境范围内实现的，"儒学"不可能被抽离出具体的社会情境单独发生影响。我们只能说这仍是一种大国心态在起作用。

颇为反讽的是，当杜维明极力设法使儒学和政治脱离干系时，"儒学"却越来越成为国家政治青睐的对象。当杜氏在上个世纪八十年代提倡儒家第三期发展时，中国国内正面临所谓"新启蒙时期"，儒学不但正作为阻碍中国实现现代化的障碍重新受到清算，而且已成为"国民性"讨论攻击的首选目标，从当时流行的读物如柏杨《丑陋的中国人》

---

[1] 德里克："边界上的孔子：全球资本主义与儒学的重新发明"，载《后革命氛围》，中国社科出版社1999年版，页249。
[2] 同上书，页250。

己的统治合法性，致使中国知识人遭遇到了从未有过的心理挫败感。尽管如此，仿佛要有意证明自身文化对周边的影响力并未因西方入侵而消失，中国知识人始终坚信可以通过"文化"的力量重新确立自身在"东亚"地区的核心地位。

其实，对"文化"能超越制度安排的自信一度成为中国国内对抗政治意识形态的有力工具。一些讲"内在超越"的知识分子用此来破除用"阶级"意识划分知识身份的教条式马克思主义叙事。[1] 对儒教第三期发展的阐说也对上个世纪八十年代极端狂热的全盘西化浪潮有相当重要的解毒作用。[2] 可是一旦这种文化自信盲目地放大到整个"东亚"区域时，就完全转换成了一种想象出来的"神话"再生产。

比如说所谓"东亚四小龙"的经济腾飞就被看成是"东亚"各国在技术物质层面发展资本主义，而在精神内核上却持守儒家传统价值的最佳表现。杜维明甚至以此作为韦伯有关中国文明缺乏资本主义动力的论断遭到破产的证明。其实正如德里克所批评的："在儒学中找出与韦伯式新教相似的特征，以此'论证'，韦伯断定的资本主义障碍实际上是另一种资本主义的动力。看来，遭到怀疑的不是韦伯的诊断本身，而是韦伯由诊断引出的结论。资本主义不仅毫发无损，而且得益于儒学'挑战'。"[3]

在当今社会里，杜维明为重新界定儒学的位置颇花了一番心思，其中一个最重要的尝试是区分"政治儒学"和"伦理儒学"。在他看来，儒学正是因为和前近代的帝国专制秩序密切勾连在了一起，才导致其阻碍中国步入现代行列，如果把儒学与政治秩序分开，而只吸收其伦理

---

[1] 如余英时就说："我们所不能接受的则是现代一般观念中对于'士'所持的一种社会属性决定论。今天中外学人往往视'士'或'士大夫'为学者—地主—官僚的三位一体。这是只见其一，不见其二的偏见，以决定论来抹杀'士'的超越性。"（余英时：《士与中国文化》，上海人民出版社1987年版，页11。）

[2] 杨念群："打破和谐：杜维明先生儒学第三期发展说驳议"，《青年论坛》1986年第1期。

[3] 德里克："边界上的孔子：全球资本主义与儒学的重新发明"，载《后革命氛围》，中国社科出版社1999年版，页257。

夏之辨中的秩序观念，但并没有充分考虑这种观念是以中国为中心的思考框架，更没有把周边国家的主体意识容纳在内。

中国构造"东亚"想象的历史与现实基础

李大钊的思想困境实际上是其来有自的，自从中国在西方强大的军事力量面前被打得一败涂地以后，近代知识人对周边世界的认知从表面上看一直在持续地从"天下观"向民族国家的理念转变，但这种转换始终处于一种非自觉的挣扎状态，潜意识里也一直没有放弃用文化抗衡来消解西方技术所实施的暴力性侵害的努力。对"道"与"器"之间表里关系的辨析一直是近代中国的核心议题。张之洞的"中体西用观"作为比较早的文化抵抗形式，主张保持中国文化中的最核心部分，去隔离化解物质技术的侵害力量，强调的也是如何用中国本身的文化气质去涵摄消溶物质文明的暴力性伤害，以后又经过康有为《大同书》中的"儒教普遍主义"、梁漱溟的"三种文明说"，再到当代新儒家的东亚儒教资本主义和"文化中国"观，几乎都一脉相承地认定中国文化具有超越西方技术规范的普遍性意义。同时这种观念也随之辐射蔓延，构造出了中国统治者和知识人对所谓"东亚"区域一种近乎习惯性的想象定式。

这种想象定式来源于古代"政治地理学"对周边事务的判断，其建基于"朝贡秩序"基础上的运思框架中，"文化"的重要程度甚至可以做出如下描述：即使王朝的统治者出于某种无奈的原因放弃了国土乃至王位，都会坚信"文化"的力量能在取而代之的异族统治者身上发生化学反应，从而复制出原有的统治秩序，这些异族统治者的所有行为似乎理所当然地变成了汉族文化的投影，或者顺理成章地成为"汉文化"另一种风格的再现。这种想象在张之洞主政的时代开始崩溃，崩溃的原因是当面对西方入侵，知识界和统治者企图开出同样的自救药方时，似乎并不像以前那样显灵，这些"西夷"在占领中国后显然没有模仿过去的"蛮夷"采纳汉族文化以支撑政权和社会秩序，或者由此途径获得自在以下的论说中，他仍把仁义感化的精神当成规范"东亚"区域再造的途径。他说："吾人非欲对于世界人类有何侵略压迫之行为，即势力之所许，亦非吾人理想之所容，此则征之吾人祖先之历史可以知之。吾人但求吾民族若国家不受他人之侵略压迫，于愿已足，于责已尽，更进而出其宽仁博大之精神，以感化诱提亚洲之诸兄弟国，俾悉进于独立自治之域，免受他人之残虐，脱于他人之束制。"[1]

李大钊的话里面同样包含着用"仁义道德"感化周边区域，使之凝聚为一体的前现代思想，申明的还是朝贡秩序中所体现出的礼仪象征大于实践行为的"怀柔远人"精神。这篇文章发表后，当日本又逐渐萌发出破坏这种"王道"精神，而以武力攻略占领周边领土的迹象时，李大钊马上予以批评，他明确指出这个时代的"大亚细亚主义"已经和两年前不一样了，因为1919年的"大亚细亚主义"已是大日本主义的变名："这样看来，这'大亚细亚主义'不是平和的主义，是侵略的主义，不是民族自决主义，是吞并弱小民族的帝国主义；不是亚细亚的民族主义，是日本的军国主义；不是适应世界组织的组织，乃是破坏世界组织的一个种子。"[2]

李大钊的忧思并不在于日本破坏了现代国际关系中所应该遵循的准则——因为这套准则本身就建立在弱肉强食的达尔文进化论基础之上，具有不言自明的正当性——而在于日本破坏了以中国为半径的华夷朝贡秩序中所体现出的仁义原则，这种原则尽管因为中华帝国的崩解而无法依附在一种实体制度的框架之内，却应该始终成为指导"东亚"区域内各国相处的一个基本文化精神。这种论说体现出了当时中国知识人的一种复杂心态，受西方民族国家建设理论的影响，中国知识人大都同意应在民族自决权的基础上重构中国与周边地区的关系，但又想避免以强凌弱的近代霸权理念对民族自觉意识的侵蚀，他们找到的武器仍是传统夷

---

[1] 李大钊："大亚细亚主义"，《李大钊文集》（上），人民出版社1984年版，页450。
[2] 李大钊："大亚细亚主义与新亚细亚主义"，《李大钊文集》（上），页610。

的德，甘心情愿，自己来朝贡的。他们一受了中国王道的感化，不只是到中国来朝贡的。他们一受了中国王道的感化，不只是到中国来朝贡一次，并且子子孙孙都要到中国来朝贡。"[1]

当然，谁也不会肤浅地把这段话理解为孙中山是想恢复"朝贡制度"，更不会误解为孙中山是在欣赏他所推翻的帝国旧制，但其中又确实透露出孙中山是想以成为尸体的"朝贡秩序"中仍残留的文化遗骸做"大亚洲主义"的基础。"要造成我们的大亚洲主义，应该用什么做基础呢？就应该用我们固有的文化作基础。要讲道德、说仁义，仁义道德就是我们大亚洲主义的好基础"。[2] 这段话中的"我们"到底指谁？孙氏没有做出明确说明，但这段话明显有把本属于中国的华夷等级秩序当作一种本质主义式的认同框架强行赋予到"东亚"各国头上的意味。

由此可知，孙中山的"大亚洲主义"恰恰是尝试把传统王朝看待周边秩序的观念与现代国家的认同准则相互杂糅叠合起来的结果。它汲取了民族国家框架中生发出的反抗殖民统治的民族自觉内核，却在骨子里仍沿袭了古代中国对待周边民族区域的传统理念，这种理念包含了清朝处理周边事务的原则，即只强调在象征礼仪上对中国核心地位的认同，而不是实际领土的扩张性占有。

对这个原则的坚持和强调同样反映在李大钊的论述中。李大钊甚至更明确地认为，倡导大亚细亚主义的关键即在于中国文化的再造与复活，他说："诚以吾中国位于亚细亚之大陆，版图如兹其宏阔，族众如兹其繁多，其势力可以代表全亚细亚之势力，其文明可以代表全亚细亚之文明，此非吾人之自夸，亦实举世所公认。故言大亚细亚主义者，当以中华国家之再造，中华民族之复活为绝大之关键。"[3]

从表面上看，李大钊也同样强调中国作为民族国家复兴的意义，可

---

[1] 孙中山："对神户商业会议所等团体的演说"，《孙中山全集》第十一卷，中华书局1986年版，页406。
[2] 同上书，页407。
[3] 李大钊："大亚细亚主义"，《李大钊文集》（上），人民出版社1984年版，页450。

化。还有一种文化，好过霸道的文化；这种文化的本质，是仁义道德。用这种仁义道德的文化，是感化人，不是压迫人，是要人怀德，不是要人畏危。这种要人怀德的文化，我们中国的古话就说是'行王道'，所以亚洲的文化，就是王道的文化。"[1]

孙中山所说的"文化"，语义十分含混，我们无法从中清晰地获知其中的含意是否仅是与某个中国学术流派如"儒学"有关，或者仅仅是一种政治意识形态的表述。但有一点可以确定，当孙中山在表达对日本从西方国家的包围中率先独立出来的歆羡心情的同时，仍试图赋予这种成功的例子以"华夷之辨"的内涵，并把这种内涵的获得标示为区别于西方现代国家构成的最重要的表征。孙中山已隐约意识到了日本称霸东亚的欲望，但仍希望无论谁在亚洲做领袖地位，都应该奉行象征意义上的王道政策，而不是局限于对土地的占领。这样的一个思路几乎和"五四"之后所有文化保守主义的言论形成了共鸣，只不过，文化保守主义者们专从"文化"比较上做文章，而孙中山的视野聚焦的是，在现代"东亚"秩序的制度安排中，如何发掘出传统中国精神以弱化和避免西方扩张的弊端，也包含着想既在"东亚"建立国民国家又避免因争夺主权而相互伤害的命运。

且看下面的一段表述："近来欧美学者稍为留意东洋文化，也渐渐知道东洋的物质文明，虽然不如西方，但是东洋的道德，便比西方高得多"。[2] 如果不予提示，我们很可能误认为这段话出自某个著名的文化保守主义学者之口，这位学者不是辜鸿铭，就是梁漱溟。

分析至此，我们会一点也不感到奇怪，作为中国现代国家之父的孙中山为什么会大谈特谈他领导推翻的清朝在"朝贡制度"中实施"王道"对周边民族的意义："中国完全是用王道感化他们，他们是怀中国

---

[1] 孙中山："对神户商业会议所等团体的演说"，《孙中山全集》第十一卷，中华书局1986年版，页405。
[2] 同上书，页404。

"风俗习惯"五种自然力的论述,认为形成民族的最重要的力量是命运共同体一员的情绪,民族的构成是精神的、主观的,民族意识内因来自共同的历史背景、共同被害的经历和共同光荣及耻辱的记忆,外因来自受到外部势力的压迫,从而促进了内部的团结,民族意识是在这样的基础上形成的,"民族"因此可以从主观上任意定义。而从骨骼和外表、肤色区别"种族"的界限则很难,没有什么科学依据。所以给五族以自决权没有意义。[1]这就完全否定了汉族以外的"族群"有建立自己"国家"的合法性,文化的族性区分必须服从于外力压迫下的政治考虑。

但是在另外一种语境下,即对周边新兴民族国家的态度上,中国知识人又转而强调"文化"的意义,希望用"文化"的因素来超越政治,以构造"东亚"内部的凝聚力,实现对抗西方的目标。在讨论"大亚洲主义"成立的可能性时,孙中山表面上完全是用现代民族国家之间的关系来看待日本的崛起对于中国的意义。比如在著名的有关"大亚细亚主义"的演讲中,孙中山用美慕的语气把日本视为亚洲顶级的独立国家,认为日本是完全靠自己的实力与西方竞争较量才获得其超越于其他亚洲各国之上的位置的,他把日本废除不平等条约和最终战胜俄国视为亚洲复兴的起点,期待中国与日本发生联络后,将使这种"独立运动"变成恢复亚洲地位的标志。但随之话锋一转,谈起了"文化"的不同运用对民族自立的选择所发生的影响,甚至以"文化"的优劣区分国家性质的好坏。孙中山认为,从表面上看,欧洲自然好于亚洲,但从根本上解剖,欧洲的文化是注重功利的文化:"这种文化应用到人类社会,只见物质文明,只有飞机炸弹,只有洋枪洋炮,专是一种武力的文化。欧洲人近有专用这种武力的文化来压迫我们亚洲,所以我们亚洲便不能进步,这种专用武力压迫人的文化,用我们中国的古话说就是'行霸道',所以欧洲的文化是霸道的文化。但是我们东洋向来轻视霸道的文

---

[1] 松本真澄:《中国民族政策之研究:以清末至1945年的"民族论"为中心》,民族出版社2003年版,页133—135。

中谈到对经术的运用时写道:"今之西人亦已富庶,以无礼教,势将日衰。欲抱此以用世,中夏不行必于外域",讨论的还是如何使"经术"这种文化产品高效作用于外域的话题。[1] 从时间上来看,这位知识人的意识似乎已经从传统的"朝贡关系"认知模式转移到了以现代政治理论观察中国与周边关系的新阶段。

然而事情可能没有那么简单,中国知识人对周边空间的认识确实发生了巨大变化,但这种变化并不是一种决然的相互替代关系,这种替代模式讲的是中国人的"华夷秩序观"是如何被民族国家意识所完全取代的现代故事。这个故事按这样的方式讲述当然不是没有理由,近代民族国家观念肯定在相当程度上塑造了中国人对世界的认知态度,却未必能全部改变其对文化传播和政治秩序构造之关系的传统理解。如果把这个故事比附到中国人对"东亚"概念的认识上尤其不够得体。下面我会对比较典型的中国式"东亚"话语进行一些分析。

如果要谈近代中国知识人的"东亚"观,恐怕很难绕过孙中山和李大钊的论点,孙中山在民国建立以后,有一个从"五族共和论"向"汉族中心论"为主体的"国族论"转化的轨迹。孙中山在就任大总统时强调的是汉、满、蒙、回、藏五族在平等意义上共建共和国,后来他明显意识到,这种平等的论述显然有利于汉族以外的民族争取自立为现代民族国家,而这个可能性的存在有分裂"中国"整体版图的危险。所以他在1921年的一次演说中,开始修正"五族共和论",认为满蒙藏回等民族在西方帝国主义的侵略下几无自卫能力,需要汉族的提携,所以提出应以汉族为中心,使之同化而共同建国的构想。[2]

孙中山的论点得到了当时知识分子的呼应,《禹贡半月刊》发表的一篇文章曾指出应区分"民族"(nation)和"种族"(race)两种概念,反驳了孙中山把"民族"定义为"血统"、"生活"、"言语"、"宗教"、

---

1 《杨度日记·光绪二十四年》,新华出版社2001年版,页76—77。
2 "中国国民党本部特设驻粤办事处的演说",载《孙中山全集》第五卷,中华书局1986年版。

是"中国"周边的地区通过民族国家构建的形式不断以"中国"为"他者"寻求自身的"主体性",对"主体性"的寻求不但发生在日本和韩国这些已成为独立实体国家的内部,而且也发生在台湾这样和大陆密不可分的地区。二是"中国"在因袭清朝对各民族统治策略的基础上,建立起了自身的现代国家框架,这使得"中国"内部的各民族不是以民族国家的形式确立自身的主体性,而是仍以大一统的中国理念建立自身的文化认同。当然,这种认同的获得也有区别于清代的地方,那就是,不是以"种族"划分来确认其自身的主体性,而是使"种族"的区隔服从于整体国家抗争西方的现代使命,从而被赋予了"国族"的特性。

在如此复杂的现代统治框架支配下,极易造成一个后果,即除了作为整体庞然大物发挥作用的西方之外,"中国"缺乏一个可以和其现代国家身份相匹配的认知上的"他者",这个"他者"从理论上可以在周边国家中找到,但从历史渊源上看,这些新出现的民族国家又是从"朝贡体系"的框架中脱胎而来,很容易被想象成不过是"中国"内部各民族并存形态的对等物,这些国家实体在文化和空间上并不具备与"中国"对等的资格,这是中国知识人很少从"亚洲"角度想象和思考问题的重要原因。

如一位中国知识人就说过:"则今日有文明国而无文明世界。今世各国对于内则皆文明,对于外则皆野蛮;对于内惟理是言,对于外惟力是视。故自其国而言之,则文明之国也;自世界而言之,则野蛮之世界也。"[1] 这就是一位著名知识人在1907年对世界的认识,在这个认识框架里,野蛮与文明的界线不是靠一种同心圆式的秩序来加以规定的,而是靠现代国家知识构造出的政治地理边界予以想象和控制的,这样的一种内外空间观显然是民族国家意识规训出来的结果。

也同样是这位中国知识人,当他还在十九世纪的湖南乡下当他的乡绅时,对周围世界的认识方式却与上述观念完全不同,他在《日记》

---

[1] 杨度:"金铁主义说",刘晴波编:《杨度集》,湖南人民出版社1986年版,页218。

中国知识人对后来属于"东亚"框架内各国的认识基本是在第三层次的范围内确认其相互关系的,即是在象征而非实际治理的意义上看待其实际所处地位的。这样就造成了一个长期的历史后果,那就是离王权核心越远的地区,服膺统治的理由就越不在于对土地的实际占领,而在于文化波及之后因涵摄其内心所达致的心悦诚服,或者说是对中国式礼仪的象征性认同。

西方入侵其实给中国人形成"东亚"意识提供了一个机会。民族国家的理念训练使得中国知识精英有可能在一种竞争的态势下重新思考周边文明对自身生存的意义。比如国家富强的实现必须靠与周边邻国的竞争来获得,而不能靠一种象征的礼仪秩序来自然实现,也就是说必须以民族国家之间的争斗状态来确认自身的边界,这种边界的确认不仅涉及中国与西方的关系,也涉及"中国"内部各民族以什么样的方式共存共荣的问题,即以现代民族国家的形式,还是以其他形式重新定位自身的问题,同时涉及中国与作为民族国家的日本和朝鲜的关系。

这种边界的设置彻底打乱了"朝贡体制"对周边地区传统秩序的安排,但颇值得深思的是,此秩序的打破似乎在中国内部进行得并不彻底,因为"东亚"秩序的诞生虽然模仿了西方的国家建制,但只有日本或韩国成功脱离了"中国"传统秩序的约束,转变成了独立的民族国家,而"中国"内部的一些民族却仍然没有采取现代民族国家的独立形式,仍然多少保留了清代遗留下来的历史格局。一个奇妙的现代现象由此发生,"中国"作为一个传统"帝国"的内部并未实现向民族国家的转变,而是作为一个"整体"被纳入到现代国家的版图之内的,与之同时发生的故事是,作为传统帝国辐射范围内的周边地区如日本和韩国却与"中华帝国"一起完成了向现代国家的转变,从而在名义上脱离了朝贡体制的羁绊。后果同样奇妙,"中国"不但要与周边本来属于朝贡秩序中的"属国"平起平坐,而且还需以现代国家身份与西方抗衡和对话。

因此,近代"东亚"地图的绘制就不得不考虑两个并存的因素:一架,而仅仅以怀旧的方式试图复原历史上的前近代状态,也是一种自欺欺人的做法。因此,如何在承认国民国家意识作为支配性逻辑的前提下,把对历史认知的批判性反思容纳在内,也许是我们更有能力理解"东亚"意识的关键。所谓"对历史的批判性反思"至少应包括如下几个视角:对当代学界鼓吹儒学中心论乃至过度自恋式地因袭"朝贡体系"思维的批评,对利用"脱亚论"发动近代变革和侵略战争,从而导致邻国受到严重伤害的过程进行批判性反思,以及对东亚"内部殖民化"后果及其克服进行深入思考。

我们可以先从中国由一个普遍主义式的王朝形态如何接受和确立自己作为世界格局中的"地方性"角色入手进行分析,中国知识人"亚洲"意识的缺乏当然也可以从这个转变过程中加以评价。欧洲历史中民族国家的诞生,从地理上说,是疆域广大的帝国领土裂变为相对狭小的"近代国家"的过程,所以在完成近代历程之后,西方基本上是依靠一个个小型国家来搭建起世界格局的,除了美国作为一种新帝国的崛起是个例外。而中国作为现代民族国家的成立,却大致保留了原有王朝统治的疆界,王朝的内部统治秩序也没有完全按照欧洲近代帝国的裂变程序进行转换,这个差异对建立我们的分析框架相当重要,因为由此将面临在"东亚"意识形成的过程中,"中国"作为现代民族国家的一分子到底应该如何处理疆域内外之别的问题。

在古代世界中,中国人的意识里基本上是依赖"华夷秩序"观来认知周边的世界,自然谈不上对"亚洲"乃至"东亚"概念的理解,甚至没有所谓"地方"的概念,"地方"之所以成为一种意识可以说完全是外力压迫的反应结果。"华夷秩序"的一个基本要点是:围绕王权核心建构起一个象征性的朝贡之网,对周边地域的统治颇像由内而外的同心圆结构,最内层的治理可以由法律直接付诸行动,如可委派官吏直接管理,再扩出一层则是当地土著阶层自行管理的区域如西藏和新疆地区,又如西南长期实施的土司制度亦属此例。最外最远的一层则是纯粹靠周期性的朝贡礼品来象征性地确认其统治所及区域。

处境的不同理解及其与邻国连带关系的变化，也同样会导致对"东亚"内涵理解的歧异性。

中国"华夷秩序观"的文化遗留与民族国家理念的冲突及其调适

韩国学者白永瑞曾批评说中国学者似乎缺少"亚洲"意识，因此他提倡用"作为知性实验的东亚"这一假设作为讨论东亚问题的基础，即并不认为东亚是一种固定的实体，而把它看成经常在自己的省察过程中流动的东西，是基于其思考方式而形成的实践。如果养成了这样一种习惯，就会形成考察自我里的东亚与东亚里的自我的"省察性主体"。省察性主体必须在既坚持国民国家的又克服国民国家的双重工作中得以发挥作用。[1]

白永瑞的思考基于一个历史事实，即"东亚"的形成与中国、日本和韩国等文明单位独立为一种国民国家的近代历程密不可分，同时这种转换又是建立在十分复杂的传统地区意识和交往结构基础之上的，可以说基本上是对具有悠久历史的地区性"朝贡体制"的替代方案。国民国家的成立的确给这些旧有的文明单位带来了富强和繁荣，同时也摧毁了原有文明框架下的秩序和安宁，造成了难以愈合的相互伤害。因此要建立新的"东亚意识"本身就面临一个两难问题：如果要谈"东亚"意识，似乎根本无法逃脱只能在民族国家划分好的边界和被赋予的内涵之内讨论认同问题，因为"东亚"的当代边界就是由此框架所规定的；但如果无所批判地拘泥于这样的一种框架之内，就必然会无意识地认可西方所规定的秩序安排和游戏规则，这样做由于缺乏历史感，必然也就无法通过对历史的反思真正建立起超越性的"亚洲"意识。

反过来我们可以问同样的问题：如果完全不顾民族国家的既定框

---

[1] 白永瑞："在中国有亚洲吗？——韩国人的视觉"，《东方文化》2004年第四期，页104。

来确定自己的位置，这确实是个历史事实，但更为重要的是，在确认自己的位置时，"东亚"内部的各个地区在形成民族国家时，又不得不依赖于与"西方"冲突时所遭遇和积累起的复杂多元的历史经验，这种历史经验往往差异极大，比如日本就没有被"殖民"的经验，中国则有被日本与西方进行双重半殖民的历史经历，韩国和台湾则有被日本殖民的遭遇，这些历史经验的差异性往往决定了"东亚"不同国家和地区在解决内部传统与变革问题时会采取不同态度。而这个关键因素恰恰被忽略了，因为以往学者们的视野总是被以"东亚"为整体对抗西方的本质主义话语描述所遮蔽，比如有些学者往往喜欢以欧洲共同体的形成经验来比附近代"东亚"或"亚洲"的形成过程，希望"东亚"能够作为整体迈向一个类似欧洲共同体的未来。

[2] 在处理"东亚"概念被现代政治地理话语建构起来的过程中，有一个不容忽视的历史因素必须纳入我们的视野，即以中国为核心的"朝贡体系"和"华夷秩序"的天下观虽然作为政治"制度"已被瓦解，但其作为"文化观念"形态却仍然隐隐残留着，并不时与现代国际关系准则发生微妙的冲突。概括一点说，"东亚"各国同时面临着"去殖民化"与"去中国化"的双重挑战，所谓"去中国化"思潮大致可视为是对"华夷秩序"历史遗产的隐形拒斥，"去中国化"在"东亚"各地区如日本、韩国和台湾，均有不同的表现形态，必须进行审慎的区分。

[3] "东亚"作为一种"想象"区域的"被殖民"及"反殖民"的经验同"东亚"内部"殖民"与"被殖民"的经验，以及"去殖民"、"去中国"的经验往往相互纠缠在一起，如果不细加辨析，并在各个民族区域自身的历史发展脉络中分别加以定位，就会忽略"东亚"内部不同历史经验所构成的复杂性和多样性。

概括起来说，地处"东亚"的不同国家和地区在处理面对西方和面对邻国的关系时，其感情和理念会出现反复摇摆移动的状况。因此，"东亚"概念的确认不仅要取决于共同体内部的各个民族国家和地区对西方所做出的不同反应方式，而且东亚各国和地区在西方压力下对自身一位日本学者也认为:"亚洲全体作为一个统一的单位,无论在政治上还是文化上都是前所未有的,具有统一性的欧洲是实在的,而具有统一性的亚洲却是非实在的。如果亚洲有共通的意识,那也是这近百年间的事情,它不过是作为对西欧帝国主义的一个反应而出现的。"[1]

这几种论述都注意到了"东亚"概念的产生是欧洲近代历史被对象化的一个结果,从"西方"形成的意义上来说,"东亚"或"亚洲"的成立是整个"东方主义"想象工程的一个组成部分,变成了验证"西方"步入现代合理性的一个参照。[2]从"东亚"自身的现代构成过程来看,"东亚"自身的想象不但与"西方"的崛起密切相关,同时,这种关联又与"东亚"内部政治地图与秩序安排的重组并行。以往部分学者已开始注意从这两个方面处理"东亚"的想象问题,如孙歌研究了日本内部对"亚洲"的想象,汪晖则直接把对"亚洲"的想象与民族解放运动的政治话语和复杂命运相关联,从而注意到了欧洲殖民主义的世界性政治经济霸权对"亚洲"想象的规划作用。

不过如下这些问题似乎仍然没有解决:近代以来"东亚"认同的基础到底何在?如果说认知"东亚"概念的前提根本就是欧洲形塑的一个结果,那么对"东亚"的认同就完全不具备其内在历史性了吗?如果不具备内在"历史性",我们讨论"东亚"概念时是否也只能在现代民族国家所规定的理论框架里进行?我认为,当"东亚"已成为一个焦点问题后,仅仅在某个层面上笼统地点明"东亚"概念的形成内在于西方的普遍主义叙述这个现实背景是远远不够的,要理解"东亚"概念与被界定于其中的中日韩三国的复杂关系,还必须要面对至今难以解决的三个层面的难题:

[1]"东亚"的所有国家和地区都不得不面对"西方"这个"他者"

---

1 《台湾社会科学季刊》第三十三期,页42。
2 酒井直树:"现代性及其批判:普遍主义和特殊主义的问题",载张京媛主编:《后殖民理论和文化批评》,北京大学出版社1999年版,页384。

二 近代"东亚"的构建与儒学的命运

"东亚"概念的含混性

不少学者早已意识到,"东亚"概念的形成纯粹是个"现代性事件",是与"欧洲"乃至于"西方"这样的概念相对应而出现的,或毋宁说是在欧洲扩张的压力下所导致的一个"近代想象",又或是西方地缘政治形塑出的世界空间图像的一个组成部分,而不具有疆域清晰和内涵明确的自足性。如孙歌就曾指出:"亚洲问题难以阐释,还因为它是一个很难实体化的问题,就是说,它不能够归结于无可置疑的地理属性,相反,它常常被利用来讨论与地理属性不直接相关甚至相背离的问题。在很长一段历史时期内,亚洲不是自足的地域概念,而是必须以'欧洲'作为对立面的意识形态概念,对它的讨论不仅牵涉到西方中心论的问题,更牵涉到东方内部的霸权问题。"[1]

汪晖在处理"亚洲想象的谱系"时,也同样注意到了近代亚洲概念的形成与欧洲的世界扩张有着内在的联系。正如欧洲概念与近代"西方"概念密切相关一样,亚洲概念与"东方"的概念也有某种共生关系,而促成这两组概念发生相互联系的则是欧洲人的历史观念。而在十九世纪和二十世纪的大部分时间里,亚洲话语内在于欧洲现代性的普遍主义叙述,并为殖民者和革命者制定他们截然相反的历史蓝图提供了相近的叙述框架。[2]

---

[1] 孙歌:"亚洲意味着什么?",《台湾社会研究季刊》第三十三期,1999年3月,页3。
[2] 汪晖:《现代中国思想的兴起》下卷,第二部,三联书店2004年版,页1540。

我们发现，在这样的格局之下，士林的精神结构和身份认同也必须放在一种制度与思想互动的纠葛状态中才能确认自身的位置。文化保守主义者往往抱着存亡绝续的悲悯情怀，不断昭显士精神的执著与伟大，却刻意回避忽略了清朝以后士林精神衰败的历史事实和演变过程。实际上使我们失去了反思自我心灵之所以发生恶性蜕变的机会。

近几年，"五四"的意义多被频繁否定，即与怀旧与迷恋传统的学人对士林世界过度贞洁化的乐观描绘有关，实际培养的是对历史虚幻想象的群体麻醉。故我以为，对"五四"精神实有重新开掘和申说弘扬的必要。当年鲁迅在《病后杂谈》中曾揭示清朝士林在文字狱的威慑下如何堕落，说："中国的士大夫，该化的时候，就未必决不化。"更觉气闷的是，"但又知道了有些聪明的士大夫，依然会从血泊里寻出闲适来。"《病后杂谈》这话至今读起来仍觉如黄钟大吕，令人震撼不已，亦对我们已出现严重偏差的历史研究路向极富警示作用。

士阶层操守与"道统"的消解当然与政治规训技术日臻强化有直接密切的关系。从宋到清，士之对"道"的持守状态确曾表现出一种直线下滑的轨迹。如果说明代士阶层还有道统遗存的感觉，清代对"道统"的剿杀已是相当决绝彻底，这就是人们为什么总是把宋代与明末作为自己怀旧的对象。如果把这种怀旧的情绪错误理会成是历史上"道统"在今天仍有延续的表现，那就更是犯了时代错置的误会。还有一种为清人辩护的说法是，清人虽不具"道统"血脉延续者之身份，却从考据学中见出了其接轨近代科学精神的先兆，乃是学术国际化的先驱。任公、胡适均持此观点。甚至有的学者从新文化史的角度为清代学人缺乏思想的卓见这个定论做出修正，如说江南印刷业和藏书楼的兴起，使得学者具有更加职业和专门化的气质，更有人津津乐道于消费主义的繁盛，说那恰是其区别于以往朝代的特色。岂不知消费主义不仅不是瓦解专制的良药，反而可能变成残酷政治规训的同谋。如果坚持辨析清人的思想成分，特别是以"道统"延续的指标加以衡量，也许我们未尝不可以说这恰是士林精神萎缩的一种表现。

　　我想说的是，我们仍然不可以忽略士林和帝王的关系，而把士阶层的身份和思想理想化到婴儿般纯净的地步。以往的士阶层好像只和帝王保持的是超然对抗的关系，在这种对抗下，士林精神不但不受政治污染，还可修正政治的阙失与弊端。又如总以为像"经学"这种东西似乎只是士人的专利，帝王和民众不过统统都是教化的对象。他们没有意识到，清代以后，帝王收"治统"、"道统"为一身，士林不但无法教化帝王，而且帝王自身已形成一系"帝王经学"，对儒家经典的理解也有自己一套逻辑，一旦动用王权推广此项功能，它就如慢性毒药，会缓慢地消解士林对"道"的理解。如果我们仍一厢情愿地确信士林对"道"的持守具备超然的性质，迷信"道"具有道德贞洁性，并以虚幻的心态以捍卫这种道德贞洁为荣，甚至婆婆耍弄起舞，使之变成"国学"在当代彻底沦落的遮羞布，那姿态不但显得自欺欺人，而且也会离历史的真相越来越远。

调其与"义理之学"的差异,就是疏解其史学对"道"的彰显作用。甚至有学者把章学诚放在世界思想家的地位予以观照和评价。如章学诚研究者倪德卫就说,中国思想家往往强调直觉和实践的作用,所以其思想很难构成一套完整的体系,而章学诚却是个例外。仿佛章学诚的思想具有能够完全超越政治支配的纯粹独立意义。

从这个角度观察,章学诚无疑可以被视为延绵长久之"道统"的宣示者,可惜他们却没有看到,"经学即史学"实际上还有另外一层深意,那就是"史学"对"经学"权威的削弱,特别是章学诚对"回向三代"的诉求,其实恰恰消解了唐宋以来士人阶层所建立的"道"的超越性,而把它降低到了比较世俗的层面。这种努力与宋代士大夫所谓"复三代"的意图完全是南辕北辙,宋代士大夫"复三代"的目的是凸现宋代文化的辉煌无比,其实是为"道统"的成立做铺垫和说辞,根本目的还是要为构建自己与君权共治天下的局面张本。

章学诚抬周公和贬孔子,有意无意恰是在解构自唐代韩愈到宋代朱熹以后构建出的一系精神传统。更为明显的是,史学经世与乾隆皇帝所设计的"大一统"的帝王策略有暗合呼应的迹象,比如章学诚发表的对方志修纂的一系列看法,均是在"以吏为师"的框架下实施的,其把方志作为吏胥之职能的看法完全是基于一种对"大一统"意识形态的全新理解和自觉贯彻,这与清初遗民士人对"道"的了解已有相当大的不同。如从章学诚表面上关注地方志去延伸臆想,误以为其方志论是"地方自治"式的构想,就会有故意为古人讳的嫌疑。这听起来似乎有些令人沮丧和不安,有人会说,中国好不容易出现了个世界级的思想家,还被你无端贬为皇权之帮凶,岂不过分?不过从接近历史本相的角度而言,这结果虽显残酷却更贴近真实。我的意思是,"语境论"在彰显"道"之尊严和伟大的同时,亦不应把"道"的存在完全超拔出历史的真实环境,置其于一种纯净不变的理想状态,而是须直面政治暴力支配的严酷,以及士之难以坚守尊严与道德底线时所表露的合谋态度与行为症候。

相加以概括，并刻意将它合理化，总是以之作为讨论问题的基础，却把一部不乏黑暗的中国历史画面涂抹上太过艳丽的油彩，做出太过乐观的解读，恐怕同样无法让人接受。因为历史的真实有可能是：士作为文化精神的承担者和传播者，从明清以来不断萎缩气短，越来越丧失了独立的精神品格。我们看到的是这样一幅画面："道统"不但越来越无法制衡王权的力量，而且也越来越无法成为"士"和"知识分子"真正的精神底蕴和行为基石。我们不妨抛出另一种更悲观的论调，知识人的精神境界日益呈难以阻挡的下降趋势，下降趋势的形成大致源于两类因素的制约：一是政治性的，主要是王权政治的支配力；二是世俗化的程度，即商业化的侵蚀程度。面对这两股势力的反复剿杀，自清初以来，中国知识人基本上是一败涂地，难以招架，几乎没有什么可炫耀于世的业绩。"道统"不断遗失、变形，残存的那点味道也被剿灭无余，或扭曲至死乏善可陈，变成了我们最易遭遇和最为寻常的历史经验。真正"道"的阙失才是我们这个时代的主体特征，否则就不会有鲁迅先生那样空谷回响般的激愤言辞了，也不会有那么多人揣着怀旧的心态，津津于从历史的缝隙中挖掘陈寅恪式的人物了。也许有人会讥讽说，这说法貌似有点耸人听闻，不过是另一种强调政治强暴之支配能量的"化约论"说法。

我的辩解是，"语境论"给我们提供了一个令人难以置信的"士"之清纯画面，而且是刻意回避"化约论"弊端后的极端选择，但这并不意味着中国历史一定都是按一种可以完全超越政治规则的路径发展。事实可能恰恰相反，如果一味强调士之精神道德纯正的一面，反而会使我们失去从现场语境中解读中国历史真相的能力。我这么说，完全不是要转回到"化约论"的立场和态度，相反，我只是认为这种二元对立的思维状态应该休矣。下面我想举一个具体的研究例子对此予以说明。

章学诚在清初思想界的重要性在于，他并不从属于乾隆时期的主流考据学派，亦不属于理学残余的分支，而是独标自己之学问为"经世史学"。他以史学对抗经学的架势颇有传承"道"之余脉的精神气质。以往的史界也多从"道"之延续者的角度观察章学诚的思想，往往不是强据,于是只好跑到西学的老仓库里去翻检一通。人们终于发现,西方的知识人确实有这个免疫能力,其来源是宗教,教权的强大足以和世俗王权对抗,自然会提供一种思想庇护,尽管这种庇护是以神权对抗世俗权力的形式出现的,中国知识界给它起了一个动听的名字叫"外在超越",那意思是说西人的精神可以通过外在上帝的召唤超越世俗的约束。可中国没有这种东西,怎么办?

为了解决这个困境,现代"道学家"发明了一个"内在超越说",这说法和"外在超越说"正好对应起来,构成两极。"内在超越说"有一个假设,说中国没有真正意义上的宗教,也没有西方教会那样的严密组织,因此无法借助上帝的外来力量超越自身的肉体和精神世界,只能依靠内在的道德修炼完成内心的自我完善,至于怎么持守就全凭个人的修为和造化,言外之意是"从来就没有什么救世主,也不靠神仙皇帝"。可惜的是,这自信并非是从历史概率中归纳出来,因为历史现状有些让人惨不忍睹,屈指数来,在庞大的士人群体中,真正拥有这种免疫能力的人不说绝无仅有也是寥寥可数,和那些缺乏免疫力的士人数目相比大可忽略不计。

说得更残酷点,士的得志与失势往往大多取决于和王权瓜分现实权力和利益的多寡程度,其屈从于功利目的的暂时性可能恰恰因为并不存在西方宗教意义上的精神力量以制约王权,"超越"也就无从谈起。比如,中国最具所谓"超越性"的历史时期是北宋王安石时代,那也是在"与王权共治天下"这个层次上谈士角色的相对自由,士之超越限度的底线实际上仍只能踩在王权给予的范围之内。如果按此标准衡量,明末士人讲学游走的自由网络因为和王权关系的相对疏远,则更是仅具象征意义。"语境论"依托于"道统"传承源流的梳理,给我们营造出了黑暗政治秩序之外一个清纯无比的思想世界,让人无限神往,但其清澈的程度着实令人起疑。

从重建知识分子精神家园的角度把士的角色理想化,是情有可原的,但如果把"内在超越说"从一种思想状态的假设误当做一种历史真被禁之列，故在近几年被中国知识人狂嗜。从学术史的角度而言，一些深持传统之敏感嗅觉的学者渐渐取代那些持守"化约论"的精英，成为尊贵的学术英雄或文化偶像，如章太炎、陈寅恪、钱穆等人的作品突然畅销走红即是表现。与之相呼应，另一个新近崛起的史学分支即区域社会史强调的是所谓"社会语境"的原生态再造，打破的是传统经济史对宏观政治史走向的佐证格局，从区域单位的微观角度重现历史的本然状态，解构的也是单调的政治史偏于上层解释的旧路。这些取向均有削弱"目的论"式史学解释的明显效果。然而，"语境论"对历史的同情性解读固然比"化约论"式的解释要复杂许多，却容易从另外的角度把历史图像做简单化处理。我们仅以"道统论"和士阶层的历史演变为例，对此做一概要分析。

"道统"研究一度被认为是对抗"化约论"的最有效武器，其基本逻辑可概述如下：自二十世纪中期以来，那些急于服务政治的史家往往把知识人都标明了各种固定身份，比如从属于某某阶级，这种社会学式的乱贴标签没有观察到知识人内心有一种制衡现实政治的愿望和能力，只要把这种能力释放出来，愿望就可超越现实的肮脏世界，激发出无穷无尽的能量，达于玄妙无尘的极乐境界，这个愿望和实现能力被叫做"道统"。不过问题随之而来，这种描述到底是一种历史的真实还是大多数情况下只是对历史状态一厢情愿的假设？那"道统"仿佛就像无菌室里的婴儿，靠那一个叫做"士"的天神所守护，一辈子不会被妖精魔怪奸污失身，前提当然是那"士"天生就有洁癖，且定力了得，一般妖魔近身不得。

"道统"作为一种思想脉络在中国历史上不仅确实存在而且谱系清晰，并曾经发挥过重要作用，这点早已不用多讲。但如果把"道统"和士阶层的演变接挂起来加以理解，问题就出来了。因为以往的"士"研究总是强调士一旦拥有道统，也就拥有了对抗王权的超凡魔力，具体而论，就是天生拥有了不被王权污染的文化免疫能力。那么，这种免疫能力到底是如何获得的呢？我们在中国历史中始终找不到有说服力的证明区别于以往政治解释的独特姿态,而远非真正具备超越旧有框架的能力,其目的是把中国历史理解为一种符合世界潮流的现代化演进的一个链环,这正是上世纪八十年代以来整个史学界都致力申论的一个主题,甚至被说成是"新启蒙运动"的组成部分。可是谁也没有料到,把中国历史装入"现代化"的普遍模板加以标准化以替代"革命正当性"的历史叙述的结果,同样容易陷入"目的论"的泥沼,即无论是"革命"还是"现代化"的过程和目标,均不过是在验证中国历史如何接受西方历史普遍原则规训这个无可逃避的宿命,甚至"革命"和"现代化"犹如银币之两面,有相辅相成之作用,都是政治大叙事的变种,我统称之为"化约论"的叙述策略。

  面对这种被西方理论绑架而似乎陷入万劫不复之深渊的境况,另外一批历史学者提出一种我姑且称之为"语境论"的解救模式,想以此消解"化约论"的叙述暴力。"语境论"更多地强调历史人物面对当时复杂境遇做出即时选择的历史合理性,以挑战所谓"后世之师"式的主观介入历史的方式。他们认为,现有的历史解释往往太多表达的是现代人对历史结果的某种确认态度,如此盲目的认同甚至可能反映的是某种特殊政治集团利益,更为危险的是,这些历史的表述者很可能会成为那些成功掌握了当下政治命脉的势力的代言人,却最终忽略了当事人对历史现场的感受能力及其拥有的价值。"同情性地理解"或"了解之同情"这句话一度渐成时髦用语,其实强调的仍是历史语境对当事人的制约和塑造作用。"语境论"还包含有一层深意,即对历史境遇的同情了解不单纯是一种史学方法,它变成了接续和复兴文化记忆的重要手段。有人曾举例说,中国近代历史因为材料太多,故应采取"顺放电影"而非"倒放电影"的办法加以解读,谈的也是近似的意思。

  "语境论"对"化约论"的制衡作用相当明显,掌控在其手中的"文化保守"这面旗帜一旦挥动起来,更是张狂耀眼得有些吓人,旌旗指处极易催醒全民族的文化自尊心,特别是对那些早已被时代边缘化的知识人重新确认自己的价值有着兴奋剂般的功效,而且这药易上瘾且不在而看不到一些变革现象的发生背后其实恰恰是对传统思想与行为方式进行选择时出现分歧的结果，而不完全是古今冲突下的产物。我曾经以晚清戊戌变法前后发生在湖南的时务学堂冲突为例，分析了时务学堂教学内容中，由于对《孟子》等传统儒学教义理解的不同，以及因为课堂中过多灌输了岭南心学的宗旨，与湖湘之学的教化风格相悖，从而导致了地域儒学冲突的爆发，而并非如后人诠释的是由于政治变革构想的差异引发"激进"与"保守"的殊死较量。

另一方面，我们注意到，当现实变化到了上层政治结构已经完全抛弃了以儒学为主导意识形态的冲突策略之后，下层社会中反而会仍残存着一些"儒学地域化"的碎片形态，并或隐或显地发挥着制约作用。上个世纪九十年代以后南方地方宗族势力的复兴就验证了此一现象的存在，这也说明，在现实的巨大压力逼迫下，儒学的部分文化基因可能恰恰是以"地域化"的形式而非上层意识形态的方式得以存留下来，并仍艰难地发生着有限的影响。

赘语：道统的坍塌

近三十年的中国历史研究有别于上世纪七十年代以前的状态是，研究者总是在努力摆脱依附政治意识形态的从属者角色，他们逐渐醒悟到，自己的设想基本上被限制在论证政权合法性的框架之内难以伸展，走的是为现行政治策略的实施寻找历史依据的常规路径，形式上虽属传统的"资治"风格，其结果极易被绑架为革命"目的论"理论大本营里的"人质"。八十年代以后中国学者有一种挣脱缰索般的释然快感，一度以饥渴难耐地生吞活剥西学的方式释放压抑已久的激情，其目的也是寻究有别于"资治"遗风的新境。但面对纷然杂陈的西方理论魔界，中国知识界常呈现出一种手足无措惘然无恃的感觉，似乎只有一波波地被动接受新的一轮轮洗脑，才能不为时潮所弃。大量理论名词的挪用与博学般的卖弄宛如时髦青年炫耀服装上的名牌商标，不过是为了夸张地表重要的是，岭南士人仍试图利用古老的道德实践思维去教化光绪皇帝，以达到变革政局的目的，其运思路径与宋朝士人教化帝王所采取的手段几近异曲同工之妙，尽管教化的内容已完全不同，其结果是必然遭到失败，并落下个没有政治行动能力和经验的恶名。

在近代西学表面上似乎已经完全强势覆盖了中国变革的思想格局的情况下，我们却赫然发现，晚清不同地区士人所依赖的变革思想来源，却仍与"地域化儒学"有着密不可分的联系。外来思想的压迫甚至变成了唤醒儒学之用的现实动力，这确实是个让人惊异的现象。我们看到，湖湘士人具有超强的政治行动能力，他们尽管受到了西方政治军事力量的刺激，并力主引进科学方法与先进的技术设备，但骨子里被激发出的却是源自湖湘学派传统理念中对"理"、"势"关系转换的关注和利用。江浙士人沦为政治变革中的辅助角色，恰恰是其过多依附于实证经验传统的后果，这种传统尽管自清中叶以来在学术积累上颇显优势，却是以逐渐疏离政治敏感度为代价的。故在晚清的变革中，江浙士人更多的是在器技之道层面有所创获，却普遍缺乏政治参与能力，最终大多难以成为政治变革的核心人物。

岭南的近代人物则颇具晚明遗风，特别是受到陈白沙岭南"心学"一系的支配和影响，总希图通过建立一种道德自主性以教化帝王，寄望于帝王的心理变化以达致政治变革的目的。他们不但在政治体制改革的构思上过度陷于浪漫主义的想象状态，而且单纯依靠道德自觉的玄想替代实际复杂的制度操作，显然缺乏应对时局变化的基本能力，而注定在政治领域的变革中难有作为。

我们强调儒学与政治行动能力之间的关系，绝非否认儒学具有整体性价值的一面，而是检讨儒学在近代受到惨烈冲击的境况下仍在多大程度上残留着其运用政治文化方面的活力，这种活力又以什么样的方式潜移默化地支配着国人的言行。例如我们总是以为，近代以来西方思想和文化对中国人思想的改塑毋庸置疑地具有决定性的作用，故而总是以"进步"与"保守"势力的消长为主轴去评价近代人物的所作所为，反我坚持以为，"儒学之用"的精髓并不完全在于其思想体系的严密与否，而更在于其道德实践的实现程度。我认为这是衡量儒学是否在现代社会中还应具备一席之地的一个最重要尺度。尤其在现代中国内忧外患的煎迫下，儒家思想在何种意义上能转化为一种行为能力，就成为不同地区残存下来的儒家信仰者必须要加以严肃思考的问题。因为单凭从宋代以来用文本形式积累起来的那些道德实践教条显然不足以应付严峻的现实挑战。换句话说，在近代西方环伺的境况下，对政治的敏感度和政治行动能力的高低已成为界定儒学生死存亡的关键因素。如以此标准观察，晚清湖湘地区士人一度执清朝政治中枢之牛耳的奇特现象就自然拥有其背后的深层原因，即在于湖湘士人比其他地区的士人具有更成熟的政治行动能力。湖湘地区在中国的文化地理中一直处于边缘的位置，不仅科举人才的产生相对匮乏稀少，而且在晚清之前罕有杰出的文化人物出现，然而在同治朝以后突然人才辈出，以布衣身份跻身将相之位者不可胜数，且相当一部分精英人物成为洋务运动的始作俑者。相反，江浙地区虽较早沐浴于欧风美雨的洗礼之中，其接受西学训练之士人的数目亦远多于湖湘地区，却因缺乏政治敏感和行动能力，大多沦为湘人大吏幕府中的幕僚，无法左右清末政局。

我们还可对另一地区的历史状况进行观察，以资对比。甲午前后的一个重要现象是，岭南出现的一群改革者占据了人们的中心视线。康梁以"公车上书"这种传统儒生讲会的形式议论时政，参与政治变革。选择同人社团的组合形式干预清廷决策，颇有晚明东林党人的遗风，这与湘人群体主要仍选择宗族血缘网络兼及师友关系的方式发起政治运动的行为颇有差异。[1] 晚清民间政治组织的变化只是问题的一个方面。最

---

[1] 艾尔曼就说过，晚清与清前期的差别即在于，清前期地方宗族势力的崛起往往会成为塑造士人学术聚合形态的重要平台，而晚清则又恢复到了晚明的同人社团组合的方式。但就晚清的复杂状况而言，湖湘与岭南显有差别，湖湘士人更偏于宗族性的组织样态，而广东士人则更偏向于同人组织。相关讨论可参阅艾尔曼：《经学、政治和宗族：中华帝国晚期常州今文学派研究》，江苏人民出版社1998年版，页223—224。

"地方意识"的历史情境中才能被真正认知。

一个奇特的现象也由此发生了,"整体性儒学"的架构在西学冲击下不断垮塌,张之洞在代表官方发布的《劝学篇》中张扬"中体西用"的逻辑,实际上表现出的是"整体性儒学"的无奈选择,在西学的猛烈攻势面前,最终仍难以守住儒学的最后阵地。而儒学在地方社会中却不断成为变革时代的资源而持续被加以利用,这方面的例子可以举出不少。继曾国藩以儒学名臣的身份动用湘学资源挽大清狂澜于既倒之后,广东康有为梁启超又借用岭南的神秘主义传统发动戊戌变革。江浙一带在清中叶以后兴起的考据学与近代科学的联姻关系也在不断被揭示出来,种种迹象均表明儒学在地方上仍持续散发着活力。经过数百年的淘洗磨炼,代表某种传统普世价值的"整体性儒学"和在民间经过变形处理之后的"地域化儒学"之间往往会交叠纠葛在一起,很难辨清两者的清晰形象和具体分野之所在。如果我们从晚清以来具体社会历史变革的角度观察,可能发现,恰恰正是某种"地域化儒学"的特殊形态承担起了存亡绝续,同时又兼具启悟新思的艰巨任务。

"儒学地域化"塑造下的"近代地方意识"

以往的中国近代史研究实际上都不自觉地接受了"整体论"的思维方法,即把西方对中国的侵略和渗透看做是具有整体意义上的冲击行为。另一方面,不但中国的政治社会结构是作为一个整体来回应这场挑战的,作为中国文化代表的"儒学"也同样被视为一个整体对西方文化做出反应,结论当然是在西方势力的强势冲击下,儒学也必然遭遇整体溃败的命运。由此对中国近代转折和革命的解释变得异常简单和粗暴,似乎近代革命的核心命题不过是西学击溃儒学的过程,"文化"的崩解或者更可简化为从"儒学之用"到"儒学无用"的过程。近代思想史的研究也不过是在反复论证儒学被西方思想替代的历史,并且以清洗旧思想的程度以为衡量近世人物"进步"抑或"落后"的依据。我在《儒学地域化的近代形态》这部著作中就是有意想改变这样的治学风气。

理。"儒学"不但成为帝王的核心意识形态（尽管在很多时期帝王会信奉道佛二教），同时其基本信条亦以简约明确的形式成为上下不同阶层共同认可的价值系统，与之相配合的科举制度亦通过吸纳教育程度有差异的精英较为合理地构建了"士大夫"上下移动的流通渠道，相对均匀地使儒家的思想在各个层次均有合理的教化布局。特别是明清以后，以儒学思想为主导而形成的各种社会组织均不同程度地承担了官方在地方上的职责和功能，似乎也使得以儒学价值为依托的基层社会组织同样展示出了儒学的整体品格。至少到明清以后，儒学作为一种核心意识形态不仅具有强大的价值认同的凝聚力量，同时也具有贯通上下层政治社会组织的规范能力，这一点已有大量的研究予以证明。

因此，当西学借助现代理性的力量全面渗透进中国以后，"儒学"作为帝国意识形态核心从整体上遭遇前所未有的撞击，并最终导致分崩离析，这也完全是一个历史事实，不容回避。在这个事实基础上，西方汉学家自然会得出中国"传统社会"受西方革命势力的冲击趋于瓦解的结论。但是晚清以来出现的另一种历史演变态势却被忽略掉了。晚清曾经因为外力入侵和太平天国之乱发生过深刻的全面危机。清朝正是依赖于唤醒地方基层的政治活力才勉强度过了危局。在克服这场危机的过程中，"儒学"表现出尚存一息的道德实践能力，而这种能力恰恰不是以整体性的面目发挥作用的，而是"地方意识"被激活的产物。比如著名的团练首领曾国藩与左宗棠在崛起之初就号称以"布衣"领军御敌，在《讨粤匪檄》这篇名文中强调的也是捍卫儒教纲常伦理以抵御源起于广东岭南地区的异端思想的重要性。在具体的政治设想中借用的仍是湖湘学派的地方资源，很难用整体性的儒学来描述其在政治抉择中的意义，因为近代湘人确有其他地区知识群体所缺乏的对时势政治的感受力。这些表现都不是被教条化和范畴化了的"儒学"知识体系所能够加以解释的。诚然，"整体性儒学"也不乏对政治的敏感理解和对政治行动的预期设想，如晚清思想界经常会出现对"经世"观念的频繁使用，但这个时期的儒者与明末清初的士人对"经世"的理解差异巨大，必须放在点就是他忽略了中国疆域的辽阔必然造成区域的差异性，故对"传统社会"的解释必须建立在对不同区域历史状态的理解基础上。于是自上个世纪九十年代以来，"区域社会史"的兴起开始质疑这种"整体性"观察方法的有效性。如果把中国传统社会视为一个整体，那么儒学作为一个传统帝王意识形态的基石也必然被视为是以整体性的形式发生作用。包括"五四"以后激烈的反传统主义都被视为因借助了作为整体的儒家思维而产生出巨大的影响。

我在另一篇文章中曾经说过，把儒学进行"整体论"式的处理源自对"意识形态"定义和功能的错误认知。这种观点坚持认为，儒学作为传统帝国的意识形态只应该以一种运行于上层政治层面的整体形象发挥作用，或者是通过上层政治对基层社会进行渗透和影响，而没有注意到南宋以后，儒学更是以一种民间形态源起于底层社会，同时又是普通民众日常生活的组成部分。这种民间世俗形式的发生是以儒学作为多样化的区域形态的成熟发展为前提的，即以"理学"（道学）内部的多元和分化而言，则长期具有"南－北"学的融通对立以及"精英化"还是"庶民化"等问题的诸多争论和差异。

当然，儒学"地域化形态"虽然通过民间自由讲学的方式构成了其历史差异性，但亦通过经筵会讲的渠道重新渗透进上层机构，同时为帝王所整合收编，成为重构上层意识形态的资源。如朱熹道学就有一个从民间异端转化为正统思想的过程，但这并不意味着儒学最终只能呈现出一种整体单一的官方意识形态形象。比较合理的处理方式是，我们既应看到"儒学"在南宋以后所出现的"地域化"趋势，细致地分析"地域化"形成的原因、风格及其对不同阶层民众的支配意义。同时也不应忽略"地域化儒学"如何被重新收编进上层后，渐渐化身成为各朝帝王新的整体统治和治理资源。这两种形态的互动不断形成复杂的博弈关系，而不完全是"由上到下"或"由下往上"两个极端流向可以轻而易举地予以定位和描述的。

把儒学理解为整体性地发挥作用的一种思想体系自然有其一定道

善。当然有一部分乡约是从地方治安的角度设立的,道德教化色彩稍淡,这部分乡约往往由地方官设立,大多属于官办性质,如王阳明在江西创设的"南赣乡约"。另一部分乡约则完全由民间自发组织而成,道德教化的色彩较为浓厚,更能体现儒学之用的风格,如湛若水创设沙堤乡约就更具教化性质,除了巡察保甲住户外,不涉及像社仓、礼学、里甲祭祀之类的乡里公事,也不涉及庙宇、赋役、词讼等有关宗教和法律之事。[1] 清朝更是把宣讲《圣谕》作为乡约的制度化内容,书院教学也越来越被收编入官学的体系之中,说明儒学在经过向基层社会的渗透过程之后,不仅相当牢固地控制了民众日常生活的节奏和品质,而且也使得官学日益坚定地树立了以儒学为形塑政治意识形态主要资源的传统路线。

"儒学地域化"的危机及其在近代的残存形态

回应西方挑战:"整体性儒学"还是"地方性儒学"?

以上我们对"儒学地域化"的过程及其特点做了一番粗略的勾勒。晚清以来,"儒学"在近代西方的冲击下遭遇了全面的危机,如何认识这种危机的发生及其后果已形成了无数出色的研究和分析框架。比较常见的一种解释是把中国视为整体意义上的"传统社会",这个"传统社会"在较为封闭的状态下延续了数千年之久,直到遭遇西方文化的全面冲击后,才如完全暴露在新鲜空气侵蚀下的僵尸一样分解和再生。这套解释在费正清的《美国与中国》这本名著里表现得尤为明显。他在此书中就把中国历史划分为"旧秩序"和"革命过程"两个截然对立的部分加以解说。[2] 对费正清模式的批判已经进行了很多年,其中一个批评要

---

[1] 朱鸿林:"明代嘉靖年间的增城沙堤乡约",《中国近世儒学实质的思辨与习学》,北京大学出版社2005年版,页301。
[2] 费正清:《美国与中国》,世界知识出版社1999年版。

"儒学之用"在基层运作的表现形式。

朱熹对乡村社会的道德改造设计是分为几个层次加以进行的。新儒学也分别在这几个不同层次中发挥近似却又不完全相同的作用。乡约、书院是自由讲学制度的一种延伸，社仓是这种延伸行为的经济保障。这些组织是位于家庭和行政机构之间的中间层次。而崇祀地方先贤则是地方官员与乡绅合作的结果，是行政与民间社会交界地带的产物。像乡约、书院和社仓甚至宗族这样的中间组织，后来越来越具有官方组织化的职能特征，它们不是政府组织，却具有政府权力向下延伸的替代物的作用。[1]

明代以后，乡村组织职能化的趋势发展得十分明显，原有的单纯教化组织被赋予了赋役税收甚至是军事防御的功能。[2]新儒学思想进一步在职能化的浪潮中融入了政府行政运行的机制，从而和这些乡村建制一起成为政府组织在基层社会的替代物。

明清时期的士人延续了宋代儒生教化帝王的传统，故丘濬编纂《大学衍义补》，明确说就是补充南宋名儒真德秀的《大学衍义》之作，当然两者还是有相当区别的。《大学衍义》撰写的目的是提升宋理宗的道德境界，《大学衍义补》则注重人君人臣应具备政府功能运作方面的知识和修养，强调事功层面的重要，表明儒学的功用在明代更多地开始与具体的政府事业衔接了起来。

明代大儒湛若水则不但撰有教化帝王的《圣学格物通》，还沿袭了宋儒随处建立先贤祠的传统。他的老师陈白沙去世后，湛若水随处遍祀其师就是一个突出的例子。湛若水更有在广东沙堤实验乡约的举动。北宋创设的乡约制度在明代有相当程度的普及，其功能和结构也更加完

---

[1] 参见韩明士："陆九渊，书院与乡村社会问题"，田浩编：《宋代思想史论》，社会科学出版社2003年版，页445—470。
[2] 关于明清地方组织如何承担赋役征收职能的研究，请参阅刘志伟：《在国家与社会之间：明清广东里甲赋役制度研究》，中山大学出版社1997年版。关于明清社会组织如乡约军事化的问题，请参见："乡约与中国治道之变迁"，《杨念群自选集》，广西师范大学出版社2000年版。

于是下令撤掉全部生祠，重立二公之祠。当地士子问道，我们听说过赵公，可是濂溪先生到底是何许人也？刘子和拿出周敦颐的著作给他们传阅，史称："诸生因之风动，于是子和又概推本其说，以发明六经、《论》《孟》之遗意，晨入寓直之舍，诸生迭进问事。子和谆谆辨告，如教子弟，至暮乃罢，日以为常。其教大抵以读书穷理为先，持敬修身为主，曰此古人为之之学也。"[1]这类故事在当时曾大量流传，说明新儒学偶像是不断通过"讲学"灌输才在民间逐渐树立起来的，而且在宋朝以后变成了一种道学传播网络的自觉行为，很像是墨迹渍纸般的弥散过程。和汉代循吏的"条教"是完全不一样的行动策略。我认为，南宋以后儒学向地方渗透与两汉"条教"行为的最大区别是，这场运动有庞大的"讲学"传统做支撑，故与两汉"条教"完全靠循吏的个人修养推行教化所达致的效果已不可同日而语。

当然，"儒学地域化"的方式并非单一现象所能解释，而是各有不同的风格。如有人发现陆九渊就对书院教学相当漠视，却对宗族事务异常热心，而朱熹则是对南宋地方社会的建设有一个通盘的构想，陆氏的性格更为冲动，更为自发。也许对合作性的公共事业缺乏兴趣，而朱熹的公共兴趣却要广泛许多，不但把乡约、社仓这些先贤事业改造成更适合基层社会的机构，而且通过书院讲学和先贤祠的建构，强化对地方士绅政绩的尊崇，以便树立一种乡村社会观念。同时又通过尊崇这些乡绅所具有的文化品格和学问内涵，具体说是"道学"的特质，使得地方社会的先贤偶像具有超越某一区域之界线的象征意义。朱熹更多地关注农村社会中可以自由发挥作用的中间地带，把过分看重家族纽带视为对乡村社会道德改造和组织重建的一种潜在妨碍，如果家庭基本伦理网络无法延伸到更大的乡里区域中发挥有利作用的话，就只会成为守护私人利益的狭小地点。陆九渊则更看重家庭作为孕育基层道德伦理细胞的功能，这些新儒家虽然对乡村建设的具体构想颇有差异，但都可看做是

---

[1] "刘子和传"，《朱子全书》(25)，页4574。

以"道"抗"势"的社会责任,往往会与世俗政治发生深刻的疏离感,从而与帝王倡导的"经世"事功之业形成冲突和紧张。好像新儒家的道德主义只具备和王权相抗衡的超越一面,具体说,儒家对政治变化的实际进程似乎不具实质的影响。实际上,新儒学的"道德主义"言说看似漫不经心,与政治的功利性格保持着相当的距离,实则新儒学对政治的干预往往有一个通盘规划,体现出了完全不同于事功一派的"无用之用"的干政策略。即以讲学行为而言,也绝非一种单纯的书斋学问之事,而是与"治世"、"经世"等宏大目标构想联系在一起的,对此两者似不可打成两截看待。

民间讲学本是一种私人自觉行为,往往通过游走网络相互激发学问兴趣,在这个网络中,新儒家多以布衣和低层官员的面目出现。此时的儒学也常以地域化学派的形式活动,等到一有机会影响朝廷,这些儒者往往以底层人士的身份进言教化君王,以正君心,新儒学的理念也常常借此伸展至宫廷内部。尽管有宋一代,新儒家在朝廷中讲学教化的机会不能算多,时间也不能算长,却深刻塑造了宫廷帝王和官僚体制的气质。

新儒家讲学的另一路向是向下层延伸。讲学不只是对内在于士人身心的"性理之学"的讨论,更是一种关涉行为方式的道德实践。因此对于南宋以后的新儒家们来说,与乡间世俗礼仪的改革相配合,寻求适合于基层民众口味和教育程度的"讲学"风格同样显得非常重要。北宋即已出现了吕氏兄弟宣讲《乡约》这种新的"讲学"形式,故南宋才有朱熹《增损吕氏乡约》的仿效之举。这方面的具体研究已有很多,此处不拟展开分析。

讲学内容向下延伸的另一条路径是使地方基层的民众心目中逐渐形成一些有关新儒家精英的形象记忆。下面这则故事即是一个显著的例子。南宋的刘子和曾任赣州教授,他发现当地学校中本来设立有赵清献公祠,但已被废弃了,却为还活着的郡守、部刺史等五六人立了生祠。刘子和对士子们说道,赵公和濂溪先生周敦颐都是应该祭祀的人物,具群体凝聚性。因为以专祠祭祀五世以上的祖先会吸引大量的人群集中在祭礼的周围，构成大小不一的祭祀圈，使得儒家礼制真正大规模地成为民间世俗的群体日常活动，故有人称之为"儒家的庶民化"[1]。我则把这个过程看做是"儒学地域化"表现的一个组成部分。

至于为什么在宋代宗族的作用会变得如此重要？有学者认为这与宋代官僚士大夫开始强烈关注"家"的存续问题有关。宋代以前的官僚主要靠世袭制获得官位，宋代以后实行的科举制强调考试的公正性和机会的均等性，实际上鼓励世俗底层的民众也有机会进入上层官僚阶层，其制度上的安排是有意阻断世袭贵族进入官场的出路，对儒教教养的重视替代了世袭的原则成为入仕的依据。在这种情况下，一般的官僚家庭都通过在后代子孙中培养科举人才并以此为渠道进入官僚系统，从而延续家世的荣耀。但官僚士大夫都遵守着家产均分的原则，官僚死后诸子均分财产的结果，使得后世只能维系小规模的家庭集团，在此规模下产生优秀科举人才的概率相对要低得多。因此，宋代以后只有通过宗族规模的扩大，将分散的族人集结起来，才能克服单个家庭势力薄弱所造成的官僚身份世袭化的困难，在统一宗法的制约下，通过族田、义学的设置保障族人最低限度的经济生活和学习儒家教义的机会，从而提高科举入仕的概率。[2] 可见宗族的扩张建设同儒家教义自下而上地行使道德实践并最终实现制度化的安排是密不可分的。

"讲学"向底层社会延伸的后果

"儒学地域化"的表达确实有一个从私人讲学开始，中间经过向上层渗透，最后再转归世俗化的过程。从中国哲学史的角度观察，新儒学的"道德主义"由于强调形而上学的道德意识，"士"阶层还常常担当

---

1 郑振满：《明清福建家族组织与社会变迁》，湖南人民出版社1992年版，页157—162，页227—241。
2 参见井上彻："再论宋代以降的宗族特点：关于仁井田陞的同族'共同体'理论"，载平田茂树等编：《宋代社会的空间与交流》，河南大学出版社2008年版，页190—197。

制精神。如民间祭祀先祖的祠堂就是朱熹发明的，在此之前，祠堂一般专指神祠，是祭神的地点，朱熹开始倡导在居室之中设灵堂，奉祀高、曾、祖、祢四代祖先，宋以后又逐渐形成居堂之外的"专祠"。这就突破了一家一户的限制，使祭祖规模不断扩大。先秦以来的礼仪中所述"庙制"，均为天子与士阶层而设，庶人没有立庙祭祀的权利，只能在居室中祭祀父母辈，历代宗祧也由"大宗"继承"小宗"，只能受大宗宗子的统辖。[1]

北宋从底层升迁上来的理学家如程颐则一反以往的礼仪之论，主张取消阶层高低在礼仪祭祀上的差异，特别是放松民间祭祖代数的限制。到南宋朱熹时，这一思想有了更加明确的表述，在《答潘立之》这篇文字中，朱熹在回答友人对祭祀礼制的提问时，表示"古人虽有始祖，亦只是祭于大宗之家。若小宗，则祭止高祖而下。然又有三庙、二庙、一庙、祭寝之差。其尊卑之杀极为详悉，非谓家家皆可祭始祖也。今法制不立，家自为俗，此等事若未能遽变，则且从俗可也。支子之祭，亦是如此"[2]。这是一个非常重大的改变。朱熹沿袭了程颐缩小祭礼高低等级的思路，所谓"家自为俗"的后果就是，朱熹所设计的室内祠堂开始允许奉祀自高祖以下的四代神主，而不只限于父母，这样就把"小宗"之祭推向了民间社会。至于奉祀始祖和四代以上历代先祖的"大宗"之祭，原来更是贵族阶层的专利行为，朱熹则主张以墓祭的形式进行，这样就满足了民间社会"大宗"之祭的要求。

在南宋新儒学宗师"因俗而变"的礼制思想影响下，明中叶以后的基层地域开始突破祠祭与墓祭的分工态势，祭祀四代以上的"先祖"，这就使"大宗之祭"限于士大夫阶级的礼制规定变成了一纸空文。同时嫡长子也不再享有对宗族的垄断权。其后果是宗族以"敬宗收族"的名义从事各种儒家教化礼仪活动，从此具有更为广泛的民众基础，变得更

---

1 郑振满：《明清福建家族组织与社会变迁》，湖南教育出版社1992年版，页227—241。
2 "答潘立之"，《朱子全书》(23)，页3123。

心服务的，因此不能指望通过祭祀仪式让祖先对某人的崇敬之心有所回报，否则就有过于功利之嫌。于是就有了如下的警告，在祭祀过程中，"非以为实有一物可奉持而归之，然后吾之不断不灭得以晏然安处乎冥漠之中也。夭寿不贰，修身以俟之，是乃无所为而然者。与异端为生死事大，无常迅速然后学者，正不可同日而语"[1]，于是才有了对民间祭礼仪轨高度灵活的认可。如在《答徐居甫》这篇文献中，朱熹面对在祭礼中支子是否可替代宗子参与主持祭事这个敏感问题时，朱熹的回答是："立异姓为后，此固今人之失，今亦难以追正，但预祭之时，尽吾孝敬之诚心可也。"[2] 那意思是说，祭礼形式已不重要，关键是能尽孝敬之诚心即可。尽管朱熹仍强调祭祀的等差之别，说："必有祖，而祖在所祭，自天子以至于庶人，莫不有先祖之祭。若论大小之制，则固王公士庶而为之等差，其祭秩不能无分别也。"但同时又强调"上而王者之于天地，下而士庶之于五祀、祖先，其感通只一理耳"，[3] 这就为以后民间祭祀日益突破官家限制提供了理论的支持。

其实在宋朝的现实境况中，民间社会已经突破了士人构想的宗族组织的限制，开始出现由非嫡长子族人主持宗族事务的现象，称为"族长"，可与宗子并立。北宋时，苏轼曾经很担心民众"有族而无宗"，导致族人不相亲，或族散而忘其族。[4] 到了南宋，一个叫陈藻的人已经回答说，即使不立嫡子为宗子，也不会影响宗子之道的推行，因为只要有资产的人都可以推行，最重要的是仁义之道已经深入人心，所以东坡不必对此担忧。陈藻的最后一句点到了儒学除了重塑民间祭礼的形式之外，还成功地用伦理之道赢得了人心。[5]

具体在祭祀先人的空间安排上，就颇能体现朱熹"随俗而变"的礼

---

[1]《朱子全书》(22)，页2082。
[2] "答徐居甫"，《朱子全书》(23)，页2790。
[3] "答李尧卿"，《朱子全书》(23)，页2703。
[4]《东坡全集·东坡应诏集》卷三，《策别十三》
[5] 包伟民：《传统国家与社会（960—1279年）》，商务印书馆2009年版，页258。

则又略浮文、敦本实，以窃自附于孔子从先进之遗意"。[1] 这段表述可以说是系统道出了新儒家如何在民间社会得以致用其理论的精髓所在，不过这还只是在纸面文本中透露出的一种意向和愿望。新儒学在民间和基层发生作用，关键在于礼仪简化以后真正成为凝聚群体思想行为的有效工具。一个最为具体的例子就是对仪轨的"以义起之"，使之操作起来更加灵活。比如在祭祀先人的问题上，朱熹就认为，葬仪传递哀痛感情的实质内容比外在的形式礼仪更加重要，万一与礼仪有所不合，则认为"丧与其哀不足而礼有余，不若礼不足而哀有余"。朱熹特意提醒说："以为具文备礼而非致悫焉之为易。今人多此病，试思之。"[2] 这是对儒家丧仪具有高度灵活性的典型表达。

基层礼仪的"随俗而变"

朱熹对待古礼的态度是，实行必须符合当时的历史境况，因时简化，以资利用。他曾反复与友人讨论过崇循古礼与现实之用的关系问题，结论是："礼意终始全不相似，泥古则阔于事情，循俗则无复品节。必欲酌其中制，适古今之宜。"又说，"处礼之变而不失其中，所谓'礼虽先王未之有，可以义起'者盖如此。"[3] 他特别主张祭祀随俗而定，所谓"各依乡俗之文，自不妨随俗增损"[4]。在具体实施祭堂礼制时，朱熹也认为"庙制"之祭"且今士庶人之贱，亦有所不得为者，故特以祠堂名之，而其制度亦条用俗礼之"[5]。明显借鉴和认可了民间对礼仪的应用方式。

在南宋新儒学的系统中，礼仪的设置和实施是整个修身正心程序的一个重要组成部分，却居于形式而非主体的位置，大体而言是为修炼身

---

[1] "家礼序"，《朱子全书》(24)，页3626—3627。
[2] "答范伯崇"，《朱子全书》(22)，页1783。
[3] "答刘平甫"，《朱子全书》(22)，页1796。
[4] "答陈明仲"，《朱子全书》(22)，页1949.
[5] 朱熹：《通礼·祠堂》，《家礼》卷一。

祭典服装都有规可循，但在州县之内的士大夫庶民之家，则缺乏必要的规条可以遵循，故极易造成"礼之不可已而欲行之，则其势可谓难矣"的尴尬局面。[1]

为了改变这种状态，朱熹最初使用的办法是"取自州县官民所应用者，参以通制，别加纂录"，编成一本《绍兴纂次政和民臣礼略》，他希望广泛印刷散发各州县，直至市井村落。选择合适的士人讲诵大义。

朱熹制作民间礼仪的目的非常明确，就是让文化不高的普通民众都能明白礼仪规程的演练方式，便于随时习学。他曾经提到二程、张载和司马光编纂的礼仪教本过于繁琐难晓，"读者见其节文度数之详，有若未易究者，往往未见习行而已有望风退怯之意"。这是从礼仪条文繁冗上立言，具体仪式操作上也有过度繁琐的毛病，容易让人心生畏难情绪，"又或见其堂室之广，给使之多，仪物之盛，而窃自病其力之不足，是以其书虽布，而传者徒为箧笥之藏，未有能举而行之者也"。朱熹由此指出了一条简化的途径："殊不知礼书之文虽多，而身亲试之，或不过于顷刻；其物虽博，而亦有所谓不若礼不足而敬有余者。"在仪式文字和具体操作上都力图走民间世俗化的路子，所以朱熹特意会点到新的礼仪文本的效果应该是"使览之者得提其要，以及其详，而不惮其大节，略其繁文，而不失其本意也"。[2]

在《家礼序》这篇文字中，朱熹把这层意思表达得更加明确，他说："三代之际，《礼经》备矣，然其存于今者，宫庐器服之制，出入起居之节，皆已不宜于世。世之君子虽或酌以古今之变，更为一时之法，然亦或详或略，无所折衷。至或遗其本而务其末，缓于实而急于文，自有志好礼之士，犹或不能举其要，而困于贫窭者，而少加损益于其间，以为一家之书，大抵谨名分、崇爱敬以为之本。至其施行之际，

---

[1] 《朱子全书》(23)，页3352。
[2] "跋三家礼范"，《朱子全书》(24)，页3920。

逐家觅钱叫呼犯上者"[1]。这说明学校的教化对转移当地风俗起了相当重要的作用,甚至可以减少犯罪率。但是在基层社会中最终起着替代诉讼法律作用的还是"礼"的形成与真正的实施。

从一般的教化方式而言,在基层民间与大众谈"道德",相对于在宫廷中教化呈个体状态的帝王,更难掌握灌输的分寸感,极易陷于虚幻无根的境地。因为儒教教条除了在学校中对士子身心具有约束力外,对不识字或识字甚少的人群缺乏实际的支配力。而礼教的功能则大有不同,它注重的更是一种身体训练和由此训练自然激发出的内心诚敬的情感。

关于"礼"的内涵和实施设想,南宋以后的新儒家有许多论述,其中最明显的特点是,越来越强调"礼"的实际功用而非仅拘泥于对"礼"之形式内涵的探讨。朱熹就认为秦朝灭学,礼最先被毁,后人虽偶有补缀,也是残缺不全。所以复兴三代古礼之盛几不可能,下面这段话非常重要,他说:"其因时述作,随事讨论,以为一国一家之制者,固未必皆得先王义起之意。"[2]意思是说古礼散失严重,没有任何权威可以垄断对它们的解释。这就为以后的儒家按己意发挥诠释提供了余地和空间。从某种意义上说,也正是因为:"然其存于今者,亦无几矣。惜其散脱残落,将遂泯没于无闻。"[3]才使得后世儒者按照因俗而设的原则,制订出符合时代要求的礼仪规则。朱熹就按照不同层次的需求,撰有《家礼》《乡礼》《学礼》《邦国礼》《王朝礼》等,分别对应于"家庭之礼"、"地方之礼"、"帝国之礼"等不同层次。朱熹思考最多的问题是,礼仪如何顺利地为下层民众所接受,这不是一个容易解决的问题。他在一篇题为《民臣礼议》的文章中就曾发出感叹说:"礼不难于上,而欲其行于下者难也。"[4]因为朝廷之上,典章明具,礼仪器具和

---

1 "刘子和传",《朱子全书》(25),页4575。
2 "跋古今家祭礼",王懋竑:《朱子年谱》卷一,《朱子全书》(27),页226。
3 同上书,页227。
4 《朱子全书》(23),页3352。

患难相恤,庶几风俗之美不愧古人,有以仰副圣天子敦厚风俗之意。"[1]朱熹还特举出《孝经》的一部分含义是指"庶人之孝",并想奉劝民间人士逐日持诵,依此经解说,早晚思维,常切遵守,并嘱咐说以此替代念佛号佛经的那些无益身心枉费精力的活动。[2]但是朱熹这种古循吏的"条教"思维显然在现实面前收效甚微,在一次处理兄弟争财的案件时,他不得不发出感叹说,自己任官时间已达月余,推行教化的行动却"诚意不孚,未有显效"[3]。最后的结果仍是把犯人送往监狱依法断罪,尽管他很忧虑"长吏不能以时教训纠禁,上负承流宣化之责,内自循省,不胜恐惧"[4]。

这是"儒学地域化"过程中面临的最大挑战。"儒学"也由此开始了艰难的革新历程。我个人以为,儒学在南宋之后之所以变得更加有用,即在于其想方设法使"礼教"的力量在基层社会中逐渐与诉讼和法理的力量区分开来,并与之构成了平衡关系,至少能够经常起到替代其功能的作用。这显然不是一句简单的断语就可加以说明,而需要大量的史实予以证明。

前面已经说过,依靠儒学理念实施的"条教"行为只不过是地方官在基层重视教化的暂时表现,尚不足以证明儒学在基层民众中发生了真正实际的影响,儒学在地方社会的作用最初是通过学校的形式灌输教义,与皇室教化的区别在于其对群体的教育,并以此相互激发形成互动。这样的教化方式有可能部分转移地方社会所形成的某些风俗特点,比如健讼的习惯。南宋有一个叫刘子和的儒生,教化弟子以持敬修身之学,对当地风俗的干预效果就非常明显。朱熹的传记里称"其浮惰不事学者,往往引去,或亦悔前所为而革心自新焉。郡县吏皆怪,以谓学官弟子比无入官府辩讼请谒者。父老皆喜,以谓吾家子弟比无荒嬉惰游,

---

[1] 《朱子全书》(25),页4580。
[2] "示俗",《朱子全书》(25),页4584—4585。
[3] "晓谕兄弟争财产事",《朱子全书》(25),页4585。
[4] 同上书,页4586。

者这一指向上层的路径,还有一个更为重要的层面是,宋代以后的儒学逐渐开始在基层社会中真正发挥作用和影响,而且这种影响已获得了某种制度约束的能力,使之成为一个在底层实施道德实践的过程。

"儒学"从何时以及到底如何在基层社会中发挥作用,这个问题貌似简单,其实很难具体回答。从理论上说,汉武帝独尊儒术,似乎儒学就应该自然成为正统意识形态,可以畅行无阻地支配人们的思想与行动了。然而事实却是,汉代儒学仅仅承担着解释皇室权力合法化的任务,故而经学一度缩窄成为宫廷内部的贵族学问,由此呈现出了过度"精英化"的迹象。即使偶尔有在地方任职的循吏经常通过"条教"儒家教义的方式惠泽乡里,也无法使儒学教育在底层世界真正实现常规化,无法使儒学教条实实在在变成普通民众的思想与行动准则,这种情况在南宋逐步发生了变化。

南宋儒生往往以底层布衣身份参与皇家的政治运程,他们虽刻意对帝王实施教化,却也主张天子与庶人一样都应以"修身"为本。朱熹就说过,"自天子以至于庶人,壹是皆以修身为本"。他特意加了条注释:"壹是一切也。正心以上,皆所以修身也。齐家以下,则举此而措之耳。"当然,帝王与民众的关系仍有倡导与跟随的差别。"盖君犹表也,民犹影也,表正则影无不正矣;君犹源也,民犹流也,源清则流无不清矣。"[1]

这些道理讲起来简单,要落实到行动上却需要一个长期的实践过程。具体问题是民众普遍文化层次不高,用教化帝王的讲经方式教育民众显然不够现实。对当时所遇的困境,我们可以朱熹任官时的例子做些说明。朱熹在南康任职时曾张贴一张名为《知南康榜文》的告示,其中有一段表述很有古循吏之风,告示云:"今请管下士民乡邻父老,岁时集会,并加教戒。间或因事反复丁宁,使后生子弟咸知修其孝弟忠信之行,入以事其父兄,出以事其长上,敦厚亲族,和睦乡邻,有无相通,

---

[1] 《朱子全书》(12),页698。

帝王处理灾异之变时的常态方式。以往朝代的帝王遇灾异之变后所采取的一贯做法是下罪己诏以谢国人，但大多归罪于政事不修和处理事功层面的事务不够得力，很少从反省自身心理的角度归于道德感的阙失。南宋以后，"天谴"被视为是对皇帝道德修炼不力的一种报应。

我们可以从朱熹应对灾变的一次奏札中简略评析一下此种变化的特征。有一天夜里，夜漏方下五六刻的时间，杭州皇城内忽然黑烟四起，草气袭人，咫尺之间，不辨人物，行走到街上的人面蒙沙土。这虽非什么大的灾变，却也搅得都城内人心惶惶。关键的问题是，我们可从中看出，当时的士大夫如何理解这场灾变与帝王的关系，以及帝王如何应对这场意外事件。朱熹在上奏中就举了商朝应对的例子，核心词用的是"恐惧修德"。正是因为古圣王"遇灾而惧，修德正事，故能变灾为祥，其效如此"，故而他建议皇上"视以为法，克之自新，蚤夜思省，举心动念、出言行事之际，常若皇天上帝临之在上，宗社神灵守之在旁，懔懔然不复敢使一毫私意萌于其间，以烦谴告"。[1] 帝王的修德尊道就有了与上天喜忧相对应的功用了，如此警惧昭示就有了非同小可的威慑力量。

"儒学地域化"的底层实践：道德约束转化为治理规范

从"条教"到"礼俗社会"

以上我们大段引述了南宋儒生"正君心"的思维如何使儒学得以发挥效力的基本状况。从"儒学地域化"的角度来说，这个过程是布衣状态的儒生从区域性的民间流派试图占据上层思想制高点，同时对政治过程施加影响的尝试。这些"区域性儒学"所采用的修德立身策略显然颇异于注重事功王霸效果的另一士人群体。接下来我们想要进一步分疏的是，"儒学地域化"的演变方式不仅具备以民间儒学教派的身份教化王

---

[1] "论灾异札子"，《朱子全书》（12），页684—685。

这段评论有点像夫子自况，因为宋朝自王安石变法以来，强兵富国的功利思路一直占据主流位置，而没有人看重道德实践的成就对治世引发的促进作用，也没有深究"为学"与"为治"的一体关系。朱熹在评点孔子与四个弟子的对话时，更是强调："为学与为治，本来只是一统事，它日之所用，不外乎今日所存。三子却分作两截看了。如治军旅、治财赋、治礼乐，与凡天下之事，皆是学者所当理会，无一件是少得底。然须先理会要教自家身心自得无欲，常常神情气定，涵养直到清明在躬，志气如神，则天下无不可为之事。"[1] 以上完全可看做是对南宋儒学实用境况的一种影射式评论。在各种针对皇帝所上的奏札中，朱熹都会不厌其烦地反复申说强调道德心的建立应是实行其他制度措施的基础，其重要性更远在具体的事功考虑之上，即使是攻守战阵之类的御敌之道，也都要归结到人心操守的维系这个层面上。比如在谈到御夷之道时他会说："古先圣王所以制御夷狄之道，其本不在乎威强，而在乎德业，其任不在乎边境，而在乎朝廷；其具不在乎兵食，而在乎纪纲，盖决然矣。"[2]

中兴之功的大端也不在于富国强兵之术。朱熹的意见是："然而戎虏凭陵，包藏不测，中外之议，咸谓国威未振、边备未饬、仓廪未充、士卒未练，一旦缓急，何以为计？臣独以为今日之忧非此之谓，所可忧者，乃大于此，而恨议者未及之也。"他的结论是："今日谏诤之途尚壅，佞幸之势方张，爵赏易致而威罚不行，民力已殚而国用未节。以是四者观之，则德业未可谓修，朝廷未可谓正，纪纲未可谓立，凡古先圣王所以强本折冲、威制夷狄之道，皆未可谓备。"[3] 说的还是人心道德的培育和守护的问题。

甚至灾异发生的原因也被认为是一种修德未至的后果，这已溢出了

---

1 "答严时亨"，《朱子全集》(23)，页2966。
2 "垂拱奏札三"，《朱子全书》(12)，页636。
3 同上书，页637。

"私",所谓"人主所以制天下之事者,本乎一心,而心之所在,又有天理、人欲之异。二者一分,而公私邪正之途判矣。盖天理者,此心之本然,循之则其心公而且正;人欲者,此心之疾疢,循之则其心私而且邪。公而正者逸而日休,私而邪者劳而日拙,其效至于治乱安危有大相绝者,而其端特在夫一念之间而已。"[1] 有了这段阐述之后,朱熹更对帝王提出了具体的要求:"伏愿陛下自今以往,一念之萌,则必谨而察之,此为天理耶,为人欲耶?果天理也,则敬以扩之,而不使其少有壅阏,果人欲也,则敬以克之,而不使其少有凝滞。推而至于言语动作之间,用人处事之际,无不以是裁之,知其为是而行之,则行之唯恐其不力,而不当忧其力之过也。"[2]

朱熹以"讲学"之法正帝王之心的源起,离不开他对当时内忧外患、疆土破碎的基本历史境况的认知。离不开对驱灭胡虏以恢复中原之攻防战守策略的现实萦怀。"治学"与"治世"本为一体之两面,不可分而视之,但却有次序先后和本末轻重之别。他在答友人如何解读《论语》"先进"章中孔子与子路、曾皙、冉有、公西华的对话时就认为,孔子最终赞许曾皙的做法是有理由的。《论语》中除曾皙外的三人回答孔子如从政意欲何为的询问时,子路、冉有的回答都是想走强兵富国的路线,公西华则只想作一个习学宗庙礼乐的"小相",而孔子唯独赞同曾皙要在暮春时节与友人三两成群地洗澡嬉戏、乘兴而归的做派。在朱熹看来,曾皙的潇洒悠游恰是对"仁"的一种体验,比子路、冉有功利心颇重的人生选择要高明得多,隐隐映射出的不妨是南宋士人到处游走讲学时发生的一种对自由境遇的感慨,所谓"夫仁者体无不具,用无不该,岂但止于一才一艺而已。使三子不自安于其所已能,孜孜于求仁之是务,而好之乐之,则何暇规规于事为之末"[3]。

---

[1] "延和奏札二",《朱子全书》(12),页639。
[2] "戊申封事",《朱子全书》(12),页597。
[3] "答严时亨",《朱子全集》(23),页2966。

正"变成了具有示范天下道德风向的作用,而不是简单地执行刑名制度的问题。但君王正心却时时刻刻面临着各种日常生活的考验:"尝试验之,一日之间,声色臭味游衍驰驱,土木之华、货利之殖杂进于前,日新月盛,其间心体湛然,善端呈露之时,盖绝无而仅有也。"[1] 要克服声色货利的诱惑,只有通过"讲学"以提升自身的道德。

这里特别要注意的是,"讲学"本是民间儒生习学与传播思想的一种方式,现在朱熹把这种民间形式搬用到了宫廷之中使之日常化,无疑是个富有创见的行动。他把"讲学"的意义提高到了如此的高度:"苟非讲学之功有以开明其心,而不迷于是非邪正之所在,又必信其理之在我而不可以须臾离焉,则亦何以得此心之正,胜利欲之私,而应事物无穷之变乎?"[2] 朱熹实际上还明确指出当时的帝王不如"古圣王":"陛下试以是而思之,吾之所以精一克复而持守其心者,果尝有如此之功乎?所以修身齐家而正其左右者,果尝有如此之效乎?"结论是"则陛下之所以修之家者,恐其未有以及古之圣王也"。[3] 朱熹的话外之音是,南宋帝王自身不及古圣王之症结正需要"讲学"来加以修正和克服。这样,"士人"的作用就自然被抬高了。皇帝当时也似乎需要通过士人的"讲学"对自己行为加以范导。如《宋史·宁宗本纪》云,宁宗欲效法程颐师徒"副吾尊德乐义之诚,究尔正心诚意之说,岂惟慰满于士论,且将增益于朕躬"。表示"自当接以前席,慰兹渴想,望尔遄驱"。朱熹对皇帝的态度予以回应说:"主上虚心好学,增置讲员,广立课程,深有愿治之意。果如此,实国家万万无疆之体,义不可不往。"[4] 可见"讲学"已蕴育成一代风气,源自帝王与士人反复微妙的互动。

"讲学"的目的是可以使帝王具备辨别"天理"与"人欲"的能力。只有辨别出了"天理"与"人欲"的差异,才能持守"公"而贬斥

---

1 "己酉拟上封事",《朱子全书》(12),页618—619。
2 同上书,页618。
3 "戊申封事",《朱子全书》(12),页593。
4 王懋竑:《朱子年谱》卷四,《朱子全书》(27),页367。

士人有了直接与皇帝面对面对话的机会。当时士人相互举荐布衣之士入朝应对已成习惯和风气，如朱熹举荐布衣曹南升，就有如下荐语："某与之游为最久，知其人为最深。盖其学问不为空言，举动必循正理，识虑精审，才气老成。虽自中年即谢场屋，而安常务实，不为激发过中之行，本实当世有用之才，非但狷介一节之士也。"[1] 这是与宋代儒学呈民间思想流派分布的地理格局相呼应的。民间儒学通过布衣上殿，有可能对皇帝的思想直接发生影响，当然第一步是他们必须获取足够的人格尊严，这方面的例子不少，此仅举程颐的逸事一观。

程颐当时以布衣身份屡召不就，在最后实在没有理由推脱的情况下，他反而向皇帝提条件说，如自己任经筵讲官，应令讲官坐讲，而不是侍立一边，如此才能"以养人主尊儒重道之心"。这一身体姿态的改变实有非同小可的意义，其结果是士人虽还不至于与皇帝在视觉上真能做到平起平坐，但也基本可对视而谈。朱熹为他做传说："先生在经筵，每当进讲，必宿斋豫戒，潜思存诚，冀以感动上意。"[2] 但朝中也有人议论说："颐在经筵，切于皇帝陛下进学，故其讲说语常繁多。草芽之人一旦入朝，与人相接不为关防，未习朝廷事体。"[3] 可见布衣儒士在朝廷中真正建立自尊也并非易事。然而一旦这种自尊建立起来后，就有了重建道德实践新境界的可能。于是才有朱熹反复陈说"君心之正"的重要和根本意义的诸多言论。如他在《戊申封事》中说："盖天下之大本者，陛下之心也。""臣之辄以陛下之心为天下之大本者，何也？天下之事千变万化，其端无穷而无一不本于人主之心者，此自然之理也。故人主之心正，则天下之事无一不出于正；人主之心不正，则天下之事无一得由于正。盖不惟其赏之所劝，刑之所威，各随所向，势有不能已者，而其观感之间，风动神速，又有甚焉。"[4] 人主之心的"正"与"不

1　《林子方》，《朱子全书》(25)，页4928。
2　《伊川先生年谱》，《朱子全书》(25)，页4564。
3　同上书，页4567。
4　《朱子全书》(12)，页590。

暴力取胜，却能化解和包容其威力。朱熹在以下这段话中把这层意思说得十分明白。他说："中国所恃者德，夷狄所恃者力。今虑国事者大抵以审彼己，较强弱而言，是知夷狄相攻之策，而未尝及中国治夷狄之道也。盖以力言之，则彼强，我常弱，是无时而可胜，不得不和。以德言之，则振三纲，明五常，正朝廷，励风格，皆我之所可勉，而彼之所不能者，是乃中国治夷狄之道，而今日所当议也。"[1] 其意是说，不当与夷狄较蛮勇之力，而是要通过建立道德控驭的原则获取文化上的优势，背后的逻辑是，北方夷狄凭借武力占领了大片的领土，这只不过是表面上的成功，而南宋以"道德"的力量集聚内力，并非"示弱"的表现，而是以文化的潜移默化力量与之抗衡，这样不但可以自保，而且会在长远的将来获得一种统治的正当性。

朱熹以道德实践对抗武力炫耀的思想确实主导着南宋以后汉人社会对北方"夷狄"的应对策略。不但改变了北宋朝内流行的以事功为判别成败标准的取向，而且即使后来入主中原替代汉族实现天下一统的"蛮夷"们，也在拥有广大土地的同时，必须仔细在文化上论证自己是否具备道德实践上的合法性，如清人入关后，对"江南"士人的态度即是努力寻求与其在文化上的认同，尽管为了获取这种认同不惜采取各种阴损的手段如大兴"文字狱"和编纂《四库全书》这样的大型类书。

朱熹建立文化正当性的步骤大致包含两个层面的内容：首先是先"正君心"，然后在基层组织中寻找到使儒学得以传播的一个民间支撑点，这个支撑点可以使道德教化拥有普遍的支配能力，以达到使儒学制度化的目的，而不是循吏暂时的"条教"。下面我会对以上的道德实践要素形成的历史作一概要述说。

"正君心"是南宋儒学发挥效力的出发点，但也必须有一些相应的支撑条件。比如"士"的尊严到宋朝达致顶峰应是一个重要的支撑因素。宋室皇帝尤喜征辟布衣咨询国策，这就使大量未经科举正途入仕的

---

[1] "答汪尚书"甲申十月二十二日，朱杰人编：《朱子全书》(12)，上海古籍出版社2002年版。

原因。按邵伯温在《邵氏闻见录》中的区分，朋党政治在北宋就有按地域划分的迹象，有所谓洛党、川党、朔党之分。朋党又有"新旧"之别，多在儒学如何被使用方面发生分歧。新党虽然在儒学应与"治道"发生关联这方面与旧党一致，但儒学的道德实践在整个政治体系的改革中仍扮演的是配角，必须服从于许多政治功利性要求，王安石的政治实践中充分体现出这个特色。但旧党则以朱熹为代表，坚持道德实践是所有行动的基础和前提，他们坚持"格君心"的策略即源出于此考虑。这是不得不特别加以分疏的。

教化帝王：昭显士大夫的尊严

以往的儒学研究或者多限于在语义转换的层面探讨儒学的范畴意义，或者受到西方宗教学研究范式的影响，力图从儒学思想中发掘形而上学性质的超越因素，而相对忽略了儒学在传统中国的王朝体制下如何参与政治的运作，并最终决定了其发展走向，特别是儒学如何在衔接上下层的政治构造中发挥其实际的作用。本节将以朱熹的道德实践为例，对此稍作探讨。要理解朱熹的"道学"理念，必须把它置于南宋时期"南北"对峙的空间格局里加以认识。南宋在空间占有上彻底失去了一统天下的希望，故根本无法从富国强兵的意义上重建"大宋"君临天下的意识形态，必须另辟蹊径地重构南宋新的合法性基础，而这种合法性的建立也必须面对南宋国力武力孱弱这个基本的事实，故朱熹首先开始重建一种新的对南北"强弱"态势的诠释框架，以与南宋的基本"国是"相适应。具体话题就是如何对待"和"与"战"的问题。

在朱熹看来，不应在"和"还是"战"的具体意向的选择上纠缠不已，而是应该从根本上设计出一整套处理南宋与"夷狄"关系的完整方略，这套方略不仅包括事功层面的应急措施，而且还应真正建立起能够与越来越具强势的"夷狄"武力侵犯逻辑相抗衡的政治文化理念，即应想方设法尽量用"道德"的力量去消解夷狄的军事压迫所显现出的强势能量，从而建立起一种心理上的优越感，这种优越感不以炫耀外在的为也。"拆名后果然如此。[1] 这则故事一则说明考官颇谙白沙之学的原理,二则以白沙之意答卷同样算是合法。类似的例子还有不少,再举一例,阳明弟子冀元亨参加正德十一年的湖广乡试,有司以"格物致知"发策,冀元亨不从朱注,"以所闻于阳明者为对,主司奇而录之"[2]。以上所举各例说明,"儒学"至宋明时有一个从民间底层和分散的区域思想形态逐渐向上层的帝王和官僚制度渗透并取得支配地位的过程。帝王也不仅仅接受的是某种单一的儒学流派,而且也在很大程度上包容了不同地域的思想观点,这就为儒学的道德实践拓展出了很大的空间。

宋明的儒学之用不是一个循吏由上而下对民众进行"条教"的过程,因为这种"条教"往往与地方官的任期有关,是一种暂时性的措施。"儒教"要想真正在底层扎下根来发挥长久的实际功用,就必须建立起一套持之以恒地实施教化的机制,这也是宋明与两汉儒学区别最大的方面。当然,宋明官僚在基层实行教化,仍有人以循吏视之,如象山门人傅梦泉任宁都地方官时,因化民成俗有功,被认为有两汉循吏之风。[3] 但最重要的还是宋明儒学有一套行之有效的能够自我运转的教化机制,而非仅仅借助循吏这种时效性很强的外力作用。

宋初,儒学初步建立起了一个"内圣外王"兼顾的诠说系统,但"古文运动"偏于"文学",王安石"新政"偏于"外王",兼杂霸道之术,都没有深刻体现出道德实践的力量。只有在朱熹建立起思想体系之后,儒家才借助"内圣"的阐释,构筑起了以道德为基础的治理框架,以显示儒学在政治领域中发生影响的新路径。其实,王安石也不是不讲"德治"的重要,但他把道德实践摆在了一个相当次要的位置上,而不是如南宋道学家那样把它当作一种根源性的基础资源加以阐说。故对儒学应用之途理解的差异,也是形成所谓"朋党"政治的一个文化方面的

---

1 《明儒学案》下册,页876。
2 《明儒学案》上册,页635。
3 《宋元学案》第三册,页2571。

这在泰州学派的教化实践中更是被推向了极致，如以陶瓦为业的韩贞，只是粗识文字，"久之，觉有所得，遂以化俗为任，随机指点农工商贾，从之游者千余。秋成农隙，则聚徒谈学，一村既毕，又之一村，前歌后答，弦诵之声，洋洋然也"。[1] 我们虽然不太清楚韩贞讲学的具体内容，但是可以明显体味到儒学向底层倾斜所发生的变化。一是内容简化便于传习，二是使讲学的人群范围进一步扩大，更易于思想的流通。儒学在基层社会的展开于是达致新的境界。

宋代以后的"儒学之用"表现在科举考试中大量采纳了朱子学的观点，这是历史的常识，也被视为是思想一统的标志。实际上到了明代，科举正统文本中所容纳的儒学思想更加趋于多元，基本上是混杂了不同地域出现的各种民间儒学流派的思想。清初学者吕留良即注意到了此中变化，并述其原因："良知家挟异端之术，窥群情之所欲流，起而决其藩篱。聪明向上之士，喜其立论之高而自悔其旧说之陋，无不翕然归之。隆万以后，遂以背攻朱注为事，而祸害有不忍言者。识者归咎于禅学，而不知致禅学者之为讲章也。近来坊间盛行本子，浅陋更甚，又有习改各刻，愈出愈谬。然且家占户毕，取其简便，秽恶既极，势不得不变。变则必将复出于异端。此有心吾道者之所深忧而疾首也。"[2] 说明科举教本中掺入心学之说至明末有愈演愈烈的趋势。留良进一步发现，明末时文的文体已窜入了不少"机锋"之语，造成时文品质的败坏。他说明末文人："则杜撰恶俗之调，影响之理，剽弄之法，曰圆熟，曰机锋，皆自古文章之所无。村竖学究，喜其浅陋，不必读书稽古，遂传为时文正宗。"[3]

陈白沙弟子湛若水科考时，考官得卷后说："此非白沙之徒，不能

---

[1] 《明儒学案》下册，中华书局1985年版，页720。
[2] "续选凡例二则"，《吕晚村先生古文》，《四库禁毁书丛刊》子部36，页70。北京图书馆影印本。
[3] "东皋遗选前集论文"，《吕晚村先生文集》卷五，页160。

失去纲常道德,失去了道德就等于失去了天下,是最不可饶恕的罪行。故许衡仕元自认为是变相维系纲常之遗脉的一种方式,并不算是失了"天下",这完全是宋人的思维。这套思维也一直影响到明末顾炎武对"天下"、"国家"、"文化"关系的理解。

许衡的思想中还包含着一个重要的观点,道德的维系不仅属于帝王的职责,士人与庶民也有相当之责任,甚至当上层阶级无法维持文化一脉的存在时,下层人士应该主动承担起相应的义务,这也是宋人遗留下的思维。

宋人教化帝王的风格在明朝仍断断续续地延伸着,而且在上下层都有沿袭的事例可寻。如张元桢经筵进讲时,史称:"上注甚,特迁卑座,以听其讲。"侍讲的内容也以《太极图说》《西铭》《定性书》《敬斋箴》等理学著作为主。皇帝的反应是:"上因索观之,曰:'天生斯人,以开朕也'。"[1]

焦竑任东宫侍讲官时,有鸟飞鸣而过,皇太子忍不住注视鸟的去向,焦竑马上辍讲,史载:"皇太子改容复听,然后开讲。"[2] 可惜在明朝,这样的士人教化帝王的故事并不多见,反而倒是不断看到帝王与士人关系交恶的例子。帝王对待士人的利器不仅是罢黜归乡等相对温和的惩处方式,而是多施与人格侮辱式的"廷杖"处罚,甚至王阳明、黄宗周这样的朝廷干臣都难逃廷杖击打的厄运,这在宋代是难以想象的。说明明代帝王已失去了宋朝因常怀忧惧之心所带来的谦慎态度。有趣的是,与此相对应,儒学在底层的传播却有了突破性的进展,士人教化明显扩及庶民阶层,这与"地域化儒学"自身形态的改变有关。阳明心学相对忽略文字传承,讲究内心顿悟的路径,非常适合教育程度较低的民众接受其学说,其《传习录》的口语化风格也更容易为不同阶层的人群所习读,贯穿的仍是在道德自觉方面"天子与庶民一也"的宋人思路。

---

1 《明儒学案》下册,中华书局1985年版,页1085。
2 同上书,页829。

如"非无城郭不修之患"、"非无兵甲不多之忧"、"非无田野不辟之虑"、"非无货财不聚之叹"。可是最急迫而根本的问题还是在于"人伦薄则世道废,贤才散则气势孤。士气索则邦家空匮,此孟轲所谓'上无礼,下无学,贼民兴,丧无日者'"。[1]

"正君心"当然是宋儒的主要目标,但走上层路线显然不是宋儒的唯一要求。他们的另一个目标是教化民众,或者说让民众也像帝王一样具有一颗道德的心灵。这在今天看来是再平常不过的事情,但在当时却是个相当巨大的转变,为历朝历代所无。以往儒学传播到民间多靠循吏的"条教"之功,但"条教"具有偶然性,无法形成大规模制度化的行径。而宋儒已开始把"儒学"在民众之间的教化视为广泛自觉的行动。比如针对"天子之学与士大夫不同"的观点,南宋名臣张忠恕就曾说过:"天子之学正与士庶人同。《大学》云:'自天子至于庶人,壹是皆以修身为本。'盖自致知、格物、诚意、正心为修身之本,齐家、治国、平天下为修身之用,天子至于庶人一也。"[2]这段话透露出的信息表明宋朝民众是否应与帝王一样有资格和权利接受士人教化仍是有争议的,至少达成共识仍需一个过程。不过从宋朝儒学源起于不同地域民间的状态观察,儒学在基层的世俗化也由此氤氲而成,最后繁衍为蔚为大观的气象。因为到了元代,由宋朝长期培养而成的士大夫之道德自觉开始与文化重建的目标紧密结合在了一起,"道德意识"的维系关乎天下兴亡已成为一种普遍的心理诉求。

元儒许衡曾经说过一句话:"纲常不可亡于天下,苟在上者无以任之,则在下之任也,故乱离之中,毅然以为己任。"[3]许衡仕元的身份历代素有争议。有人说他不算宋人,故仕元不算失节。其实许衡继承的仍是宋人对"文化"与"天下"、"国家"关系的理解,即宁失国土而不可

---

[1] 《宋元学案》第四册,页2680。
[2] 《宋元学案》第二册,页1642。
[3] 《宋元学案》第四册,页2996。

道乎？"宁宗表示同意。他又问："一日用如何？"宁宗答说："只学定耳。"慈湖进一步教化说："定无用学，但不起意，自然静定，是非贤否自明。"隔了几天，又对宁宗说："陛下意念不起，已觉如太虚乎？"宁宗回答说是如此。杨简又问："贤否是非历历明照否？"宁宗说："朕已照破。"杨简此时才"顿首为天贺"。[1] 这段对话很像是"打禅语"，与北学一脉及朱子学的"格物"路径大有不同，可见不同地域的儒学在宋朝都有可能影响君王的心理，但无论流派纷呈多样到什么程度，构建君王的道德心理基础以为制度实施之根据的共识大体是不变的。这条教化路径一直延续到明代，如元末士子桂彦良和明太祖交谈"必以二帝三王为本而折衷孔孟，要以明圣学，格君心为务"[2]。

要把"儒学之用"突出到如此高的地位，成为帝王推行治理之术的前提，那么"士"的角色就必然和"吏"的现实利益发生冲突。如何摆正两者的关系就变成一个宋儒议论的重要话题，也同时左右着帝王治理帝国的态度。"儒生"与"文吏"的交替互动经历了漫长的历史过程。在宋人看来，习俗道德的改变似乎比吏事的实施更加重要，甚至可以带动吏事的解决，所以"士"比"吏"所扮演的角色更具基础的价值。知府王万就曾把"士"的作用抬得很高，说："士者，国之元气，而天下之精神也。故可杀可贫而不可辱者，谓之士。"对待"士"的态度也应该是"上之人宜撄以廉耻，不可恐以戮辱；宜闲以礼义，不可刑以刑辟"。不能用"吏"的任用标准要求他们"所当专其职任，勿烦以他职"。他批评当时对待士人的态度是："今乃郡吏得以绳之，不走得以辱之，殆非以章好示俗风厉四方也。"谈到治理国家的方式问题时，王万批评了那种专从功利角度切入的"吏治"思路，说明终极还是个"人心"问题："世之论治者，鲜不以城郭甲兵、田野货财为有国之先务，而孟轲独以礼坏乐废为忧，非阔于事情也。"他罗列了一些需要解决的困难，

1　《宋元学案》第三册，页2467。
2　《宋元学案》第四册，页3110。

化帝王，使之纳入到一种道德治理优先的思维轨道的。故宋代具有所谓"内向化"道德气质的一个前提，首先在于儒生教化帝王心理步骤的成功实施。"儒学之用"首先体现于塑造帝王道德心灵时摈弃王霸功利理念的成功，这是以往朝代所难以企及的成就。尽管后来会出现反复和波动，但处理政事应以道德考虑为先的基本思维定式和治理格局却由此被固定了下来。

总结而言，宋朝士人并非绝对地反对功利行为或在制度建设中采用实用有效的统治策略，而是认为所有这些行为必须具有一种道德基础，而这种道德基础只能从儒学的教义中获取。张栻有一次在奏言中把这点阐述得非常明白。他说："先王所以建事立功无不如志者，以胸中之诚有以感格天人之心而与之无间也。今规画虽劳，事功不立，陛下诚深察之，亦有私意之发以害吾之诚者乎？"[1] 意思是，事功层面的事业之所以不成功，应该从自己是否遵循道德修养的轨则和程度方面寻找原因。

"格君心"的意义

如上所论，"格君心"为先在宋朝士人中似乎已越来越达成共识，宋人不是不谈灾异天谴，但解决任何灾异之变的前提均应在君心诚正的条件下予以认定。如遇到星变，士人的标准回答常常是："修德以答天戒。"[2] 绍兴四年都城失火，吴潜疏请"修省恐惧"，以回天变，又说应以"格君心"为先，都是这方面的例子。[3]

在这样浓厚的道德氛围下，各个地域流派的儒学似乎都有发挥作用的欲望。除二程、张载等北学不断渗入宫廷之外，活跃于江浙一带的"陆学"甚至诱使君王在日常生活中加入了慎独的功夫。象山弟子人称慈湖先生的杨简曾与宁宗有一段对话。他先问："陛下自信此心即大

---

[1] "荥阳学案"，《宋元学案》第二册，页1609。
[2] 《宋元学案》第三册，页2455。
[3] 同上书，页2609。

祸"。[1]所以对王安石思想的清算是建立其"新儒学"之用的关键步骤。

下面有一段二程弟子陈渊同高宗辩论二程与王安石思想分歧的对话。高宗先引出一句对杨时的评价，认为他的著作《三经义辩》很符合规范。陈渊则把话题引到了批驳王安石曲解儒经这个话题上。他说杨时当年尊崇王安石，后来拜师程颐之后，才省悟到安石错误之所在。高宗附和说："安石穿凿。"陈渊应对道："穿凿之过尚小。道之大原，安石无一不差。"高宗问："差者何谓？"陈渊答说，圣贤所传的学问，只在《论语》《孟子》《中庸》之中。"《论语》主仁，《中庸》主诚，《孟子》主性。爱特仁之一端，而安石遂以爱为仁。其言《中庸》，则谓中庸所以接人，高明所以处己。《孟子》发明性善，而安石取杨雄'善恶混'之言，至于'无善无恶'，又溺于佛，其生性远矣"。[2]

这段对话集中攻击的是王安石混淆了儒家对"仁"的核心价值的阐扬。从效果来看，这类论辩对帝王的心理影响很大，其教化的作用也逐渐在帝王对王安石发生反感上体现了出来。比如有一次高宗与王居正议论安石新学为士大夫心术之害，王居正就有意发问道："臣侧闻陛下深恶安石之学久矣，不识圣心灼见其弊安在？"高宗回答说："安石之学，杂以霸道，取商鞅富国强兵之说。今日之祸，人徒知蔡京、王黼之罪，而不知天下之乱生于安石。"王居正首先肯定"祸乱之源，诚如圣训"，但又进一步启发说："然安石之学，得罪于万世者，不止于此。"他举出王安石训释经义中所发表的"无父无君"的议论一二条作例子。这诱发了高宗的愤怒，史称，上作色曰："是岂不害名教，《孟子》所谓邪说者，正谓是。"要求王居正把自己的著作《辩学》进呈御览，"先生即序上语于书首"。[3]

从以上对话可知，呈"地域化"状态的民间儒学是如何一步步地教

---

1 "荥阳学案"，《宋元学案》第二册，页1270。
2 同上书，页1265。
3 同上书，页966。

则无蒙其利，不能，则反之。欲以所言感悟人主，安得不敬。"[1]

士人的这份从容与自信确实源于帝王态度的宽容与诚敬，故才有如下对自我力量自负至极的表述："君子在朝，则天下必治。盖君子进则常有乱世之言，使人主多忧而善心生，故天下所以必治。小人在朝，则天下必乱。盖小人进则常有治世之言，使人主多乐而怠心生，故天下所以必乱。"[2] 于是才能发生以下循循善诱不厌其烦的化导例子。如张九成在讲筵时，当高宗问到何以见教时，他的应对是"抑不知陛下临朝对群臣时，如何存心？"高宗回答说："以至诚。"曰："不知入而对宦官嫔御，又如何？"上曰："亦以至诚。"曰："外不对群臣，内不对宦官嫔御，端居静处时，不知又如何？"高宗迟疑未应。张九成马上说："只此迟疑，已自不可。"高宗的反应是："上极喜，握其手曰'卿问得极好'。"[3] 这段生动的对话反映出儒学士人步步进逼地教化帝王的实况，也充分昭示了其自信的一面。这就是"儒学之用"的表现，完全不同于王安石以功利心更改制度时采取的王霸之学的态度。

"讲学"以"正君心"：道德实践的发蒙

对王安石"制度主义"的清算

在宋人的心目中，儒学之用是个大关节问题，如龟山之婿李郁就曾说过："学者当知古人之学何所用心，学之将何以用。"[4] 但他们并不认为把当时的制度纳入功利化的轨道运行就一定是恰当的"用"。

在这些崛起于民间的儒生眼中，王安石的所作所为不过是"管（仲）心鞅（商鞅）法"，导致的后果就是"甲倡乙和，卒稔裔夷之

---

[1] "荥阳学案"，《宋元学案》第二册，页1004。

[2] 同上书，页1272。

[3] 同上书，页1314。

[4] 同上书，页972。

荛,事无巨细,人无亲疏,辄以问先生"[1]。有一次神宗和洛学宗师程颢议论,竟然忘了吃饭的时间,史称:"每召见,从容咨访。将退,则曰:'卿可频来求对。欲常相见耳。'一日,议论甚久,日官报午正,先生始退。中人相谓曰:'御史不知上未食邪?'务以诚意感动人主,言人主当防未萌之欲。神宗俯身拱手曰:'当为卿戒之。'及论人才,曰:'陛下奈何轻退天下士?'神宗曰:'朕何敢如是!'前后进说,未有一语及于功利。"[2]我们知道,此时神宗正重用王安石以功利的方案推行改革,但从此段对话中亦可看出,神宗对起于民间非功利的道德主义一脉儒学思想也是能够加以接受的。这无疑与北宋儒者持续不断地教化帝王的韧性努力分不开。这方面的例子可以举出很多,可再举一例对此予以说明。范纯仁任侍讲时就曾说道:"国之本在君,君之本在心。人君之学,当正心诚意,以仁为体,使邪僻浮薄之说无自而入,然后发号施令,为宗庙社稷之福。岂务章通句解,以资口舌之辩哉?"又说他在经筵进讲时,"必反覆开陈其说,归于人君可用而后止"。[3]

以后新皇帝继位,总有一批这类深受"地域化"儒学影响的士人围着他反复陈说正心诚意的道理。如哲宗继位,即有范祖禹、二程等人的进讲,均提到了"正君心"的重要性。所谓"人君之学,不在于偏读杂书,多知小事,在于正心诚意"[4]。甚至士人因过度受到尊敬以至于矜持到拒绝对话帝王的故事也比比皆是。如有一位程颐弟子因朝廷中屡有攻击老师的言论,故拒绝接受高宗的聘请。高宗曾试图依照召见程颐的先例,"自布衣除崇政殿说书",却遭到拒绝,以至于高宗用恳求的语气说:"知卿从学程颐,待卿讲学,不敢有他也。"这才勉强接受了秘书郎的职位。史载每当赴讲前一日,必沐浴更衣,置所讲书于案上,朝服再拜,斋于燕室。当有人问起何故如此时,他的回答是:"吾言得入,

---

[1] "章敏滕先生元发",《宋元学案》第一册,页45。
[2] "明道学案"(上),《宋元学案》第一册,页538。
[3] "高平学案",《宋元学案》第一册,页148。
[4] "荥阳学案",《宋元学案》第二册,页904。

元竞逐的态势。北宋儒学的"地域化"特征在《宋元学案》等著作的分类模式中呈现得非常明显。《宋元学案》中的儒学流派以地域命名者几达半数以上,如《泰山学案》《庐陵学案》《涑水学案》《濂溪学案》《武夷学案》《衡麓学案》《沧洲诸儒学案》等。《明儒学案》也以地域划分学派的流变,如《姚江学案》《白沙学案》等。

关于"学统"与"地域"的对应关系,全祖望有一个概括的描述:"庆历之际,学统四起,齐、鲁则有士建中、刘颜夹辅泰山而兴。浙东则有明州杨、杜五子,永嘉之儒志、经行二子,浙西则有杭之吴存仁,皆与安定湖学相应,闽中又有章望之、黄晞,亦古灵一辈人也。关中之申、候二子,实开横渠之先。蜀有宇文止止,实开范正献公之先。"[1] 判断儒学流别,用的还是地域类分的框架。当然,北宋儒学的变化不只是"地域"标签化可以简单加以说明的,还涉及"士"的身份角色的变动以及群体流动等生活史层面的问题。比如北宋一些儒学大家开始即普遍以"布衣"身份上殿应对皇帝的问询,然后有些人再被授予官职,中间并不经过严格的科举程序的选拔,如胡瑗即以白衣应对崇政殿,在此之前仅是受范仲淹之聘于苏州任经术教授,理学宗师程颐也有以布衣上殿的经历。可是这些"布衣"的力量之大却足以改变北宋的政治文化格局,如黄宗羲说胡瑗的影响力:"是时礼部所得士,先生弟子十常居四五,随材高下而修饰之,人遇之,虽不识,皆知为先生弟子也。"[2] 可见胡瑗的弟子入仕之多已改变了官场的成分结构。

像胡瑗这样的布衣士人入仕宫中要取得合法性其实并不容易,首先面临的问题是如何让皇帝相信这套底层兴起的儒术教化风格对治国兴邦真正有用,至少比王霸之术要更加有效。这首先取决于皇帝对士人态度的变化,使得民间的士人有机会接近圣听去影响他的思想,如胡瑗弟子滕元发"在帝前论事,如家人父子,言无文饰,洞见肝鬲。帝亦知其诚

---

[1] 《宋元学案》第一册,页252。
[2] 同上书,页25。

矣"。他对比苏轼的话:"臣愿陛下务崇道德而厚风俗,不愿陛下急于有功而贪富强。"[1] 言下里还是贬抑北宋的风俗之陋。这种情况在南宋开始发生改变,正如陆游在《岁暮感怀诗》里透露出的一些信息,他说到往者祖宗都能做到"风俗极粹美",可是又暗指北宋"谁令各植党,更仆而迭起;中更金源祸,此风犹未已",所以表示"倘筑太平基,请自原俗始"。[2] 亭林等清初士人强调"风俗"的思路其实根源在于南宋。"风俗"在南宋以后似乎具备了无与伦比的重要性。亭林甚至以"亡国"与"亡天下"之别来比喻"正风俗"的重要。尽管在《日知录》中,亭林说的是魏晋"正始故事",但其叙述仍包含着对以后历史演变态势的解释力量,所谓"易姓改号谓之亡国。仁义充塞,而至于率兽食人,人将相食,谓之亡天下"。钱大昕所作的注就直接借题发挥,和北宋的评价联系了起来,说"王安石之《新经义》亦清谈也,神州陆沉,其祸与晋等"[3]。"亡国"是易姓问题,"亡天下"是种族问题。"种族问题"的核心是风俗教化的程度不等,以区分"人"、"兽"之别。这是宋以前士人完全不具备的新的历史视野,也是南宋皇帝惊悚莫名地接受士人道德教化思维的心理前提。

北宋在中国文化史上无疑是个特殊的时期,对于文化建设而言,儒学在这个时期出现了一些新的变化迹象。"儒学"展现其价值时并不是作为上层意识形态的辅佐者和建构者出现的,而是从底层慢慢涌现出了许多不同的流派,通过民间讲学辩难的方式,逐渐波及影响到了上层帝王和官僚阶层的思想和行为,这在宋代以前是很难想象的现象。两汉时儒学与方士的角色难以截然区分,隋唐皇室出身与夷狄相杂,儒学作为汉人行事的指导思想到底在多大程度上发挥作用也颇值得怀疑。而北宋儒学的一个重要特点是分布于不同地区的民间学派纷纭崛起,构成多

---

[1] 《日知录集释》,页473。
[2] 同上书,页475。
[3] 同上书,页471。

是两条发展线索,并不合辙。如王安石在给仁宗的上书中就认为内忧外患与风俗日坏的根源仍是"不知法度",这同二程和张载强调士人修身以道德改变风俗的取径完全不同。[1]

南宋士人和北宋相比,其"畏"与"忧"的内容又有相当大的不同。北宋立国的谨慎造就了"不杀大臣"的谦柔风格,士风由此大振。士人得以"教化"帝王也与此背景有关。杨联陞发现,在后世所做的"朝代间的比赛"的论述中,"不诛戮大臣"是屡次被人提及的宋朝特点。[2] 除此之外,南宋士人更强烈地感受到的是北方部族压迫所带来的文化生存的危机感。从立国规模的宏大到退避江南的窘迫,促成士人必须寻找到另一种生存合理性的解释。以"纯化种族"和"文明优越"的双重论述,重建士林的自信心,是当时政治文化复兴建设的主要内容,此时"夷夏之辨"的论述充斥士林之中即与此背景有关。在后世"朝代比赛"论述中,认为明代超越前代者第一条就是"攘克夷狄以收复诸夏"[3]。明代的攘夷逻辑以逐灭元人、复兴汉族大统为帜,正是对南宋"夷夏之辨"论述模式的继承。不过在南宋新儒家的眼中,"攘克夷狄"肯定不是疆域拓展的事功作为,这正是他们难以启齿的耻辱之事,而只能是淳化风俗意义的昭示。事功能力的阙失正表明把道德教化渗透到上上下下各方面已经成为宋朝标示其"尚文"之国策的合法性的基本需要。南北宋士人之忧惧心理的差异即表现在此点之上,这也是帝王能接受士人"教化"的心理基础。

顾亭林说南北宋之别,也是以是否淳化风俗作为区分的尺度之一。亭林攻王安石之非,也是说"后之人但言其农田、水利、青苗、保甲诸法为百姓害,而不知其移人心、变士心为朝廷之害。其害于百姓者,可以一日而更,而其害于朝廷者历数十百年,滔滔之势一往而不可反

---

[1] 参见杨立华:《气本与神化:张载哲学述论》,北京大学出版社2008年版,页15。
[2] 杨联陞:《国史探微》,新星出版社2005年版,页33。
[3] 同上书,页34。

理模式在北宋长期受到压抑,王安石力图发动制度创新,却走的是"以申商刑名之术,文之以六经"的两汉旧途,其"加小罪以大刑"作为"一天下之俗"的办法,也完全是两汉以吏施法策略的翻版。在整个社会治理的构思方面,沿用了商鞅"什伍相维,邻里相属"的方式。[1]故程颐弟子杨时就认为王安石只是以刑名治天下,"道之以德,齐之以礼"之事全无。[2]北宋士林中已朦胧出现了强调"政教"一面作用的迹象,如当宋神宗问胡瑗弟子刘彝,胡瑗与王安石谁更出色这个问题时,刘彝的回答是,北宋的风俗偷薄,"故今学者明夫圣人之用,以为政教之本,皆臣师(指胡瑗)之功,非安石比也"[3]。刘彝提到胡瑗对北宋有倡导"政教"之功,当然也得到了皇帝的认可,神宗就夸赞胡瑗的贡献,说他"经义治事,以适士用;议礼定乐,以迪朕躬;敦尚本实,还隆古之淳风;倡明正道,开来学之颛蒙;载瞻载仰,谁不思公;诚斯文之模范,为后世之钦崇!"[4]一个帝王对士人发出如此之高的评价似乎在后世并不多见。可见在北宋年间朝野上下就已显示出尊崇"道德"风尚的倾向。

因北宋立国基础十分薄弱,时刻处于"畏"与"忧"的心理状态,故王夫之说宋太祖的心理是"权不重,故不敢以兵威劫远人;望不隆,故不敢以诛夷待勋旧;学不夙,故不敢以智慧轻儒素;恩不洽,故不敢以苛法督吏民。惧以生慎,慎以生俭,俭以生慈,慈以生和,和以生文"[5]。船山的这段话大体上勾勒出了宋代尚文的原因,也预示着"道德主义"起源于此时并非谬说。但北宋要在短期内摆脱唐代遗留下来的种族文化之间相互杂糅的痕迹却并非易事。故有人已指出,王安石变法虽也偶及儒学经义,却和北方崛起的儒学地方性派别如关洛之学根本就

---

1 邓广铭:《王安石:中国十一世纪的改革家》,人民出版社1975年版,页23。
2 同上书,页75。
3 "安定学案",《宋元学案》第一册,页25。
4 同上书,页29。
5 王夫之:《宋论》,中华书局1964年版,页3。

助中兴之势。"[1]

前面谈及南宋有一个"内向化"的气质转变过程，让人感觉到宋代在对外军事扩张能力被削弱的同时，有一种到处弥漫着的温软道德烟雾在迷醉着帝王与民众。这个转向的过程固然十分复杂，但刘子健用"政教"关系的演变描述之，却颇能切中肯綮。古代关于"政教"一词的用法，包含"治理与教育"的意思，与西方意义上的"政治"与"宗教"相互争权的政教关系完全不同。"政"的含义不仅包括行政职能，还包括对思想的调适、对行为加以规范的内容，其教化对象上自帝王下至民众。"教"的含义也非常复杂，不单指教书育人，其含义是灌输一种关于社会秩序的道德标准，宋以后的儒生更是设想通过对个人、社会和统治者进行教化，使之转而符合儒生心目中的道德标准。[2] 这在唐代仍是不可想象的事情，唐朝虽以"文化"而非"种族"界定人群身份，即"胡化"、"汉化"各有所属的族群，汉人儒生的条教却难以占据绝对支配的地位，这反映的正是胡汉杂糅下的民众各取所需，"政教"难以归一的混杂状态。在制度运转的层次上，儒学的使用也很难成为一种有效力的组织因素，因为不仅帝王的道德难以用儒学标准衡量，阶层民众的行为轨则也少有证据证明是遵循儒学规定的教化标准。直到宋朝以后上述情形才发生了根本的变化。

"北宋"与"南宋"的异同："制度主义"还是"道德主义"？

宋朝在士林风气的影响下政治运行方式总体上越来越趋向于"道德主义"，但北宋与南宋又是两个差异极大的世界。南宋气质趋于内敛，统治风格显得敏感细腻，特别是用"政教"宗旨调控社会秩序的构想越来越被帝王所认同，而这些设想在北宋却遭到了强力抗拒，在士林中形成了"制度决定论"与"道德决定论"之间的严重分歧。"道德主义"治

---

1 《直阁朱先生弁》，《宋元学案》第二册，中华书局1986年版，页899。
2 刘子健：《中国转向内在：两宋之际的文化内向》，江苏人民出版社2002年版，页34。

土版图的南北分割,这个地理格局之变对儒学之使用产生了莫大的影响。首先表现在"士大夫"开始倡导"种族纯化",具体的做法就是儒学的教条成为界分"文明"与"野蛮"的标准,寅恪先生认为唐代各自以"文化"而非"血缘"界定身份,我的理解是,汉族与"夷狄"的"文化"虽有差异,但朝野上下尚没有强烈的意识要以此界分种族的优劣高下,而从宋代开始,由于版图逼仄造成的心理压迫感,迫使汉人开始以儒家教化的程度作为唯一的标准区分种族的优劣。"儒学"终于有机会发挥更大的功用了。这在南宋以后的儒学典籍里有充分的表述,如朱熹谈《春秋》即重申其中"夷夏之辨"的微言大义,既是迫于南宋偏居一隅的巨大压力,也是为儒学发挥政治功能寻求再生的机会。这与北宋王安石讥《春秋》为"断烂朝报"的态度已有天壤之别。南宋儒生意识到帝国失去了"大一统"的疆域统治格局,自己必须被迫在"南-北"地域对峙的现实状态下讨论问题,故凸显"文化"凌驾于"种族"之上的价值以增强自信心,当属一种无奈之举,却有意无意间为儒学的再兴寻找到了另一条出路。

如前所述,钱穆先生认为中国古代思想有一个从君主与上天合一向"师道"与"君道"合一的转变,"君师合一"成为道行在上的标准。钱先生没有讲这种情况发生的原因所在。据我的观察,只有在南宋士人最强烈地感受到南北对峙不断造成领土沦丧的境遇下,才能产生出如此的心态变化。在版图紧缩夷狄进逼的巨大压力下,南宋士人必须要扎紧"种族"界分的藩篱才能维持一种文化认同上的生存信念,故"夷夏之辨"上升为某种具有生死攸关意义的意识形态表达。北人是"虏"如禽兽,南人是"优雅礼仪之士",是文明的象征。只有不断强化这样的意识,培养自身文化优越的身份感,才能自保疆土抵抗北方"禽兽"之族的入侵,儒生由此才有"得君行道"的机会。宋人中一直弥漫着以"儒家之道"抗衡北方蛮族之势的强烈舆论,他们认为,金人虽据有北方广大的土地,却不据"道德"的优势。如朱弁就曾说:"金人以黩武为至德,以苟安为太平,虐民而不恤民,广地而不广德,此皆天走兔,语言习尚无非攻守战斗之事"[1]。这是说河北一带秀才文人尚攻战而不崇文教,渐染胡化深而汉化浅的情形,与李唐皇室占据的长安、洛阳一带深受汉族文化影响的地区完全不同。

寅恪先生的论断中大致包含着两层深意:其一是李唐皇室乃杂糅夷狄血缘,却同时吸纳了汉族的教化思想和夷狄的蛮勇习性。而且两者一度并无高下之分别。直到不在关陇集团内的武则天氏族为消灭李唐势力,通过崇尚进士文词之科,以科举登进士大夫阶级,则宰相不能不由翰林学士中选出,边镇大帅之职舍蕃将莫能胜任,而将相文武蕃汉进用之途,遂分歧不可复合。这个过程至玄宗之世得以完成。[2] 说明玄宗以后,汉族中的以"文化"处理政事的风格终于获得了肯定,"士大夫"阶层也逐渐有资格和能力把"文化"的拥有与否视为区别血缘种族高下之分的一个标准。也就是说到了玄宗以后,胡人、汉人不但渐渐有了种族差异之分,而且开始以染有汉族文化之程度为区分身份高下的尺度。也只有在这种情形下,"儒学"之使用才会出现转机,进入新的发展阶段。

由此引发的第二点感想是,寅恪先生反复致意于所谓"种族文化之关系"这个唐代核心问题,实际上是想说明,中国文化特别是汉族为核心的所谓"华夏中心主义"的认知框架,或者说"夷夏之辨"的思考方式在唐代并未成形,至少不是作为支配性理念在发生作用。既然秀才均不以文教为兴趣焦点,多喜胡人骑射之术,汉族久居河朔之地,还渐染胡化之习,与胡人不异,自然也就不存在一个以汉族文化为中心的所谓"天下观"的系统视野,这种"天下观"至少在唐代以前很可能只是一种文人想象而非实际情况。

唐代因藩镇之乱而溃灭,北宋旋又受到北方部族侵扰的巨大压力,至南宋统治空间逐步被压缩,呈南北对峙之势。北方部族南侵导致领

---

[1] 陈寅恪:《唐代政治史述论稿》,上海古籍出版社1997年版,页25。
[2] 参见唐振常:"唐代政治史述论稿·学习笔记",同上书,页9。

论。我们所关心的则是，"儒学"教化的层面是如何在刑名之术占主导地位的治理格局中得以重新完成了向"教化之儒"角色的转变的。宋代以后，行政治理已经无法纯粹采取以刑法律令为轨则的运行风格，而必须考虑道德教化在其中的位置和辅助作用，这个过程的出现或可称之为"行政的道德化"。[1] 那么这个转变到底是如何发生的呢？以往的历史解释对此均语焉不详。我个人以为，除了两汉以后王朝治理空间的扩大导致吏治控制成本的提高，从而迫使纯粹的行政技术在统治过程中的作用变得极为有限之外，两汉以后的历代王朝在开疆拓土与治理内政这两个方面确实也需要一种新型的意识形态以适应形势的变化，进而导致"士"阶层角色作用的凸显。具体而言，就是以"文化"区分"种族"的策略变成了一个相当独特的意识形态表述后，才改变了儒学的历史命运。

"文化"还是"种族"：唐宋转型的又一层意义

关于"文化"与"种族"的关系问题，陈寅恪先生在论述唐代政治史时曾有一个著名的论断，寅恪先生认为唐代的李氏家族登基后其实血缘成分是个汉胡相杂的集团，只不过这个集团内部并不以血缘作为相互区分的标准，而是以"文化"作为区别身份的尺度。所谓"凡汉代之人即目为汉人，胡化之人即目为胡人，其血统如何，在所不论"[2]。这个出身于关陇地区的皇室官僚集团最初是融胡汉文武为一体，并没有彰显出儒雅教化的风格。所以才有开篇所引朱子的评价："唐源流出于夷狄，故闺门失礼之事不以为异。"[3] 由于关陇集团文武兼杂，所以有些身份是"士人"的精英，娴习的却是武事。寅恪先生举了一个秀才卢霈的例子，说他"生年二十未知古有人曰周公、孔夫子者，击毬饮酒，马射

---

[1] 参见杨念群：《儒学作为传统中国"意识形态"合法性的历史及其终结》，赵汀阳主编：《年度学术2003》，中国人民大学出版社2004年版。
[2] 陈寅恪：《唐代政治史述论稿》，上海古籍出版社1997年版，页16。
[3] 同上书，页1。

国家治理职能的角色意识。汉代大儒董仲舒虽然也偶尔论及道德教化，但更多的是谈"天"和人事的感应，以及如何与"天"进行沟通的问题。曾有论者认为汉代循吏自觉向民间颁布"条教"，广施教化，以此证明儒家思想已渗透入民间社会。但我以为，循吏的"条教"只是吏治的辅佐手段而已，仍只可作"儒术缘饰吏治"的证明，不可当作教化已普遍在民间推行的现象看待。

两汉以后的历代王朝，新君继位的合法性论证仍居重要地位，却毋庸总是以诡异的谶纬之术加以验明。因此，儒者的身份开始从"方士"中分离出来，逐渐被赋予新的角色。然而，"儒者"即"士"的角色转换并非顺理成章地完成，而是不断受到道、佛和秘密社会思想的各种挑战，必须予以回应和吸纳。比如直到隋朝，隋文帝仍公开说是好刑名之术而厌恶儒学，并以崇佛道为皇家的主导思想取向，甚至在两汉时期制造"政治神话"的儒生所担负的职责都为道家所取代。如《皇隋灵感志》这本论证新王朝合法性的符命、吉瑞及律令专书就是由道士王郎编纂的。[1] 可见儒生在皇家系统中的位置一直不稳。

钱穆先生在讨论古代学术与古代文字的时候，曾经简略地谈到过其中的一个变化，就是中国古代思想有一个经过"宗教政治化"，再到"政治伦理化"的趋势。换个说法就是既要将"王权代替神权"，又要以"师权来规范君权"。谈到儒家思想则说他们最看重学校与教育，要将他来放置在政治与宗教的上面。他们已不再讲君主与上帝的合一，而只讲师道与君道之合一，即"道"与"治"之合一了。君师合一则为道行而在上，即是治世。君师分离则为道隐而在下，即为乱世。[2] 谈的都是"儒学"与政治的关系。

钱穆在此勾勒出的是一幅儒行教化的美妙蓝图，早已是历史的定

---

[1] 芮沃寿："隋朝意识形态的形成"，费正清编：《中国的思想与制度》，世界知识出版社2008年版，页64。
[2] 钱穆：《中国文化史导论》，商务印书馆1994年版，页80。

结明朝万历前后统治的差异，即以是否"兴教化"为前提，认为："万历以上，法令繁而辅之以教化，故其治犹为小康。万历以后，法令存而教化亡，于是机变日增，而材能日减。"[1] 在《守令》一条里，亭林把"法令"过度使用的危害直接归结到"胥吏"的身份说："而权乃移于法，于是多为之法以禁防之。虽大奸有所不能逾，而贤智之臣亦无能效尺寸于法之外，相与兢兢奉法，以求无过而已。于是天子之权，不寄之人臣，而寄之吏胥。"[2] 当然如果我们仅仅停留在亭林对法令过苛的大段谴责这个层面，其实仍无法窥见其真实用意。

亭林屡攻法令过苛的深意乃在于有一个清晰的疆域扩展与治理投入之间如何形成合理关系的构想。亭林认为，法令的严苛在相对狭小的疆域范围内是有效的，一旦疆域扩大，必然带来治理成本的提高，如果仍一味硬性贯彻，就会导致整个帝国的运转出现障碍。他说两汉情势是："天下之大不过数十郡国，而二千石之行能皆获简于帝心，是以吏职修而民情远。以视后世之寄耳目于监司，饰功状于文簿者，有亲疏繁简之不同矣。"[3] 这段议论谈的是汉代治理面积与官守职责之间大致可以构成一种平衡的比例关系。大体是说，吏治策略应按地区差异灵活运用而不可统而用之，其话外之音是，在吏治效果延伸不到的区域，"道德教化"就有机会发挥其作用了。

毋庸置疑，两汉时期，"儒学"即已开始作为皇权意识形态的工具被加以使用，但这种使用的目的性过于狭窄，帝王有限地尊崇儒学很大程度上是为了缘饰登位的合法性，故对儒学本身所具有的更丰富复杂的道德教化内涵并不感兴趣，"儒者"的身份亦近俳优之列，帝王从骨子里是看不起他们的。"儒者"的职能更多的是替帝王沟通天地人之间的关系，是皇家"礼仪化"过程中的配角，不具独立干预行政，继而承担

---

[1] 顾炎武：《日知录集释》，岳麓书社1994年版，页313。
[2] 同上书，页327。
[3] 同上书，《刺史守相得召见条》，页330—331。

域的实际范围（而非名义范围）要相对狭小，二是生活在其中的人口密度也须相对较为稀疏，如此较易在上层机构和下层社会基本一体化的状态下实施律法。秦朝基本具备了这个条件。汉代如前述有放弃在珠崖设郡的例子，说明恪守《禹贡》舆图的边界，"以经断事"存在着人为想象和实际运作的差别。

秦汉官僚制的运行特点展示的是鲜明的功利主义品格，官僚机构充斥的都是通晓文法事务的法家官吏，判别政绩优劣也是以对效率的贡献为准，而忽略官僚自身具备的人格道德修养，故在"贤"与"能"的选拔标准上偏于"能"的一面。汉武帝独尊儒术，董仲舒献策由郡国每年推举贤人作为官僚候补，开始稀释重"能"的倾向，而乡举里选制的实行也使官府在选拔官吏时开始倾向于民间舆论中的"道德"评判之含义，登用标准上看其能否举为孝廉，也须考虑其在乡里的道德行为，而并非单纯的行政能力。

面对官僚体制越来越强烈的功利主义倾向，儒家也相应作出调整，如"士"阶层意识到需要改变仅仅作为殷周时代宗族血缘关系和礼仪传承者的角色，改变仅仅作为"道德"实践者的单一身份，努力提高自身行政技术能力的训练，以符合汉代以后日益强化的"以道术缘饰吏治"的要求。当然，他们的改变仍强调以政治运作的形式推行"道德"实践，以区别于吏役的法家化风格，所谓"为政以德"说的就是这层意思。但"儒生"毕竟已开始向"吏役"的职能靠拢，逐渐形成"儒生"与"文吏"之间的张力关系。[1] 此两种身份一直处于高度紧张的状态。秦朝的短命给"儒生"和"文吏"同时造成了冲击。两汉以后即不断有人揭示过度注重"刑名之学"对治理国家的害处。顾炎武在《日知录》里对此就有充分的总结论述，在《人材》一条里，顾炎武批评法令是败坏人才之具。断言"以防奸宄，而得之者十三；以沮豪杰，而失之者常十七矣"。在亭林的眼里，"教化"与"法令"是呈对立之势的，故他总

---

[1] 阎步克：《士大夫政治演生史稿》，第十章，北京大学出版社1998年版。

该县的户口有关,而且与其幅员的大小有关。[1]

我们从对汉代政区地理的考察中至少可以初步得出两点看法:一是这一时期从中央到地方的最底层统治完全是依靠自上而下的行政化控制手段加以维系,道德教化在这个行政治理占绝对优势的系统内所起之作用微乎其微,甚至可以基本忽略不计。二是最基层的单位如县以下之亭、里等区划细胞控制能力的大小与更高一层行政单位的幅员息息相关。这样就造成一个后果,即行政单位面积越扩大,人口数量越增多,势必也会使基层的吏员数目随之增加,统治成本就会相应提高,到最后很可能因不堪重负而走向崩溃。秦朝在短时间内分崩离析即是一个实例。

"儒"还是"吏":统治成本制约下的选择

秦朝的郡县制统治框架的设计,完全违背了殷商时期强调血缘和礼仪在维系道德人心方面具有软约束作用的政治控制原理,而采取了极端的官僚技术治理原则,这套原则使用起来十分功利和实用,但在资源的投入方面要求太高。比如如果整个的体制都在预设人性难治,落实到实施层面就需大量使用严刑峻法对人身加以管制,要维系律令系统的运转,还需要训练大量的官吏进行管理。既然在整个设计框架中剔除了血缘伦理亲情治理社会的有效性,"吏"的控制理念不仅充斥着上层而且渗透进社会,奉行的是所谓个别人身支配方式,有学者称之为"法家式的单子论"[2]。我的理解是,"单子论"的特点是吏胥直接面对底层民众的个人实行治理,不大考虑人情伦理在构设人际网络关系时的作用,更不承认"道德"对社会控制与皇帝的统治会具有显著的支配性影响。但吏胥面对单子个人的控制要行之有效必须具备两个条件:其一是控制疆

---

[1] 参见周振鹤:"西汉地方行政制度的典型实例:读尹湾六号汉墓出土木牍",《周振鹤自选集》,广西师范大学出版社1999年版,页243—251。
[2] 谷川道雄:《中国中世社会与共同体》,中华书局2002年版,页67。

间不久，对当地真正的汉化儒化过程影响甚微。[1]据卢云的研究，中国文化重心的变化有一个从横向移动向纵向迁徙的转变过程。东西汉的中原文化重心基本上是沿着齐鲁与洛阳附近的地区做横向移动。三国时期的中心仍在黄河流域。直到唐宋以后移民潮的南迁，文化重心才向江南地区转移，重心移动的态势也开始由横向转为纵向。[2]

关于政治统治的地域空间和治理成本之间的关系问题，分析起来非常复杂，不是三言两语所能道清，但均与秦朝采取郡县制以后管理模式渐趋"行政化"的特征有关。至于各朝统治风格到底"行政化"到什么程度，我们可以西汉的政区地理为例略加说明。据前人的累积研究，西汉的设官分职与体国经野的规模大致是相互适应的。即"行政区划"与吏员配置之间有一个相互呼应的比例关系。按照《汉书·百官公卿表》的说法，是"大率十里一亭，亭有长。十亭一乡，乡有三老，有秩、啬夫、游徼"，构成了县乡亭里等层序配置的地方制度网络。对这个网络的具体研究为数众多。本书中注意的是，县乡亭里作为"郡县制"的初步设计，最重要的特点是行政系统通过中央直接任命的官吏，可直接渗透到最底层的社会。或者说这种渗透具有一种纯粹"行政化"的色彩。从县乡亭里的框架看，西汉最基层的两个行政单位是"里"和"亭"，按户籍说百户一里，按地域说是十里一亭。十里一亭的"里"是地域单位。"亭"部会随着人口增加包涵三四个户籍的"里"。行政最低一级的单位"亭长"（或"里正"）平均要管理百户以上的人家，同时"亭"又是个地域单位，与管理的面积大小密切相关，亭部越多，县的面积幅员越大。汉代官员的任免升迁，严格规定了俸禄品位，政区的分等又作为外官升黜的依据。县级长官如令、长等的俸禄均为千石，以下在啬丞、尉等级依次递减，一直到亭长一级。一个县吏员的总数多少不但与

---

[1] 卢云：《汉晋文化地理》，陕西人民教育出版社1991年版，页103。此书指出东汉末年即有许多人越过荆、扬二州，抵达交州，却多为流寓之人。

[2] 参见卢云上引书。

来看,至少声教所被的实际范围和渗透程度并非想象的那样乐观。[1]

尽管唐代政书《通典》中已经刻意地说"患在德不广,不患地不广",并举了秦朝拓境敛财,杀人盈野最终陨落的例子,说明"德行"的重要,但我们发现唐朝的分裂恰恰也与羁縻州和节度使制度有关,依赖豪族和门阀制的背景选拔人才在唐代也是主流,后来常被认定为靠"德行"甄别官僚人选的制度还没有最后确立起地位。我们从帝王嘴里常听到的是对"德行"标准的不屑和蔑视。这与"德行"没有作为行政的指标被纳入技术治理程序有一定关系。至此"声教"的实际作用有多大,还是大多只具有象征意义的表达,就颇让人觉得可疑难辨。更何况还要考虑唐代皇族多有蛮人血统故胡化甚深这个因素。

"声教"传播同"种族"和移民的关系至为密切,谭其骧先生对此有精深的研究,除对湖南人的蛮族血统的考证呼应了陈寅恪先生对唐代皇室具有蛮族血统的研究结论外,[2] 他对"声教"所被的区域范围也有一个判断,如对岭南"蛮族"与汉化关系的研究,即证明儒学教化波衍范围的有限性。谭先生在《粤东初民考》这篇著名文章中说,汉人之移殖粤东,唐宋以来始盛。下面这段文字已明确展示出一幅岭南的文化分布图。他说"盖自梁至唐,岭南名为中朝领土,实际在俚帅统治之下者,垂百余年云。此为俚族之极盛时代。与俚同时雄据粤东者,又有从粤西迁来之僚族,然其势力殊不及俚族之雄厚,且中朝每假俚人之力以平僚,如冯盎之讨平朝、成五州僚、罗窦诸洞僚是也。唐世岭南僚事最剧,而俚乱鲜闻,则以俚已逐渐同化于汉人矣。"[3] 这已明确说明,"汉化"渐剧的情形发生于唐代以后,尽管岭南境内也存在地域差异,粤东不能完全代表岭南全境,但汉化的状态和程度与之相当应是不错的。至于汉以前的移民进入岭南,就文化传播者而论,多为流寓士人,居留时

---

1 渡边信一郎认为,所谓"天下声教所被",意指基于《尚书·禹贡》的领域,这一领域为三百余州与八百余羁縻州之总和的看法,显然是误读了以上引文中的意思。见前书页22—23。
2 谭其骧:"湖南人由来考",《长水集》(上),人民出版社1987年版,页300—392。
3 谭其骧:《长水集》(上),页260。

彻,包括对夷狄的统治。[1] 如此看来,汉初的地理疆域确实比一些经书如《慎势篇》《王制篇》所描述的区域扩张了数十倍。然而关键问题是,经书中所提到的"声教所被"即儒教义旨的传播程度到底如何,就争议颇大了。

从表面上看,汉代的儒教统治已如墨迹弥散般渗透到各个区域。汉朝的郡县分布框架是:"凡郡国一百三,县邑千三百十四,道三十二,候国二百四十一。"[2] 汉代将夷狄杂居之县称为道,但只有32个,属于少数,很容易让人感觉这些夷狄已淹没在了儒家声教的汪洋大海之中了。可是以后历史演变的记载显然无法验证这种乐观判断,因为到了唐代,随着羁縻州设置的增多,声教所被的实际效果到底如何就颇为可疑。所谓羁縻州当然是指因俗而治,利用当地资源进行管理的怀柔策略,与声教所被区域采取的政策正好相反。《资治通鉴》卷二一天宝元年(742)一月条谈及唐代的疆域时称:"是时,天下声教所被之州三百三十一,羁縻之州八百,置十节度、经略使以备边。"这里所说的羁縻州是指为管辖西北和西南、东南的少数民族地区所设置的府州,有唐一代先后建置过八百五十六个羁縻府州,由边州的都督、都护所分领。包括西北的突厥、回纥、党项、吐谷浑及龟兹、于阗、焉耆、疏勒、河西内属诸胡等;西南和东南的所谓羌蛮族群。羁縻府州数量巨大,情况千差万别,控制较紧的与正州差别不大,州下设县,有版籍户口;控制较松的羁縻州既不分县,也无版籍,只知为某族某部所置,更有些羁縻州仅有州名,甚至只登记在案而已。[3] 作为夷狄与中国之间的中间地带,显然不在声教所被的范围之内,且其数量远多于声教所被之州;尽管羁縻州的面积大多远小于儒学教化之区,但从区域分布的布局

---

1 渡边信一郎:《中国古代的王权与天下秩序:从日中比较史的视角出发》,中华书局2009年,页37。
2 《汉书》卷二八,《地理志下》。
3 参见周振鹤:《体国经野之道:中国行政区划沿革》,上海书店出版社2009年版,页143—144。

至于四方夷狄，来归化的他们固然接受，不归化的也不去勉强。秦始皇不学圣人的好样，专想开辟四境，弄得天下溃叛，基业也随之一败涂地。珠崖是海中的一个岛，多毒草和蛇虫，没有什么文化，不值得立郡县。所以凡不是戴冠束带和中国人生活习俗相似的地方，或者凡不是《禹贡》所说到的和《春秋》所记着的，都可以把我们的政治机关裁掉。结果元帝采纳了这个建议，海南岛就不算中国的地方了。[1] 从这段故事中我们可以发现一些有意思的信息，那就是汉初疆域统治范围是按经义，主要是当时的地理书《尚书·禹贡》的方圆规定设计的。

关于《禹贡》规定的地理范围，比较著名的说法当数《尚书·禹贡》篇末尾所说那句"东渐于海，西被于流沙，朔南暨声教，讫于四海"的记载。那么从秦朝到两汉以后的帝国统治范围到底有多大呢？其实从经书记载中是无法完全看明白的，需要进行一些甄别，即必须分清实际行政势力控制与声教所被的地区同只是松散地以羁縻状态笼罩的地区这两类不同的概念，此两类地区也应该呈现出完全不同的状态。古典经书的记载大致分为三种类型：《礼记·王制篇》中所记载的方三千里的九州，以及《禹贡》里边的"五服说"的方五千里与"九服说"方万里这两种解释。方五千里与方万里的区别是后者包括蛮夷藩国的地域在内。前者多指"中国"境内，后者多包括对"天下"的认识。

从经书上观察，似乎预想着秦汉以后的地域空前的广大，已经足以在实际控制的层次上拥有"天下"之境。秦汉以后统治疆域的面积也似乎印证着经书的理想设计。秦朝不但统一了六国地域，还设置三十六郡以整合之，汉代的疆域极盛期的支配领域甚至达到"地东西九七三百二里，南北万三千三百六十八里"[2]。已大体和《禹贡》"九服说"里的"方万里"设计相一致。故有学者认为，自汉代开始的疆域扩展和它的实际统治区域是完全一致的，即户籍、税收和律令控制均可实际予以贯

---

[1] 顾颉刚：《秦汉的方士与儒生》，页69—70。
[2] 《汉书》卷二八，《地理志》下。

作为区分南北的观点，不同于以往因南北地理区隔而形成的对政权性质的认识，比如魏晋南北朝时期人们对南北分立政权的认识，其"夷夏之辨"的色彩就并非如宋代那般浓厚。也就是说，"地缘"与"文化"之间的关系在宋代得以重构，从而影响了其立国的性质。这点后面还要详谈。本节我所关注的是这里作为政治地理控制概念而使用的"地域"，其伸展范围的大小是如何影响治理成本的投入和统治方式的选择的。

提到宋朝帝国"内敛"气质的变化，我们自然会想到新儒学兴起所遵循的"道德主义"原则肯定是其文化气质发生改变的一个动因，但似应更深一步探问："道德主义"兴起的原因是什么？我以为同宋朝以后的统治者希图减少统治成本的策略有关。

我们总是习惯说中国疆域幅员广大，要治理如此宽广的地理疆域自然难度极大。自先秦至秦汉的历史时期，历朝君主基本上尝试过两种统治方案：一是划出封地分封给自己的亲属或贵族，这种"封建制"的设计特点是封地内的诸王拥有自己的领土，臣民和军队可以在自己的封地内任命官吏和征收赋税。但一般管理范围不会太大，这与殷周时期仍处于旧的氏族共同体之内的特征有关。另一种办法就是全部统治疆域至少应在名义上隶属于中央，其优势是大致能够做到"车同轨，书同文"的一统局面。其弱点是要想维系全盘行政化的强势格局，就必须投入更高的治理成本，因为在"小国寡民"的状态下，采取直接"行政化"的手段是有可能维持现状的，但一旦疆域面积扩展成帝国的规模，单凭"行政化"意义上的严刑峻法进行治理就会引来一系列的问题。

对此顾颉刚先生曾举了汉武帝平南越的故事为例。汉武帝平南越后，曾在广东海南岛上设儋耳和珠崖两郡，因当地风俗强悍，受不了汉官的干涉，杀了地方官，朝廷感觉到派官治理得不偿失，遂把儋耳并入珠崖。可是元帝初元元年（公元前48年），珠崖又反，有人建议派军队平定，待诏贾捐则提出放弃。当时时兴的是"以经断事"，元帝于是询问这建议到底符合哪条"经义"？贾捐说符合《尚书·禹贡》规定的疆界。因为尧、舜、禹是最大的圣人，然而他们治理的地方不过数千里，喻当然是有直接根据的,也与人们常识中的印象相吻合。在我们的记忆里,自从宋太祖杯酒释兵权以后,宋代政治长期居于文人的统摄之下,甚至全部武力也由文人指挥调动。故军事上在北方辽金势力的压迫下常处弱势地位,最终导致靖康之辱与偏安一隅的残局。对于宋朝气质的描述,有学者更认为中华帝国自宋以后整体上表现出的是一种"文化取向",这种取向抑制了其向外进行军事扩张的企图和范围,这样的风格完全区别于以"政治-经济取向"为风格的西方国家。[1]

以上论断和刘子健的观点十分相似,都是注意到了宋代以后的中华帝国有一种全面转型的迹象。至于对这种转变起因的探讨则形成了不同的解释路径,有学者如伊懋可、斯波义信等从经济史角度立论,认为宋代发生了"经济革命",包括农业革命、水运革命、货币与信贷革命、市场结构与都市化革命以及科学技术的革命。[2] 内藤湖南更是建立了独特的"唐宋时代观",主张唐代仍是贵族时代和贵族政治,注重郡望,到宋朝则替代以君主独裁制度。任何人担当官职不能靠世家的特权,而是由天子的权力来决定和任命。君主再不是贵族团体的私有物,他直接面对全体臣民,是他们的公有物。故唐代是中世的结束,宋代是近世的开端。[3] 从文化上讲,宋学研究更是在中国思想史上是个长盛不衰的领域。我在这里不想重复以往的研究结论,也无力对唐宋转型作出全面的勾勒和概括。我只是提出一点以往研究相对比较忽略的问题略加阐说,以补目前史论之不足。

我注意到,唐宋转型与疆域领土上的"南-北"分立的历史格局有很密切的关系。从文化上考量就是"夷夏大防"观念以极端的形式被加以表达,同时左右着政治发展的走向。如此突出夷夏的文化差异并以此

---

[1] S.N.艾森斯塔德:《帝国的政治体系》,贵州人民出版社1992年版,页233—242。
[2] 李伯重:"'选精'、'集粹'与'宋代江南农业革命':对传统经济史研究方法的检讨",《理论、方法、发展趋势:中国经济史研究新探》,清华大学出版社2002年版,页990。
[3] 内藤湖南:"概括的唐宋时代观",《日本学者研究中国史论著选译》第一卷,中华书局1992年版,页10—11。

份,却无缘参与政治。当年孔子以"丧家之犬"自比,即寓有此意。

更为关键的是,宋朝新儒家不但教化帝王,而且通过一系列的制度安排如宗族、乡约、书院等社会组织把儒学要义直接贯穿到了底层社会,构成了地方形成相对自治状态的文化资源,这更是先秦"教化之儒"甚至汉代"王者之儒"所无法企及的成就。也是我所提到的"儒学地域化"的精髓理念之所在。尤其重要的是,宋明新儒家通过在上层教化帝王,在下层区域推行儒家教义的双向运动,使得自身从一种民间的自发状态重新回归到了政治核心,发挥着重要作用,最终成为任何朝代的上层政治体系构筑意识形态所不可或缺的精神源泉。因此,在我的眼里,新儒家绝非只具内省怪诞的"非职业化"的超脱形象,或者以此为由缺乏干预现实社会的能力。恰恰相反,儒学一直是围绕着政治现实问题建构自己的理论体系的。即使儒学有超越世俗的普遍价值的一面,也往往是在与政治发生互动的过程中偶尔体现出来,而很少作为独立的精神资源发生作用。下面我将集中关注宋朝以后"教化之儒"崛起呈区域化分布的原因及其后果,以及新儒学最终以何种方式从事"道德实践",从而使自己在政治领域中扮演了核心角色。

中华帝国气质的变化与"道德主义"的兴起

王朝疆域的伸缩与统治成本的关系

刘子健曾经提出了一个很有趣的说法,他把宋代比喻成越来越趋向忧郁内向气质的某个人。在他看来,如果以个人性格作比喻,"北宋"和"南宋"就像气质完全不同的两个人。"北宋"仍残存着刚勇进取的风格,"南宋"则显得柔弱怀旧,透出一股忧郁悲观的气象。因此,北宋的特征是外向的,而南宋却在本质上趋向于内敛。宋朝的整体风格也是由北宋"外向"转向南宋的"内向"(turning inward)。[1] 刘子健的比

---

[1] 刘子健:《中国转向内在:两宋之际的文化内向》,江苏人民出版社2002年版,页7。

际遇无法使其拥有与此目标相当的政治地位而已。汉初帝王开始重用儒生，使之暂时变更了自己的民间世俗身份，在皇家体制中拥有了合法的政治地位，但其身份转变的代价却是十分巨大的。儒生必须依靠大量制造伪经即谶纬之书，为刘氏当权提供政治合法性的论证，以便取悦于皇帝。我称此行为是制作"政治神话"。顾颉刚先生曾经精辟地概括说两汉经学的骨干是"统治集团的宗教"——统治者装饰自己身份的宗教——的创造。[1] 其行为颇类似于当年的"巫祝"，亦可称之为"儒家的方士化"。正如顾先生所说："原来儒生们已尽量方士化，方士们为要取得政治权力已相率归到儒生的队里来了。"[2] 只不过这一时期相对短暂，至东汉以后就渐趋消歇。

"儒家"在宋代以后的最大变化，是其民间形态的重新复苏和活跃。"儒学"在汉代日益被官学化，成为迎合王者之政治意识形态诉求的僵死体系，具体的例子是经学研习日益趋向繁琐化，非一般世俗民众所能掌握和习学。故儒学只在上层政治机构施加影响，难以真正有效地向基层社会渗透。汉代虽不时有循吏以"条教"的方式推行儒家教化，但毕竟是一时之举，难以达致深远的效果。这种困境至宋代以后才有所改变。宋明新儒学多崛起于民间，而且呈明显的南北地域分布的态势，故多以某个区域命名其流派，如洛学、关学、闽学、浙学、岭学，等等。南北宋朝政权更替，政治受地理疆域南北划界的影响很大，至南宋受迫于金人南侵的压力，儒学流派多崛起于南方，至明代似乎仍延续了此一系传统。其最有影响的"心学"一脉也多兴起于南方地域。宋代儒者最初也时常以"布衣"身份进见帝王并充任经筵讲官，一度形成了与帝王共治天下的局面。宋朝的"教化之儒"与先秦"教化之儒"的区别乃在于，宋朝的儒者虽兴起于民间，但却寻找到了一条教化王者的渠道，并在相当程度上发挥了效力，而先秦"教化之儒"徒具民间世俗身

---

[1] 顾颉刚：《秦汉的方士与儒生》，上海古籍出版社1998年版，页6。
[2] 同上书，页6。

的刘师培推测"儒"出于官守的说法是基本一致的。

另一派中的冯友兰、钱穆、傅斯年、郭沫若等人则坚持认为"儒"的原始状态不过是一名民间普通的"教化之师",没什么神秘可言。[1]其实这两派观点都不能说错,却又都并非是对"儒"之身份的完整解释。因为无论是"巫祝"还是"教师",均不过是"儒"在不同历史时期的特定身份而已,"儒"为"巫祝"发生于远古氏族共同体尚未完全分化的阶段;而"儒"为民间教化之师则要追溯到春秋战国礼崩乐坏的时期。"巫祝"和"教师"恰是前后相续的两个历史阶段的产物。刻意突出某个特定时代的身份均无法窥见"儒"之作用的全貌。

有一点可以肯定,"儒"从其最初起源的那一时刻起,就与各种政治行为发生了不可分离的复杂关系。"儒"为"巫祝"时,当然要为王者履行沟通天地人之间关系的职能,无疑从事的是政治工作。春秋时代发生了"道术将为天下裂"的大变动,原本专属王者的祭典礼仪规范散落民间,"儒"者为保存"在野之礼"虽沦为俗世的教化人员,但对恢复自身"王官之守"的政治身份始终抱有坚定的信念,这在孔子的言行中表达得相当充分。这种重新参与政治的期待最终在汉代得以部分实现,"儒"者从世俗阶层开始逐步回归到官僚政治体系之内。我在《儒学地域化的近代形态》一书中曾把"儒"之身份的起源与演变概括成以下线索,即有一个从"巫祝之儒"→"教化之儒"(先秦形态)→"王者之儒"→"教化之儒"(地域形态)→"王者-教化"(合一形态)的动态过程。这个变化过程显示"儒"始终没有完全摆脱王权的控制,其思想和行动的主轴仍大体围绕着政治的演变态势而展开。

从此图式可以看出,"巫祝之儒"转化为春秋时期的"教化之师",表面上脱离了政治轴心的强力约束,孔孟谈教化似乎多涉世俗日常伦理,但核心仍会不时返归到"复周礼"的政治目标。只不过是时代

---

[1] 参见王尔敏:"当代学者对于儒家起源之探讨及其时代意义",《中国近代思想史论》,社会科学文献出版社2003年版,页401—432。

刘子健的结论是，宋朝新儒家由于强调伦理思想的内省一面，强调反省的磨炼以及个体自身内在化的道德价值，如此一来，他们沉思于形而上学、宇宙论的命题越深，他们被导向世俗客观的社会现实的可能性就越小。他们联系现实以求验其哲学理论的可能性也越小。[1] 这种悲观的看法实际是想说明，儒家的"非职业化"身份和气质由于远离行政程序训练的要求，从而无助于政治治理的实施。也就是说儒学缺乏某种"政治实用性"，更像是一种个人价值观的消遣和冥想。刘氏的看法与强调儒家价值具有普遍和超越意义的观点是相当一致的，一致性即在于都过度有意忽略儒学和儒家同政治实践之间的关系，希望把儒家思想的"道德性"和政治的"世俗性"割裂开来，以免受其污染，从而为儒学的纯洁价值辩护。其中蕴含的另一假设是，儒学的道德立场不但是自足的，而且儒家怀抱着世俗层面的政治理想，却由于不谙政治权力规则而屡屡碰壁，但在失去世俗领域中的支配作用的同时，有可能反而获取了自己超越世俗生活世界的普遍意义。

我对此观点不敢苟同，在我看来，"儒家"从诞生之日起就与"政治"发生了纠葛不清的复杂关系，"儒家"相对于"政治"的基本态势不是根本超越而是若即若离，而且儒学价值的实现恰恰是通过政治运行的过程才得以完成的。

民国初年，曾经发生过一场关于"儒"之身份起源的争论，争论双方各执一词，一派以章太炎、胡适等为代表，坚持认为"儒"的最初起源与"巫祝"有关，是维持殷商宗教礼节的祝官，或者说是为远古氏族尚未分化状态下的王权与上天进行沟通的中介祭祀人员。其身份既然属贵族阶级出身，自然与政治核心的活动密不可分。胡适在《说儒》一文中甚至把"儒"的起源状态类比于希伯来宗教中的"先知"角色，具有预言家的功用。"儒"源起于"巫祝"之说与汉代的刘歆、班固及近代

---

[1] 刘子健："作为超越道德主义者的新儒家：争论、异端和正统"，田浩编：《宋代思想史论》，社会科学文献出版社2003年版，页249—250。

"儒士"的身份：是"美学"的还是"实用的"？

以上提及，"儒学"的价值往往须通过与政治发生微妙关系才能表现出来。对儒士的地位和作用也可作如是观。"儒者"在皇家中枢系统和基层社会实行道德教化的程度大致可以作为衡量其价值实现程度的一个参照指标。

以往的研究对"儒者"的身份和地位形成了一些颇为刻板的想象，如列文森即认为"士大夫"进入官僚系统凭借着的并非是对"专门化"知识的掌握，反而依赖的是美学和艺术的修养。这种"反专门化"的态度使得儒者身份和那些政治实用性很强的吏胥官僚阶层自然区分开来。到了明代，儒者的行事特征即表现出一种非职业化的风格，明代的文化也显露出崇拜非职业化之事务的色彩。[1] 在列文森的眼里，儒家在官场中扮演的角色具有非实用性的特色，因为他们拥有的儒学知识只关涉文化修养，故只能成为行政官僚体制的点缀。

列文森使用"非职业化"的概念来描述和定位儒者身份的观点对中国史研究的学者影响很大，如刘子健在描述南宋士人的身份和行事风格时，就认为儒家的理念权威和国家权力之间虽有相互重合的一面，但也会经常发生不协调。他们倾向于重视普遍关怀（universal concerns），也就是所谓普遍价值，而不是以组织制度的改革为先务。他举例说，南宋士人为了体现他们的理想，采取了一种有别于统治阶层主流常态的生活样式。比如在服装扮相上崇古搞怪，大都选择尖顶峨冠作正式装束，闲居则宽袍大袖，内衬精制的白纱衫，头戴扁圆的无檐帽。一举一动都显得有严格的分寸感：坐要端正挺直，行要从容不迫，目视前方，鞠躬慢而深，说话不打手势，颇有威严。道学抨击者认为他们摆出的是高傲的架子，奇怪、愚蠢、势利和傲慢。朱熹有一个门人，除了言语怪诞外，还采用一种奇特的敬礼方式。[2]

---

[1] 列文森：《儒教中国及其现代命运》，中国社会科学出版社2000年版，页13—14。
[2] 刘子健："作为超越道德主义者的新儒家：争论、异端和正统"，田浩编：《宋代思想史论》，社会科学文献出版社2003年版，页241。

并通过科举制的形式获得了制度性的保证，同时还通过控制宗族等社会组织实现了对基层的道德治理。这正说明无须把"儒学"的普遍意义定位于专属某个特定历史时期的精英阶层，或者仅把儒学理解为宫廷集约习学状态下的产物，似乎只要呈现出不同于汉代贵族化儒学的"地域化"状态，就是对儒学普遍化的质疑和放弃。

也许有人认为以上对"儒学"的论述过于注重其世俗层面的政治意义，特别是在具体事务中所发挥的作用，而忽略思想超越性的一面。其实我个人认为，"儒学"最具创意的部分恰恰是它对政治行为的理解、诠释与运用。即使"儒学"在表面上一度能够作为相对独立的思想派别而存在，最终它的精华部分还是对政治的解读，儒者扮演的社会角色也多与政治事务有关。也就是说，我们即使认定儒学具有普遍价值，也必须放在具体的政治行动中予以验证。要洞悉"儒学"的真正意义，并不完全在于仅仅对其宇宙论、认识论、价值论等内涵进行分析，因为"范畴论"式的研究路径恰恰受到西方哲学史的深刻影响与制约，不少论述是强行对中国传统概念进行硬性切割和分类，以符合西方哲学的规范框架的要求。近几年中国哲学界曾经围绕"中国到底有无哲学"这个问题发生了持续争论，正说明用西方哲学的"范畴论"方法抽象出所谓"儒学"的超越性所出现的严重危机。所以我认为不妨换个思路，就是从历史政治演变的动态过程中去把握"儒学"思想之真谛，即把"儒学"具有的"政治性"作为我们的关注焦点。所谓"儒学"的政治性不是简单地把"儒学"归纳成一种赤裸裸的官家意识形态，或者同样简单地把它描述为民间异议者的抗议资源，而是仔细观察其如何为上层政治的运作与基层社会的治理提供了一套行之有效的道德基础。或者不妨这样表述，"儒学"的核心问题是如何为政治社会运行提供一种"道德实践"的方式和目标。一旦"儒学"失去了"道德实践"的能力，它对实际生活的规范价值和意义也就寿终正寝了。根本不存在什么超越政治和社会层面之上的悬空的儒学价值。"儒学"在近现代的悲剧命运即可为上述观点作出佐证。

我对以上批评的回应是，这套说辞明显受到西方所谓"大传统"与"小传统"二元对立思维的制约，以为"儒学"只具备一种单一的精英形态，与属于"小传统"的民间世俗的思想形态毫不相干，或至少没有估计到儒学在基层社会的运作中到底扮演着何种角色。他们没有意识到，"儒学"在宋朝其实是以一种完全不同于上层精英的形态出现的，是一股迥异于以往的新潮流。这股潮流最初是通过分散的地域形成基本布局的，并经过"讲学"的形式流动起来，形成沟通网络，再逐步波及上层社会。这与两汉经学主要集中于宫廷的贵族化特征大有差异。"宋学"和"汉学"是完全不同的两种儒学形态，这是学术史的常识。不过两者的差异不仅表现在对经义的使用和疏解上，如汉代的经义最讲家法师法，主张疏解经义时疏不破注。宋儒则意识到不再只是要求对以往的神圣经书的原创性作刻板僵化的回应，而是鼓励自由地去确定交谈的表达方式。一些"语录体"讲道文本的出现如《朱子语类》《传习录》等均强调当时的士儒对经典的理解，这与疏解评注的汉代方式趋于异途。前者给予同时代的儒士对经义的自主性理解以很大的空间，而后者则只是迷恋古典经义的正确，并小心翼翼地维系着权威解释的完整。

更为重要的是，"语录体"的流行实际上是证明一颗普通的心灵与生俱来就可能具备和圣人一样领悟"天理"的能力，至少昭示了这种潜能，其口语化和师授徒记的新颖教化方式，使得"讲学"具有前所未有的"私人写作"性质和传播"个人"思想的特征。更为重要的是，这种私人写作和传播思想的状态正是以区域分布的形式出现的。这样的民间、私人而又区域化的状态当然会削弱汉代以来宫廷内部为特征的经学所拥有的权威性和普遍性。故此时儒者教化的身份也随之发生变化，北宋士人常以布衣身份应召答对于帝王宫廷，或出入于经筵会讲之所，这在前代宫廷中是难以想象的。

然而我们不必担心，好像"儒学"因为转变成"地域化"的形态就自然会导致其普遍意义的丧失。因为宋代"儒学"通过教化帝王即所谓"格君心"的手段从"地域化"的民间状态逐渐上升为精英化的形态，我对此质疑的回答是，我对某个地区的理解并非是以行政区划为单位进行界分的，而恰恰是以学派的流动性所自然形成的状态作为讨论的前提。比如谈到湖湘学派的生成地域使用的是相对模糊的"湖湘地域"这个概念而相对较少使用"湖南"这个地区称呼。就是考虑到湖湘学派的形成是不同地区的学人交流互动的结果，如四川人张栻和安徽人朱熹的身份均非行政区划下的所谓"湖南人"所能认定，但却通过在湖湘地区的活动赋予了其独特的人文气质。对区域的观察恰恰是以某个知识群体活动讲学的覆盖范围为依托，而这种活动的边界是不确定的，模糊到很难在行政地理区划的意义上锁定其活动的精确幅员轮廓。

但我亦认为，这种人文知识群体流动的不确定性以及由此形成的文化派别尽管难以完全在地理上加以界定，却并不能成为我认同"区域文化建构说"的一个理由。因为我认为某个区域学派一旦经过长期对话切磋，就有可能在某个地点沉淀下来，具有传承其自身思想传统的力量，并最终影响某个区域知识群体的思维和行动方式。这种影响可能具有一定的历史连续性，并非某个时代特殊构造的"历史现象"所能加以说明。故而我在本书的写作上表现出的像是一个迟疑的"后现代主义者"，头脑中同时掺杂着"现代叙事"与"后现代建构"观念的复杂影响，所以处处彰显出矛盾冲突的意象乃属自然。

以上是对第一种批评观点的简要回应。第二种批评观点认为，把儒学视为一种区域性的历史形态是受到人类学方法与区域社会史研究路径的影响，有可能会削弱对"儒学"形而上普遍意义的认知与分析。从而降低了儒学在思想史上的地位。[1]

---

[1] 陈来："儒学的普遍性和地域性"，《天津社会科学》2005年第3期。类似的批评也曾出现在对余英时先生《朱熹的历史世界》这部著作的相关争议中，从事中国哲学史研究的刘述先先生认为把朱熹思想历史化过度强调其"外王"的一面，有可能会削弱对"内圣"一面超越性精神价值的理解，进而贬低了其普世意义。余英时则强调儒学"内圣与外王"是一个连续体，儒学建立一个合理的人间秩序的追求并不妨碍其对"内圣"的认同。相关的争论文字请参见《朱熹的历史世界》一书中刘述先和杨儒宾的批评文章与余英时的回应。参见余英时：《朱熹的历史世界：宋代士大夫政治文化的研究》（下），三联书店2004年版，页868—928。

一 "儒学地域化"概念再诠释

"儒学"的核心问题是如何进行"道德实践"的问题

"儒学"的"政治性"有待重新解释

我于1997年撰写的《儒学地域化的近代形态》一书出版后曾出现了一些批评的声音。比较值得回应的主要有以下两种观点：一种观点对本书按历史地理的区划界定儒学派别的做法表示怀疑，认为书中主要以福柯的话语理论为据讨论儒学的地区分布，却对儒学流派依存的"地理单元"或者说是"行政区域单元"如湖南、江浙、岭南（广东）等概念并未进行反思和检讨就加以使用，很可能会陷入历史上形成的以"行政区划"为框架判别历史现象的解释陷阱，从而违背了福柯所倡导的对任何研究前提都必须加以批判性检视的原则，导致自己陷入自相矛盾的境地。[1] 持这类观点的学者认为我们现在所依据的所谓"地理区划"概念都带有行政干预的痕迹，都是一种"历史建构"的结果。如果要进行区域历史的研究，就必须反思这种"历史建构"的成因及其所造成的后果，而不能直接把这种"历史建构"的结果直接拿来作为讨论问题的依据。[2]

---

[1] 程美宝："区域研究取向的探索：评杨念群著《儒学地域化的近代形态》"，《历史研究》2001年第1期。
[2] 程美宝在她的近作中就比较彻底地贯彻了"后现代"的史学原则。她认为晚清以来"广东文化"就是各派政治权力角逐后"建构"起来的，其结论是"广东文化"最终演变成了知识精英实施"国家认同"的文化资源。这种看法实际上就否认了"广东文化"作为区域性文化具有自我生成的主体性。我认为这样的研究取径是对"区域文化"历史的自我消解。参见程美宝：《地域文化与国家认同：晚清广东文化观的形成》，三联书店2006年版。

上编

作为一种"地方性知识"的儒学

十 "在地化"研究的得失与中国社会史的发展 　　257

从"古史"到"近史":日趋单调的历史？　　257
"历史学"人类学化的贡献及其危险　　260
"在地化"的认知经验与"感觉主义"　　267
"英雄史观"的回归？　　271

十一 如何从"医疗史"的视角理解现代政治？　　280

什么是"现代政治"？　　280
作为问题出发点的"身体"　　282
"空间"的含义　　286
"身体"→"空间"→"制度"　　290
"社会动员"与"国家"　　293

十二 中国的"另一个近代"　　297

无法步入"西方式近代"的焦虑　　297
沟口雄三学术世界里的"地方"及其修正　　299
中国革命发生学　　305
"风景"的再发现与"劳动"的再定义　　308
"群众动员"与"民主"　　310
"抗争性政治"与"颠倒的想象"　　313

"隐喻史"表现之一：诗词隐语与绘画主题中所表达的士人心态　171
"隐喻史"表现之二：不同艺术作品隐喻中所表现出的历史变迁　177
结论："隐喻"解读对于历史书写的意义　184

下编　超越"地方性"：思想与方法

七　"危机意识"的形成与中国现代历史观念变迁　189

"危机意识"对应三大问题　189
"列文森悖论"的有效性及其修正　195
从"帝国"到"国家"，从"国家"到"社会"　198
"封建"意义的现代表述　205
"危机意识"的转变与"地方史"研究的兴起　209
走向"实践观"的新史学　215

八　中国历史学如何回应时代思潮（1978—2008）　221

从论证政治"合法性"到诠释社会"现代性"　221
"逆现代化行为"出现后的"国学"和"地方史研究"　225
"大叙事"的回归与史学方法的多元性发展　229
中国史学需要一种"感觉主义"！　234

九　"地方性知识"、"地方感"与"跨区域研究"的前景　242

"宗族"、"庙宇"与区域社会史研究　242
从"地方性知识"到"地方感"　245
政治变迁的地方性逻辑和跨地方性逻辑　249
跨区域研究的前景　253

结论:"东亚"想象的谱系 　　　　　　　　　　　100

中编　道统·政统的历史构造与兴衰轨迹

三　"文质"之辨与中国历史观之构造　　　105

"文质"之辨与"三代"黄金期的建构　　　　105
是"反智"还是"反知"?　　　　　　　　　　111
"文质"辨析与明清易代　　　　　　　　　　115
"文质"之辨仅仅是对历史黄金期的复归吗?　　120

四　清朝统治的合法性及其治理技术　　　124

清朝统治合法性的阐释与清史研究新境的拓展　　124
清朝"大一统"话语与早期全球化视野　　　　128
清朝的治理技术与官员的政治执行力　　　　　132
如何从新的角度观察"身体政治"　　　　　　137

五　超越"汉化论"与"满洲特性论"　　　141

"新清史"与"旧清史"研究路径的差异　　　141
"新清史"研究的盲点之所在　　　　　　　　146
清史研究出现第三条道路的可能性　　　　　　151
余论:我看"大一统"历史观　　　　　　　　158

六　中国艺术表达中的"隐喻"传统与历史写作　　166

史学危机与"隐喻史"研究的兴起　　　　　　166

目 录

自 序   1

上编　作为一种"地方性知识"的儒学

一　"儒学地域化"概念再诠释   3

"儒学"的核心问题是如何进行"道德实践"的问题   3
中华帝国气质的变化与"道德主义"的兴起   11
"讲学"以"正君心"：道德实践的发蒙   31
"儒学地域化"的底层实践：道德约束转化为治理规范   45
"儒学地域化"的危机及其在近代的残存形态   57
赘语：道统的坍塌   63

二　近代"东亚"的构建与儒学的命运   71

"东亚"概念的含混性   71
中国"华夷秩序观"的文化遗留与民族国家理念的冲突及其调适   74
中国构造"东亚"想象的历史与现实基础   83
日本的"脱亚"心态及其历史根源   86
韩国的位置   97

是国家向地方的大规模行政化渗透，才确立了现代国家建设的统一框架，也无法理解，跨区域的社会动员在摧毁地方势力的过程中所发挥的关键作用。本文集中的最后一章对此专门进行了讨论。

需要在此说明的是，本文集所收录的文章曾分别发表于《中国人民大学学报》《清华大学学报》《史林》《天津社会科学》《中国社会历史评论》《读书》等杂志，对此我深表感谢。

十年的探索时间虽不算短，然史学研究区别于其他学科之特点应该是，随着时间的推移，其学术生命愈老而弥新。有人说五十岁恰是一位历史研究者的思想开始趋于成熟的年龄，其实也可换一个说法，我们不妨说，人到中年也许是史学探索的真正开始。故我期待着下一个十年中国史学研究能拓展出一片更为灿烂的新境，自己如能继续有机会身与其中，以见证其辉煌，当为此生之幸事！

2011年12月20日

组成部分,只是如何从更为动态有效的角度理解这些因素之间的关系,还有待于进一步观察。本文集中对"新清史"研究模式的思索和对"大一统"历史观的辨析对此进行了一些初步讨论。"政治合法性"与"政治治理技术"同近代以来不断掀起的各种社会运动之间也有非常紧密的联系,后者同样可纳入考察的范围。本文集中有关"危机意识"与社会变迁关系的思考,以及如何从医疗史的角度观察近代中国的政治变动,都属于这方面的尝试。

近些年,"概念史"研究的兴起逐渐成为一个热点,本文集中的某些文章尝试回到历史自身所表达的脉络里去审视一些传统概念的流变及其语境意义。如对"大一统"、"文质"、"道统"、"政统"等概念的释读即是这方面的实例。与一般概念史研究相区别的地方在于,我不是限于追索这些"概念"本身的源流和文本字面的含义,而是试图以此作为观察王朝建立其合法性的途径,或者把它视为一种治理策略的表达。就我的理解而言,"概念史"不应只是狭义"文化史"研究的一个子项,而是更大范围政治体系演变过程的表现形式。

与之相关,史界一直在争议中国是否出现过"早期近代"的历史阶段,其提问方式显然是由美国中国学所导入,实际上与中国史学界内部有关明清之际是否存在类似西方意义上的"启蒙思潮",以及"资本主义萌芽"问题的争论密不可分。针对这种比附西方历史概念和叙述模式的趋向,有学者提出中国内部存在着一个不完全依赖于西方控制的近代转型过程,这种转型是中国历史内部各种复杂因素综合作用的结果,故可称之为"另一个近代"。但"另一个近代"的提法由于过度强调十七世纪以来地方自治要素的形成对清末政治转变的决定性影响,而相对忽略了前述"政治合法性"和"政治治理技术"在贯通上下层面所进行的反复博弈过程,而这种互动机制恰恰是最应该获得关注与探讨的。

也就是说,一旦忽略了大一统资源的凝聚与"国家"角色所蓄积力量的效能,可能会令其解释如蹩其一足,难有真正的说服力。如果把这个思路推向极端,我们就无法理解,新中国成立后,为什么恰恰依赖的进行整体解释的线索，后经新史学方法革新以后，"王朝"更替的逻辑迅速转化为"通史"的线性叙事模式。此种设计因过度依赖"世界史"的解释范式，又深受政治意识形态压力的控驭，遂逐渐脱离了对中国历史特质的理解。

针对以上出现的弊端，史界逐渐萌生出两条修正路线，一是"全球史"的解释模式，这个模式并不强调以世界各王朝自身为单位，单独或并列地探索其演变特点，而是突出各个地区之间在环境生态与政治文化互动之间的相互关联。这种以"生态史观"为主线的诠释框架，其说服力尚有待检验。另一条路径是强调用"边缘研究"替代"内涵研究"，即从"边缘地区"政治文化的形成机制来理解华夏文明的构造和特征，而不是从汉人本位的角度解读早期中国历史的形成。不过就我的理解而言，这类研究仍是从"区域史"立场出发，而难以冠名为"整体史"，而且其切入角度恰恰瓦解的是传统意义上对中国历史的整体理解。或可称之为一种广义的"区域研究"。我的疑问是，果真需要一种无所不包粗糙难辨的"整体史"吗？当下的"区域史"研究自身当然有其贡献，却因总是纠缠于"区域"与"整体"的关系设问中不能自拔，内心的不安时隐时现，仿佛不断想证明"区域史"就是"整体史"研究的另一种表现形式，似乎无此必要。

我们能否转换一种思路，超越"不是区域就是整体"这样的提问方式，以及伴随其进行的无功辨析，而是从"政治合法性"的建立与"政治治理能力"的实施等角度，去探测历史演变的态势和特征。所谓"政治合法性"问题是指一个王朝建立之初，到底调动了哪些资源以合理地确立其统治地位。包括建立各种礼仪系统，厘定族群身份和制度，划定疆域范围等，"政治治理能力"是指王朝所依赖的管理群体如何协调各类不同制度，建立起一种完整的官僚运作系统。这些问题在"区域社会史"和传统的政治制度史研究中均得到不同程度的关注。比如区域史研究中所涉及民间宗教仪式及其与上层精英仪式的互渗关系就是广义政治合法性需要涉及的内容，又如宗族控制也可视为王朝政治治理的一个建迷信"活动时，"现代化"逻辑中经济一定支配政治、文化发展的连锁假设随之遭到质疑而趋于坍塌。对此现实问题的纠结困惑，当代的各种现成理论和既定的辨析逻辑均根本无力做出解释，似乎必须从历史演进的态势中寻求答案。而南北方的历史差异感（比如北方宗族不及南方宗族活跃）最终塑造了"区域社会史"崛起于南方，而北方继起呼应的大势格局。本文集中的部分文章对此转变的缘由和特点进行了分析。

"区域社会史"兴起之初，主要目的还是要寻究局部地区的历史演化结构，理由是中国幅员过于辽阔，一时无法对如此庞大地域的历史全貌做通盘全面的观察，只能切割成较小的单位加以较为精细的解读。这个研究取径经过多年的试验论辩，证明确实是有一定成效的。但"区域社会史"研究方法也遭到一些批评，比如有人批评其过度琐碎化，缺乏整体感的倾向等，区域研究者心中也由此产生了严重的焦虑感。他们一直担心，"区域史"对所谓"整体史"的解释框架缺乏贡献。于是他们总是强调，"区域"研究本身其实是整体王朝统治的一个"缩影"，或者强调完全可以从某个区域的具体统治实践脉络中观察到整体政治运作的逻辑。

其实在我看来，到底是否存在一种包罗万象的所谓"整体史"方法是大有疑问的。如果从空间上来看，中国目前所形成的大一统格局，可以被视为一个"整体"，然而这个统治格局基本上到了清代才最终得以完成，在此之前，"分裂"的时间尚多于"统一"的时间。在疆域环境不断伸缩变化的境况下，如何界定不时处于裂变状态之中的"整体"，仍是颇有争议的问题。或云，对这种聚合态势的描述分析，就是贯彻一种"整体史"的体现，不过就目前中国史的研究水准而言，窃以为，基本仍是对历史演变线索与疆域变化的初步描述，远未达到对历史进行整体理解的深度。

即使我们承认，对中国历史疆域演变的初步勾勒已使我们对中国历史的"整体"有了较为全面的认识。也无法证明我们对中国历史的整体内涵有了明确清晰的把握。过去的"王朝史"似乎连缀出了一条对历史以归类，乃至多遭误解。以下就是个颇为有趣而又尴尬的例子，有一天一位学生告诉我，说刚出版的拙著《再造"病人"》被发现摆在西单图书大厦"卫生保健"类的专架上。我曾经开玩笑说，那又何妨！正好请医生大夫们多提意见。其实，拙著所得到的特殊"礼遇"与书店店员的管理能力无关，因为职业训练只要求店员把目光聚焦于"病人"一词，然后按字面意思迅速做出判断归类就够了，至于对"病人"一词的隐喻意义，以及其隐喻如何穿梭于政治、社会和文化之间，起到关键性的贯通作用，则根本无暇顾及，误解即从此而来，对此归类我们当然无可厚非，也无伤大雅。但在史学界，类似店员式的误判可谓俯拾皆是，因为过度专门化的思维训练有可能导致研究者的视野经常被限制在狭小的场域内，而妨害其具有通达的问题意识和超越局部事件的洞察力。

另一点感想是，只有建立起历史研究与当代思潮变动之间的关联性，才能深化对历史现象的洞察力，因为只有这样才有利于为自身所持的反思性框架设立一个可靠基点。也只有如此，才能使自己的研究不受专业划分视野的局限。比如我们要理解"中国社会史"研究何以最终取代"经济史"、"政治史"而成为主流，即需要探寻中国改革开放的大环境对此模式转变的深刻影响。与之相关的是，"中国社会史"研究的兴起采取的是"区域社会史"研究为核心的方式，甚至两者的表述几可以相互替换，此现象的萌现乃至风行并非仅仅具有形式上的理由，而是与中国在推进现代化过程中遭遇到了前所未遇的挫折和发展瓶颈有关。

简单而言，中国现代化理论的流行表面上是对上个世纪八十年代以前政治意识形态控制的一种反叛，因为传统的官方叙述逻辑强调"经济"对"政治"、"文化"因素的制约和决定作用。当年"经济史"大热自然是题中应有之义。现代化逻辑虽然逆转了政治意识形态规约下的"革命史"叙述走向，却仍根深蒂固地使人确信，经济发展自然会连带牵动政治、文化更新，经济发展程度越高，就越有利于彻底荡涤那些阻碍"现代化"进展的旧传统旧迷信。因此，当中国的南方地区在现代化渗透程度日益增长的前提下，却大批出现拜庙、修谱、联宗收族等"封

自 序

2002年，时值梁任公先生发表《新史学》一百周年纪念，我有幸与学界诸多新进同道一起参与了题为"中国需要什么样的新史学"研讨会。这次会议可谓群贤毕集，荟萃了九个不同学科的学者，在追慕先贤的基础上，以跨学科的眼光重新审视近百年中国史学的发展走向，借鉴、反思和批判其传统方法，致力于展望未来中国史学的前景。到2012年，整整十年过去了，当年热闹纷纭的争议辩驳之声，仿佛音犹在耳，十年间，中国史学也呈现出了更加多元开放的崭新发展态势，我亦曾参与其间，努力追踪捕捉其呈现出的多样而逼真的色彩。这本小册子即记录了十年间的一些个人观察和思索，尽管这些思考仍显得片断零碎、不成系统，但也或许多少能反映出一些内心探索历程的真实轨迹。以下我想尝试着对这些思考所可能凸显的问题意识稍加撷取提炼，勾勒出一条简略线索，以就教于同人和读者。

众所公认的是，近十年中国史学的发展更加趋于专门化，学科划分的壁垒日益森严。以至于在从事研究之前必先对学术出身进行自我验证和归队，即常被问及你是做"政治史"、"社会史"研究，还是做"文化史"研究的，以便进行身份认定，确认自己的归属感。这种壁垒区隔的日趋严苛往往是打着学术规范化的旗号得以实施的。我近十年的努力探索却恰恰与之背道而驰，总是想摒弃"出身论"的束缚，通过不断致力于拆除这些壁垒，打通各个领域之间的关联，使日趋专门化的知识界域"模糊化"。这样做的后果很可能导致个人研究的论著无法被准确加

培文·学术精品 ★

"感觉主义"的谱系

新史学十年的反思之旅

杨念群 著

A Personal Reflection
on Chinese New History

北京大学出版社
PEKING UNIVERSITY PRESS